谨以此书献给我的母校上海立信会计学院和我的家人

中国注册会计师简史

余盛钧　著

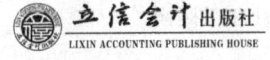

立信会计出版社
LIXIN ACCOUNTING PUBLISHING HOUSE

图书在版编目(CIP)数据

中国注册会计师简史/余盛钧著. —上海：立信会计
出版社，2016.12
ISBN 978-7-5429-5208-0

Ⅰ.①中… Ⅱ.①余… Ⅲ.①注册会计师-历史-
中国 Ⅳ.①F233

中国版本图书馆 CIP 数据核字(2016)第 300878 号

策划编辑	陆盛强
责任编辑	方士华 孙 勇
封面设计	南房间

中国注册会计师简史
Zhongguo Zhuce Kuaijishi Jianshi

出版发行	立信会计出版社		
地　　址	上海市中山西路 2230 号	邮政编码	200235
电　　话	(021)64411389	传　　真	(021)64411325
网　　址	www.lixinaph.com	电子邮箱	lxaph@sh163.net
网上书店	www.shlx.net	电　　话	(021)64411071
经　　销	各地新华书店		
印　　刷	虎彩印艺股份有限公司		
开　　本	787 毫米×1 092 毫米	1/16	
印　　张	13.5	插　页	1
字　　数	242 千字		
版　　次	2016 年 12 月第 1 版		
印　　次	2016 年 12 月第 1 次		
书　　号	ISBN 978-7-5429-5208-0/F		
定　　价	42.00 元		

序 言 一

余盛钧同学,20世纪40年代中期毕业于重庆立信会计专科学校(大专,简称重庆市区班),在校期间,好学深思,勤读苦练,成绩斐然,成为高材生,深得师生们的赞佩。当时我在重庆立信会计师事务所执行会计师自由职业,受校董会和潘序伦老校长的重托,主持立信会计专科学校重庆市区班,在教学活动中,与同学们有所接触,因而对他比较了解。

他从1950年起参加革命工作,从60年代中期起,在内江市商业学校、内江财贸学校从事财会专业的教学和教研工作,教书育人,竭尽心力,做出了较好的贡献,曾先后被评为内江地区先进工作者,1984年被授予四川省"职工劳动模范"称号,两次被中共内江市直属机关党委评为优秀党员。

他在科研学术活动方面,热心整理我国会计事业发展史料,曾在国内多种专业刊物上发表文章,其中撰写的《苏辙的会计著作和理财思想述论》等篇,相继获得四川省会计学会首届科研成果三等奖以及内江市科协和经济管理学会科研成果二、三等奖,实至名归,难能可贵。

近年,他潜心搜集、整理我国注册会计师业务资料,作为今后我国注册会计师事业大发展的重要参考和有益借鉴。他为此几度前往成都"四川省图书馆特藏部"查阅资料,整天埋头,日复一日,不以为苦,在编写过程中,得到王远述同学提供的珍贵实物,同事陈小凡也提供了一些资料,他搜集的一切资料,均有出处,内容颇为翔实。

现稿分为三篇,第一篇为"新中国成立以前我国注册会计师事业的发展",第二篇为"新中国注册会计师事业的发展",第三篇为"中国注册会计师法规史"。各篇分为若干章节,纲举目张,一目了然,详见本书,不再赘述。

依我之见,中国注册会计师事业,任重道远,前程广阔,对内要不断完善,精益求精,对外要扩大交流,与世界接轨。伟大祖国的注册会计师们,要为经济建设服务,要为深化改革、扩大开放服务,要为完善和加强社会主义市场经济服务。愿吾同道,携手团结,奋勇迈进!

王达孚

序 言 二

以史为镜,可以知兴替。连接过去、现在和未来的历史长河,是永远不可分割的整体。历史是基础,历史规律可以指导现实、指导未来。研究历史,掌握历史规律,以历史规律为指导,就可以使我们在现实中不犯或少犯错误,就可以使未来能够得到长足的、健康的发展。重视历史研究,具有极其重大的理论和现实意义。

改革的目的是解放生产力。作为整个经济改革重要组成部分的会计改革,从来就没有停止过,会计实践与会计理论总是遵循"发展——改革——发展"这一客观规律不断前进、不断深化和不断完善的。没有发展的客观要求,就不会产生发展的愿望,也就不会形成发展的意识;改革既受发展要求、发展愿望、发展意识的驱使,又是实现发展目标的永恒动力;没有会计的改革,也就根本不会出现会计的发展。

会计固有功能(反映和控制)的发挥,就能作用于会计对象,即对经济活动按价值形式实施管理:一方面借助会计的反映和控制功能,促进生产关系更趋合理和完善,充分发挥生产关系的反作用,推动生产力的进一步发展;另一方面也借助会计的反映和控制功能,促进生产过程中各个要素的最佳结合,直接推动生产力的进一步发展。会计管理的加强,必然带来人和物这两个因素(特别是人的因素)的充分发挥,从而实现经济的繁荣和经济效益的提高。

注册会计师事业,是商品经济、市场经济发展的必然产物,大力发展中国的注册会计师事业,是深化改革,扩大开放的需要。中国特色社会主义初级阶段的理论、中国共产党第十四次全国代表大会确立的社会主义市场经济的目标理论,深刻地阐明了在中国发展市场经济的必然性和必要性。朱镕基总理曾这样说过:"注册会计师……发展的快慢与好坏,直接影响着政府职能的转变和企业经营机制的转换。要建立对经济活动和企业经营的社会监督制度,离开注册会计师的工作,不发展注册会计师制度,要达到转变政府职能,促进改革开放是不能的。"朱镕基总理还说过:"注册会计师行业,是第三产业中带头的新兴行业,一定要加快发展,一定要跟上形势发展的需要把它搞好。"

"以史为镜,可知兴替"。中国的第一个《注册会计师制度》、第一家注册会计机构——正则会计师事务所(原名为"谢霖会计师事务所"),是在 1918 年由我校(西南财经大学)前身——光华大学成都分部创始人、副校长、商学院院长、会计系主任谢霖教授草拟和建立起来的,他是当之无愧的中国第 1 号注册会计师。回顾历史,谢霖教授之所以积极主动地向当时北洋政府农商部暨财政部上书的根本目的：一是看到国内民族资本主义的发展带来了商品货币经济的发展，加之中国金融市场的形成，所有权与经营权开始分离，金融资本对产业资本的渗透、控制，产生的许多经济权益关系需要注册会计师公证，中国不能没有自己的注册会计师和会计师事务所；二是看到欧美帝国主义在中国开设银行、开办工矿、修筑铁路、经营贸易等一切经济活动都必须委托会计师事务所公证的需要。帝国主义纷纷来华办所并一直处于垄断地位，一方面他们受聘外国企业办理会计师业务。另一方面，对凡涉及中外之间的一切经济纠纷和债权债务案件，统统都需要由司法部门会同外国注册会计师及其机构审理。不仅国人的合法权益得不到保障，而且国家主权、民族尊严也无法维护。谢霖教授正是基于以上理由，怀着反帝报国、反帝爱民的心情积极主动地向北洋政府倡导上书，经过发展和兴盛阶段，全国各大中城市执业的会计师事务所如雨后春笋，最著名的有"立信""正则""徐永祚""公信"四家，与此同时也出现了开拓中国注册会计师事业的代表人物，如谢霖、潘序伦、徐永祚、奚玉书、李觉鸣等。中国的注册会计师事业从1918年至今的近百年间屡经沧桑，而20世纪70年代改革开放后，中国的注册会计师事业再次走上了蓬勃发展的康庄大道。

注册会计师事业的发展，促进了会计学术的繁荣，可是，迄今为止，我国发表、出版的注册会计师方面的成果不多，尤其是对中国注册会计事业发展历史作系统、全面总结的还不曾发现。余盛钧同志系四川省会计学会第一、二届理事和四川省会计学会"会计史学研究组"的主力成员，他长期从事中国会计史研究，发表并获奖的成果不少，有的曾荣获四川省会计学会优秀科研成果证书。

余盛钧同志最近完成的一项研究成果——《中国注册会计师简史》，是针对商品经济发展、注册会计师事业兴旺、执业的注册会计师越来越多、注册会计师制度有待进一步完善等方面的客观需要而著述的，他搜集了我国近、现代有关的历史文献，通过潜心研究，去粗取精，去伪存真；本着"秉笔直书"的精神，做了大量复杂细致、认真负责的工作，最后完成了中国会计发展史中的一项由3篇总共11章20余万字的专题研究成果，我拜读之后感到这确是一本有借鉴价值的好成果，因此，我深信这本《中国注册会计师简史》不仅填补了中国会计史学上的一块空白，而且对推动中国注册会计师事业的发展，必将发挥它的积极作用。

在《中国注册会计师简史》这本专著即将付梓的时候，余盛钧同志嘱我作序，我乐意接受了这一任务。在这里我除了向作者祝贺他的劳动成果出版问世，即将得到社会承认并实现这本专著的自我价值外；我还乐意以负责的态度向广大的读者推荐这本成功的史学专著，请大家细细阅读！

毛伯林

前　言

莫道桑榆晚,红霞正满天。2016 年 4 月在我晋入 95 岁遐龄之际,有幸乘坐当时刚通车的成渝高铁至重庆,再转乘飞机到上海我的母校上海立信会计学院,接受再教育并参观新校区,看见老校长潘序伦树立的立信精神不断发扬光大,内心万分欣愉。

当时承立信会计出版社陆盛强总编及孙勇编辑允诺将自己早年撰写出版的《中国注册会计师简史》及《中国注册会计师法规史》整理合编为整套重新出版,使其相辅相成,融会贯通,为中国注册会计师事业的发展,提供确切的史料。

我国的注册会计师制度自 1980 年恢复以来,随着改革开放政策的贯彻实施,已经取得了稳步的发展。当前,随着企业股份制改造的深入,证券市场的改革,以及在境外投资的增长,我国将有更多的企业走向世界。此态势给具有社会公证职能和社会监督职能的注册会计师专业,带来许多新任务和新问题,我国注册会计师必将在国家经济建设迅速发展的大好形势下,承担起更加广泛、更加重要的任务。

注册会计师事业新的繁荣,促使更多的人关心、支持和热爱注册会计师事业,学习、研究和执行注册会计师业务的人越来越多,他们需要知道中国今天的社会主义注册会计师制度,也应该了解中国过去的注册会计师制度。了解过去的注册会计师制度是必要的,由于商品货币经济发展的一般规律性,以及注册会计师职业的相对稳定性,可以从过去的注册会计师制度中,获取有借鉴意义的好资料,以丰富我们的专业知识,促进注册会计师制度的进一步完善和发展。笔者的这本简史,奉献于读者,旨在为我国社会主义注册会计师制度的建设添砖加瓦。

遵守法律是公民的政治义务,同时也是道德义务。注册会计师法规,是确立注册会计师法治观念,提高道德素养,规范执业行为,保障市场经济有序运转的重要准绳。

本书概述了注册会计师法规的制定发布情况及其主要内容,方便读者全面查阅。

由于笔者水平有限,谬误之处难免,敬请读者批评斧正。

余盛钧

目　录

第一篇

新中国成立以前我国注册会计师事业的发展

第一篇

新中国成立后国家的文化科学技术
事业的发展

第一章

我国注册会计师事业的创始

第一节　我国注册会计师事业创建的历史背景

我国注册会计师事业的创始时期，是在国家处于外有帝国主义侵略，内有军阀割据混战，人民生活在内忧外患之时期。同时，也是中国人民反帝反封建的资产阶级民主革命正在发展的时刻。它的创建和缓慢发展伴随着我国民族资本主义的兴起和逐渐发展，走过了一段十分艰难的道路。我国注册会计师事业的发展史，也反映了我国人民在内忧外患面前，奋勇反对帝国主义侵略，反对封建军阀统治，争取民族独立，争取国家生存，争取民主的光辉历史。

一、我国注册会计师事业创建前的政治经济形势

辛亥革命后，北洋军阀袁世凯篡夺了旧民主主义革命的胜利成果，于 1912 年 3 月 10 日在北京就任"中华民国临时大总统"，建立了北洋军阀政府的黑暗统治，袁世凯扔掉"拥护共和"的假面具，为了恢复帝制，竭力排斥革命党人，对外投降卖国，对内祸国殃民。袁世凯上台不久，就以盐税全部收入作抵押，于 1913 年 4 月，向英、法、德、日、俄（沙俄）五国银行团进行了 25 000 000 英镑的所谓"善后借款"。1913 年至 1914 年的两年间，北洋军阀政府向各帝国主义国家借款 20 次，金额共达 370 000 000 元，其中向日本兴业银行借入 145 000 000 元的"西原借款"。袁世凯死后，段祺瑞进一步投靠日本，从 1917 年 8 月至 1918 年 9 月，继续以各种名义从日本借得总额约 500 000 000 元的"西原借款"。日本则借此攫取了中国东北的铁路、森林、金矿和华北的济顺、高徐两条铁路的建筑权和经营开采权；青岛、胶济路的驻兵权和管理权等。而美、英帝国主义又支持直系军阀冯国璋，与段祺瑞对抗。此外，俄、英等帝国主义国家，大肆侵占边疆领土，阴谋分裂中国。由于帝国主义加紧侵略和北洋军阀的卖国投靠，使国家和民族处于严重的危亡关头，进一步激化了帝国主义和中华民族的矛盾，酝酿着即将爆发的五四运动，"使中国反帝反封建的资产阶级民主革命出现了一个壮大了的阵营，

这就是中国的工人阶级、学生群众和新兴的民族资产阶级所组成的阵营"。①

辛亥革命虽然由于软弱的中国民族资产阶级领导,使这次革命流产了,但它对封建制度的冲击,在一定程度上提高了民族资产阶级的政治地位和社会地位,促进了从甲午战争后到20世纪初(即1895—1913年),初步发展的中国民族资本主义近代工业出现了一个新的发展趋势。同时,由于自然经济进一步解体,广大城乡对工业品的需求日益增长,尤其是第一次世界大战期间,欧美帝国主义国家忙于战争,一些国家暂时放松了对中国的压迫,使民族工业有了一个广大的市场,因而中国民族工业,主要是纺织品和面粉业,又得到进一步的发展。据《中国近代经济史统计资料选辑》记载:民族工业中的纺织业,1912年全国华商纱厂有纱锭约50万枚,1919年增至65万枚。布机2 300架,1919年2 600架,1920年增至4 300架。如当时大生纱厂开办时纱绽为4万枚,1915年增至6万枚,1918年又增加14 000枚。面粉业面临洋面粉输入减少,欧洲需求增加,使国产面粉大量出口而蓬勃发展,1911年全国面粉厂约40家,至1919年增至120多家,资本由600多万元增至4 500万元。火柴业1911年全国30家左右,资本180万元,1919年增加到90家,资本额达700多万元。此外,如罐头、蛋粉、皮革、制纸、卷烟、针织、制盐、制碱、橡胶、玻璃、陶瓷、榨油、肥皂等轻工业也有相当发展。

重工业由于处于半殖民地状况下很难得到发展,但在这一段时期也有所增加,钢铁冶炼业在1914年至1918年间,先后兴建了大冶铁厂、龙关(后改名龙烟)铁矿公司,上海和兴钢铁公司、北京石景山钢铁厂等九个钢铁厂。采煤业全国机器采煤量,由1912年的80万吨,至1919年增加到330万吨。1913年全国使用动力机械的工厂只有五六百家,至1920年约达2 000家以上。电力工业1913年有29家,至1918年增为81家。轮船业1913年为13多万吨,至1919年达到28多万吨。

金融业,1913年全国共有银行15家,资本11 000多万元,到1919年达到57家,资本额达21 000多万元。

随着民族资本主义的迅速发展,资本的积聚和集中也在加快,拥有巨额资本的大企业增多。1912年资本额在百万元以上的大企业约25个,1919年增加到43个。这一时期出现了资本额1 200万以上的茂新,福兴、申新总公司及南洋兄弟烟草公司等大型企业。② 中国民族资本主义经济暂时发展,使中国民族资本阶级的力量有所增长,直接同帝国主义和中国封建势力发生着经济利益冲突,出

---

① 《五四运动》,摘自《毛泽东选集》。
② 东北师范大学主编,《中国近代史》第700—703页。

于维护阶级利益的目的,他们也要求反对帝国主义和封建军阀,以摆脱帝国主义和封建军阀的双层控制。

二、我国注册会计师事业创建的客观条件

注册会计师制度产生于西方资本主义国家,是资本主义商品货币经济发展的产物。在我国,会计技术方法的运用,是中华民族古代文化的组成部分,源远流长,历史悠久,但注册会计师事业则是民族资本主义发展后才开始萌芽的。

中国民族资本主义的发展,带来了商品货币经济的发展。如前所述,我国的民族资本主义工业在第一次世界大战时期有较大的发展,其生产规模有所扩大,生产过程也更加复杂。在新的经济形势下,正如马克思指出的:"过程越是按社会的规模进行,越是失去纯粹个人的性质,作为对过程的控制和观念总结的簿记就越是必要;因此,簿记对资本主义生产,比对手工业和农民的分散生产更为必要,对公有生产,比对资本主义生产更为必要。"①我国的民族资本家为了管理他们庞大的资本,以及谋取更多的利润,也就自觉和不自觉地希望有更为严密、更为完善的会计技术作为管理工具。同时,由于中国的金融市场也已形成。资本主义企业的资本所有权和经营权开始分离,金融资本对产业资本的渗透、控制,产生了许多权益关系,这些客观条件的出现,为我国注册会计师事业的创始,提供了社会环境。

三、我国注册会计师事业创建的主观条件

20 世纪初,满清政府迫于我国人民反对封建统治的革命形势,以实行"新政"为名,采取"兴学堂,派留学"的手段以欺骗人民。在留学热的影响下,我国一批有志之士,出于爱国热忱,致力中华民族的富强,出国留学,接受资本主义"西学"。东渡日本的一些留学生,有的为了发展中国的经济,选学有关经济学、商业学、西式簿记等知识,他们"脱去昔人经义治事等窠臼,不为骛博,而为专精……吾学簿记、知吾国人生活之卑也,吾学簿记,又知日本人民生活程度之未高而已,国家之命脉在财政,财政之发源,在人民生活"②。他们受西方科学的熏染,重视会计科学在财经工作中的重要作用。归国以后,立志改良、改革和发展我国的会计事业。由于他们掌握西式会计技术方法,熟悉西方注册会计师模式,除投身在银行、工商企业从事会计改革的实际工作外,还著书立说,介绍西方会计学术和方法,并兴办会计教育,培养近代会计科学的人才,他们不懈地为普及和提高我

---

① 《资本论》第二卷第 152 页,人民出版社 1975 年版。
② 谢霖,孟森著,《银行簿记学》序言,光绪三十二年日本出版。

国会计人才的业务水平而努力,在主观上为创建我国注册会计师事业,做好了思想上和技术上的准备,提供了最重要的主观条件。

第二节　我国注册会计师事业的沿革

一、外国会计师随帝国主义侵略自由进入中国

18世纪60年代英国率先开始推进产业革命,到19世纪,法国、德国、美国等欧美国家,也相继完成产业革命,为资本主义制度奠定了物质技术基础,促进了资本主义生产力迅速发展。商品经济在世界范围内也发生了极大变化,表现为资本所有权与经营权分离,金融市场和金融资本向产业资本渗透控制。企业投资者面临许多新的经济利害关系问题,从而要求有注册会计师以客观、公正、第三者的立场,对反映企业经营和财务收支状况的会计报告,财务资料进行审查和公证。这就为注册会计师事业提供了良好的发展条件。

在英国,19世纪有"特许会计师"(Charterad Accountant),它的缩写是"C. A",它由英国女皇授予,以示隆重。在美国则称执业会计师(Cartified public Accountant),缩写是"C. P. A"。日本的会计师以前叫"计理士",后来叫"会计士"。外国的注册会计师以个人名义或会计团体的名义,为工商、金融企业提供各种涉及经济活动中的会计服务项目,包括会计审查、代办纳税、财产清算、证明咨询、制度设计等。进入20世纪,并逐步形成一些具有跨国规模的大型会计服务公司。

在我国国内最早出现的注册会计师团体和会计师事务所,是随着各帝国主义侵略势力自由进入中国的英、美、法等国的注册会计师设立的。他们凭借着帝国主义强加给中国封建统治阶级的不平等条约和各种特权,配合他们国家的侵略政策对我国财政金融命脉进行控制。

甲午战争以后,外国侵略者在中国开设银行,形成财政资本统治中枢,加紧对中国进行政治投资、工矿企业投资、修筑铁路、经营贸易以及其他经济活动,对我国进行经济侵略。从1895年至1926年,各帝国主义在中国开设的银行,有总行65行,分支机构226处,经营的贸易家数有3 805家,开设的厂矿包括矿冶、机械、造船、水电、纺织、食品等共136家。① 这么多外国银行、工厂、企业、吸引了外国会计师前来为他们的经济利益服务。

当时,到中国来的欧、美会计师,除受外国企业的聘请办理会计师业务外,中

---

① 《中国近代经济史》第193—283页,人民出版社1976年出版。

国的官僚资本企业和民族资本主义工商业,凡涉及中外之间的各种经济纠纷及债权债务问题诉讼案件,多由中外法官会同审理,由于中国没有会计师制度,也都交由外国注册会计师仲裁。此外有些工商企业为了自身利益,也聘请外国注册会计师担任常年会计顾问,形成了外国注册会计师垄断中国会计师事务的不正常局面。

二、我国注册会计师事业的发展过程

旧中国注册会计师事业创建与发展过程,可划分为四个阶段:①萌芽与创始阶段(1918 年 6 月至 1927 年 3 月);②初步发展阶段(1927 年 4 月至 1930 年 12 月);③兴盛发展阶段(1931 年 1 月至 1947 年 12 月);④停滞维持阶段(1948 年1 月至 1949 年 9 月)。

第一阶段:萌芽与创始(1918 年 6 月至 1927 年 3 月)。这期间主管注册会计师事务的官署为北洋军阀政府农商部。当时我国一些爱国会计学者鉴于外国注册会计师包揽我国会计师业务的仲裁大权,为了维护民族利益与尊严,他们积极倡导创建自己国家的注册会计师事业。早年在日本学习会计专业,并成为日本"正则簿记学会"为会员,归国后先后担任会计教学和银行会计实务工作的会计学家谢霖先生,于 1918 年 6 月,在他正担任中国银行总稽核时,向北洋军阀政府农商部和财政部递交了《谢霖上农商部暨财政部呈请执行会计师业务呈文》,该呈文说:"霖襄游日本,……归国后服役银行会计,授会计课程,于兹十年。……查东西各国,夙有专门会计之制,用特远法各国专门会计之成就,近效上海佐克时之先例,设会计师事务所于京师。"①该呈文附呈其代草拟的会计师章程,主要内容如下:

"第一条　应个人或官署、公司、银行、商号之委托,办理下列(原件为左列)各项事务,负相当之责任。

(一) 检查帐目,并出说明书;

(二) 清算帐目,并制报告书;

(三) 规定会计章程,及账簿之组织;

(四) 编制统计报告;

(五) 答复关于会计之咨询。

第二条　凡以前条各事委托办理者,应由委托者先将大概情形告之,再行酌定意愿承办与否。

第三条　委托之事务,既经决定愿意承办,应与委托者协定期限酬金,以及

---

① 　方兴,《借贷复式记账法引进我国考》,《上海会计》1982 年第 11 期。

其他各条款。"①

作为我国注册会计师事业最早设想的业务章程,其内容虽然比较简单,但对于注册会计师的职责、应承担的义务、主要承办的业务,以及需要办理手续和收取报酬等项目,都阐述得较明确,并成为会计师事业发展后,制定业务章程的基本项目。

北洋军阀政府农商部和财政部也察觉到当时国家的需要,以及民族工商业发展生产经营的急切盼望,两部于6月24日及28日,对谢霖的呈文发出批复:"拟创设会计师事务所,承办计算事业,便利商民,事属可行"等语。准许谢霖开办会计师事务所。接着,有人效法谢霖申报办理会计师业务。对此,由农商部主持制定了《会计师暂行章程》十一条,于同年9月7日颁布实施。这是我国最早的一份注册会计师法规。

《会计师暂行章程》颁布后,谢霖根据该章程有关条款,另具呈请书,申报资历、经历等资料,向农商部申请注册会计师证书。经农商部审查合格,颁发给第一号会计师证书,成为我国有史以来的第一位注册会计师。他当时正主持交通银行会计改革工作,并兼任北京大学教授等职务,在工作很忙的情况下,他与秦开、杨曾询两注册会计师合作,在北京、天津开设"正则会计师事务所",对其事务所的取名,当系借鉴了他在日本参加过的簿记学会的名称,即"吾所厕之会名正则,会长为大阪高等商业教头原圭南君"这一经历。② 正则会计师事务所建所初期办理的业务,主要是代工商企业委托人设计会计制度,代办申报纳税与登记事务,接受委托培训会计人才,代为撰写与商业行为、会计事项有关的各类文件,会计咨询等。

1921年我国著名会计学家徐永祚先生于上海创办"徐永祚会计师事务所",该所开业以后,由于严格遵守职业信誉,确保工作质量,业务不断扩展,在上海工商、金融各界享有很好的声望。

以上事实说明,我国注册会计师事业的兴起,一开始就是由知名会计学家倡导和亲自参加,有关法规章程的草拟制定,也是由社会到官署,再由政府制定后公布实施。我国《会计师暂行章程》的正式公布,第一号注册会计师证书的颁发,第一家会计师事务所的成立,体现了爱国的会计学家们,为了维护国家民族的利益和尊严,不畏艰难,自强不息的精神,终于冲破了帝国主义的注册会计师独霸中国会计领域的不正常状态。同时,他们也克服了国内某些人的偏见和责难,从崎岖的道路走上了康庄大道,为我国会计师事业的正常发展奠立了基础。

第二阶段:初步发展(1927年4月至1930年12月)。这一期间主管注册会计

---

① 谢霖,《中国会计师制度》。
② 谢霖,孟森,《银行簿记学》序言。

师事务的官署为国民党政府财政部和工商部。1927年4月,国民政府于南京成立,6月15日对外发布宣言,宣称"统一告成",盘踞北方的北洋军阀政府彻底崩溃,国民政府财政部接管注册会计师的审批和监督等事务,该部于8月22日公布《会计师注册章程》,同时,又公布《会计师复验章程》,新《会计师复验章程》对注册会计师的学历、资历条件较前有所放宽,并规定有免考条件,这就更利于有志从事注册会计师事业的人申报注册会计师资格,执行注册会计师业务。1929年,国民政府工商部接替监管注册会计师事务后,又先后公布了《会计师章程》《会计师复验章程》《会计师证书复验章程规则》。1930年1月25日,国民政府颁布了由立法院通过的《会计师条例》,从此注册会计师职业正式取得法律地位。而该条例对注册会计师的资历进一步放宽。工商部于同年2月18日,9月11日,12月23日,先后公布《会计师审查规则》《会计师条例实施细则》《会计师惩戒委员会组织章程》,使注册会计师的法规进一步配套,从而完善了注册会计师事务的管理,更利于注册会计师事业的成长。同时,由于注册会计师事业创始以来,在国内外研究会计学术的专家学者日渐增多,民族工商业及社会人士也日益了解注册会计师事业的性质和作用。加以在1929年11月30日,国民政府公布了《公司法》,规定从1930年7月1日起施行。对此,工商企业需求注册会计师提供的查账、咨询等项目渐广,客观条件相对成熟,会计师事务所和注册会计师人数都有较大的增加。著名的"立信会计师事务所"即是在1927年1月于上海设立的(设立时称为"潘序伦会计师事务所",第二年改为"立信会计师事务所")。同一年在上海设立的会计师事务所还有"公平会计师事务所"。此外,这一期间,其他城市也建立了一些会计师事务所、综计财政部和工商部新批准和复验的注册会计师人数共452人。① 在3年多时间内,注册会计师人数增加168人,增长60%。为下一阶段注册会计师事业的进一步发展创造了主观条件。

第三阶段:兴盛发展(1931年1月至1947年12月)。国民政府实业部从1931年起接管会计师的审批和监督职能,至1937年9月又移交给经济部管理,国民政府为了加强税收,于1931年6月13日公布了《营业税法》,规定从即日起施行;8月1日公布《银行业收益税法》,自同日施行;1935年8月14日公布《会计法》,自次年7月1日起施行;1936年7月21日又公布《所得税暂行条例》,同年8月22日,行政院公布《所得税条例施行细则》。这一系列法律和行政法规,对机关团体、工商企业、私营商店的会计核算提出了许多标准;对经营业的税收缴纳提出了申报程序。从而促使全国工商业掀起建账和健账的热潮,注册会计师事业也就应运兴盛发展起来,全国许多大城市都建立了一批会计师事务所。著名的"立信会计师事务所"

---

① 奚玉书,《我国会计师事业》,《公信会计月刊》1939年第二卷第三册。

"正则会计师事务所"也在许多大城市设立了分所。在这一时期内,受到抗日战争的影响,许多大城市沦陷,注册会计师事业遭到很大波折。综计1931年至1947年8月止,由实业部和经济部审查颁发注册会计师证书的人数为2 619人。在20世纪30年代和40年代的大部分时间内,注册会计师事业曾出现一度兴盛发展。

第四阶段:停滞维持(1948年1月至1949年9月)。这一时期经济部继续主管注册会计师事务。1947年,人民解放军转入全面反攻以后,国民党政府随着军事上的溃败,财政金融也进入了总破产的境地,民族工商业减产和倒闭的情况也就更严重了。1948年,天津共有布机8 867台,而开工的只有4 867台;织袜机2 918台,开工的只有819台;在63家橡胶企业中,上半年能发挥生产能力20%～40%,下半年绝大部分陷于停工。这年,青岛1 400余家工厂,除四分之一尚在半开工状态下苟延残喘外,其余均已停工。1949年,上海永安纺织印染公司棉纱平均月产量较1936年减少54.53%,棉布平均月产量较1936年减少18.37%,上海1 000余家机器工厂开工的不到100家。由于普遍停工减产,大批工厂倒闭,工业总产值急剧下降。[①] 因此,从20年代开始,随着我国民族工商业的缓慢发展,相应发展起来的注册会计师事业,也就处于停滞状态。1948年上海虽然还有71家会计师事务所,有执业注册会计师500人,但都处于业务十分清淡的状况,不过上海市会计师公会每月仍有会员入会和出会,维持着一些会务活动,以待新中国的成立。

第三节　新中国成立以前我国经济法规对注册会计师事业的影响

国民政府于1931年2月在监察院下设立审计部,同年4月主计处宣告成立,实行所谓"审计权与弹劾权并行"及"主计超然""会计独立"。然后陆续制定和颁布了一些经济法规,如《公司法》《会计法》《营业税法》《银行业收益税法》《所得税暂行条例》《所得税暂行条例实施细则》等,大大增加了社会上对会计、审计工作的需要,因而促进了注册会计师业务的发展。

一、《公司法》《会计法》对注册会计师事业的影响

国民政府于1929年11月30日公布《公司法》,次年7月1日施行。《公司法》的条款共有四章二百三十二条,明确规定公司"为营利目的而设立之团体","公司分为四种:无限公司、两合公司、股份有限公司、股份无限公司"。该《公司

---

① 《中国近代经济史》下册第185—186页,人民出版社1976年版。

法》中与会计事务密切相关的是其第四章第六节,关于"会计"的十条规定,如第一六六条规定:"每营业年度终,董事应造具左列(原竖写)各项表册,于股东常会开会前三十日交监察人查核。

（一）营业报告书

（二）资产负债表

（三）财产目录

（四）损益计算书

（五）公积金及股息红利分派之议案

前项表册监察人得请求董事提前交付查核。"

第一六八条规定:"……经股东会承认后,董事应将资产负债表、损益计算书及公积金与股息红利分派之决议公告。"

第一六九条规定:"各项表册经股东会承认后,视为公司已解除董事及监察人之责任……"

又第十节关于"清算"的几条规定中,第二〇三条规定:"公司解散除合并及破产外,以董事为清算人,……或股东另选清算人不在此限。

……法院得因利害关系人之申请选派清算人。"

第二〇九条规定:"清算人就任后,应即检查公司财产情况,造具资产负债表及财产目录,提交股东会请求承认。"

第二一〇条规定:"清算完结时,清算人应于十五日内造具清算期内收支计算书,损益计算表,连同各项簿册提交股东会请求承认。"

上述《公司法》中关于会计和清算事项的各条规定,都是执业注册会计师的法定业务。当时一般工商企业的会计管理水平较低,会计人员的会计知识较缺乏,许多会计事务需要委托注册会计师代为办理,注册会计师业务也就有较大的发展。如"立信会计师事务所"成立之初,只有一个计核员做助理,到1936年全所已有成员50余人,10年中承办的各种案件达4 000多件。

1935年8月,国民政府公布《会计法》,该法共十章一百二十七条,第一章通则共二十二条,主要规定了《会计法》的适用范围为各级政府及其所属机关;应详细进行会计记录的会计事务分为五类,即:普通公务之会计事务,特种公务之会计事务,公有事业之会计事务,公有营业之会计事务,非常事件之会计事务。每类会计事务又各分为几种具体会计事务,如公有营业之会计事务分为:营业岁计之会计事务,营业成本之会计事务,营业出纳之会计事务,营业财物之会计事务。第二章,会计报告;第三章,会计科目;第四章,会计簿籍;第五章,会计凭证,都具体规定了编制的目的、性质和种类等;第六章,会计人员;第七章,会计事务程序;第八章,会计报告程序;第九章,会计交代;第十章,附则。这项法令,内容很详尽,分项说明也很具体,此法实施后,会计制度也就按照规定加以修订。此后即成为政府会计的会计行为规范,并对当时工商企业和社会会计起到了控制作用。同时,《会计法》对会计原则,会计事务处理程序,簿记技术方法等方面的规定都十分完备,利于理解和贯彻执行。由于《会计法》的公布和实施,使会计工作得到了立法程序的确认,由国家强制执行,这就相应提高了会计工作的地位,客观上为执业注册会计师开拓了更多的服务途径。

二、各项税法对注册会计师事业的影响

国民政府因财政枯竭,亟谋增加税收,先后颁布了一些税收法规。首先,1931 年 6 月 13 日公布了《营业税法》,同时施行。该法共 7 章 28 条,其中与会计有密切关系的为第九条,"公司商号除应备具合法账簿外,凡发生营业行为,应开立发货票,载明货品名称、数量、金额、交付接受人,并将发货票存根连同运货发票及一切票据,一并保存,以供征收机关随时查核"。又第十九条,"公司商号不依规定设置账簿,或不将账簿送请征收机关登记盖戳者,除责令补办外,并处以五万元以上十万元以下之罚款"。

随即又于这年 8 月 1 日公布并于同日施行《银行业收益法》,该法共 8 条,第二条规定:"凡纳收益税之银行应领收益税调查表填列左列事项,一、公司名称及所在地;二、业务种类;三、资本总额及已收未收资本额;四、最近半年纯收益额。"又第六条规定:"财政部对于银行依第二条所填报事项认为不确实时,得临时组织评议委员会审定。"

前项评议委员会由财政部、审计部、银行公会、商会各派代表及财政部指定之会计师一人组织之。"

及至 1936 年 7 月 21 日公布《所得税暂行条例》,第二年 1 月 1 日施行。该《条例》共 22 条。其第一条规定:"凡有左列所得之一者,依本条例征所得税。

第一类　营利事业所得;

第二类　薪给报酬所得;

第三类　证券、存款所得。"

其余各条规定了税率、所得额的计算及报告,征收机关派员调查,审查委员会的组成和权利等等。

根据《所得税暂行条例》的规定,国民政府行政院于同年 8 月 22 日公布《所得税暂行条例施行细则》共 49 条,自当年 11 月 1 日起施行。该《施行细则》第十五条规定:"计算第一类所得税时,应就其收入总额内减除营业期间实际开支、呆账、折旧、盘存消耗、公课及依法令所规定之公积金,以其余额为纯益额,依照暂行规定第三条规定之税率课税。"

第二十四条规定："第一类所得之申报人于申报时,应提出财产目录、损益计算书、资产负债表,或其他足以证明其所得额之账簿文据。"

第四十七条规定："本细则所定各种书表簿册单据格式,由财政部制定之。"

上述几种税法的规定,都涉及以营利为目的的工商企业和各类商店,尤其《所得税暂行条例》公布施行后,要求申报人提出财产目录、损益计算书和资产负债表,或其他足以证明所得额之账簿。这些规定都无形地抬高了注册会计师的社会地位;加以工商界出于自身利益的需要,对建立账册和健全账册的要求迫切,以及注册会计师可担任银行纳税的评议委员,由此,执业会计师的社会功能也就更为显著了。

当时,各地的商会和同业公会纷纷组织座谈会、演讲会,进行交流、研究税法和推动建账和健账。上海市商会还邀集各地商会举行联席会议,产生了一个专门委员会,商讨改革工商业的会计制度。著名会计师潘序伦,奚玉书等都应聘进行咨询。徐永祚会计师因势利导,大量印发各种宣传税法的资料,并大力推广他主张的"改良中式簿记"。潘序伦会计师着眼点更高,立即在他创办的立信会计学校里,增开了一门所得税课程,此后,全国的财经类院校也相继设置了税务专业。由于开征营利事业所得税,促进了全国范围内掀起建账、健账热,加强了会计工作,从而使工商企业的会计管理水平有明显提高。同时,工商企业也更感到需要聘请执业注册会计师担任会计顾问,为它们提供改善财务管理和正确报缴所得税的咨询服务。

在上海开展所得税宣传的影响下,汉口的"诚信会计师事务所"也编写了《缴纳所得税须知》《会计核算手续》等小册子,供给委托办理有关业务的单位和个人阅读。该事务所开展的代办申报所得税的业务,也得到当地税局的认可,一般均可依照申报数额纳税,不另生枝节,不重新查账,获得工商企业的信赖。

20世纪30年代公布的各项经济法规,对我国注册会计师事业的发展,所产生的影响是很大的。

第四节　新中国成立以前我国注册会计师组织的主管官署与颁证和登录

如前所述,我国注册会计师事业诞生在北洋军阀政府统治时期,并在国民政府时期逐步发展,因此,主管会计师事务的官署,随着政府的更迭和其内部责职分工的调整,有过多次的变更。最初一个阶段,由北洋军阀政府农商部主管,这一时期,注册会计师的法规和申报、审批手续从无到有,建立起了管理和监督注册会计师事务的雏形。其后国民政府成立,主管注册会计师事务的官署,先后变更为财政部、工商部、实业部和经济部,申报、审批手续逐步完善。根据有关历史资料的记述,1949 年之前注册会计师的颁证和登录情况如下。

一、北洋军阀政府时期颁证与登录

从 1918 年农商部审批颁发第 1 号注册会计师证书起,至 1927 年 6 月北洋军阀政府崩溃为止,由农商部审查批准,发给注册会计师证书的人数分别为:1918 年 3 人,谢霖获得第 1 号证书;1919 年 2 人;1920 年 5 人;1921 年 3 人;1922 年 5 人;1923 年 23 人;1924 年 73 人;1925 年 57 人;1926 年 86 人;1927 年 4 月止 27 人,共计 284 人。[①] 注册会计师已逐渐遍及平津、上海、武汉、重庆等大城市了。这些早期注册会计师包括谢霖、秦开、杨曾询、徐永祚、潘序伦、吴应图、俞希稷、沈仲豪、郑世察、钟海帆、沈立人、徐广德、童诗闻、郑忠钜、周增奉、赵祖慰、陈日平、叶大年、熊宝荪、李觉鸣、杨学优等。他们是我国开辟注册会计师园地的拓荒者群体。

二、国民政府时期颁证与登录

国民政府财政部主管注册会计师的审批等事务后,首先要求所有在前农商部注册的会计师,都须向财政部呈请复验,再另行发给会计师证书,原农商部所发证书无效。由于这项规定的实施,申请复验发证和新申请注册的人数极为踊跃,从 1927 年 11 月至 1929 年 5 月止的一年半时间内,由财政部审查颁发的注册会计师证书共 268 号,接近前 9 年发证的号数,其中奚玉书会计师获得 1 号证书。

1929 年,主管注册会计师事务的官署变更为工商部,从当年 6 月至 1930 年 11 月止,由工商部审查颁发的注册会计师证书共 184 号,其中王治晶会计师获这一时期颁发的第 1 号证书。

1931 年,主管官署再变更为实业部,从这年 1 月起至 1937 年 9 月止,共审查颁发注册会计师证书 1036 号,其中林天吉会计师获得这一时期颁发的第 1 号证书。

最后,1937 年 10 月起,主管官署变更为经济部,截至 1943 年 8 月,由经济部审查颁发的证书 1022 号(内缺 563 号),其中张佩孙获得这一时期颁发的第 1 号证书。[②]

再从抗日战争末期至胜利后的一段时期,即 1943 年 9 月至 1947 年 8 月,经济部又审查发证 579 号(内漏缺 544—560 号)。

综计,在国民政府各部主管注册会计师事务期间,从 1927 年 11 月开始新申请和复验发证起,至 1947 年 8 月止,共颁发注册会计师证书 3071 号。

上述旧中国的两届政府颁发的注册会计师证书总共为 3355 号。但这一数字中,有一些号数是属于重复发证的,如国民政府财政部所发证书中,就包括有

---

① 奚玉书,《我国会计师事业》,《公信会计月刊》1939 年第二卷三期。
② 奚玉书,《我国会计师事业》,《公信会计月刊》1939 年第二卷三期。

原农商部发证,经复验审查,另行换发给证书的;也有因证书遗失又申请补发的;也有发证后死亡的。因此,20 世纪 40 年代后期,注册会计师界有人匡算,当时仍然存在的注册会计师可能尚不足 2 000 人,而实际执业的注册会计师,在 1947 年 12 月,全国会计师联合会于南京成立时,据估计各地加入会计师公会的人数有 800～1 000 人。

　新中国成立之前我国会计师事业的创立和发展过程说明,当时在贫穷落后,仍然是一个以农业为主的旧中国,经济很不发达,近代工商业远远没有发展起来,因此注册会计师事业从无到有、由少到多的发展比较艰难,在注册会计师们的不懈努力下,也有了一定规模。其间,由于抗日战争的影响,沿海工商业城市及祖国腹心地带的武汉、九江、长沙、宜昌都沦陷在日本侵略者手中,大、中型民族工商业内迁,使 30 年代在上海曾适度发展的注册会计师事业,局限于半壁山河的大后方,抗日战争胜利后,虽然又有所恢复,但临近解放那两三年,国民党统治区的经济陷于崩溃,我国注册会计师事业也和民族工商业一样,处于停滞维持状态了。

第二章

新中国成立以前我国注册
会计师的执业程序

第一节 新中国成立以前我国注册
会计师的资格与考试

一、注册会计师的资格

注册会计师的主要业务是查账，为此必须有丰富的常识和充足的经验，以及清晰的头脑，同时还应该具备两个重要条件：①学识与经验的训练，包括：受过高等教育，有丰富的会计学识，文字与语言的训练，工商业的基本知识，实际经验，良好的会计技术。②若干特殊能力，包括：商业意识，分析能力，创造能力，良好的品行和性格。为此，我国当时历次颁布的会计师法规，都有严格的会计师资格条款，这对保证会计师的业务技术素质，起到了积极的作用。

新中国成立以前我国历次颁布的会计法规，对会计师资格的规定，有过几次变更。

第一，北洋军阀政府 1918 年 9 月颁布的《会计师暂行章程》规定：符合以下两点可呈请为会计师：①在本国或外国大学商科或商业专门学校 3 年以上毕业，得有文凭者。②在资本 50 万元以上之银行或公司充任会计主要职员 5 年以上者。

第二，国民政府财政部 1927 年 8 月公布，10 月修正的《会计师注册章程》规定，分受试与免试两项。

（一）受会计师试验者，应具备下列条件

（1）在国内外大学或专门学校商科或经济科以会计学为主要课程肄业 3 年以上，得有毕业文凭者，或在国立或经教育部或财政部认可之公立私立大学或专门学校教授会计主要科目，继续 3 年以上者。

（2）在会计师事务所充任会计事务员 2 年以上，得有办理善良之证书者，或在财政部所认为合格之企业机关官厅公署或公务机关充任会计事务员 3 年以上，得有办理善良之证书。

（二）受会计师免试审查者，应具备下列条件之一

（1）充任会计师后经其请求或有（兼任官吏、兼营商业）之情事撤销其证书者。

（2）在外国领有会计师证书者，但须注明该国之试验及审查其程度与本章程之规定相等者为限。

（3）在南京国民政府成立以前，领有会计师证书，曾经呈请财政部复验合格者。

（4）具备下列各条件者：

① 在国内外大学或专门学校商科或经济科毕业，曾读满会计学科目 20 学分以上，成绩优良者；② 在财政部所认为合格之企业机关、官厅、公署或公务机关充任会计主要职员 7 年以上，得有成绩证明书者。

第三，国民政府工商部 1929 年 8 月公布的《会计师章程》规定，也分受考试和免试两项。

1. 受考试应具备下列条件之一

（1）在国内外大学或专门学校商科或经济科肄业 3 年以上，得有毕业文凭者。

（2）在国立或教育部认可中学以上之学校毕业充任会计师助理员，或在工商部认为合格之企业、机关、官厅、公署或公务机关充任会计事务员 2 年以上，得有办理善良之证明书者。

2. 免试生应具备下列条件之一

（1）曾任会计师因有事故或（兼任官吏、兼营商业）情事，自请停止资格或撤销登录后，再欲充当会计师者。

（2）领有外国会计师证书者，但以能注明该国之试验，及审查其程度与本章程之规定相等者为限。

（3）领有会计师证书，曾经呈请国民政府财政部复验合格，或注册领有证书并呈请工商部复验者。

（4）具有下列各条件者：

① 在国立或经教育部认可之公立、私立大学或专门学校教讲会计学必修课程，继续 2 年以上者；② 在国立或教育部认可中学以上之学校毕业，并在工商部所认为合格之企业机关，官厅公署或公务机关充任会计主要职员继续 5 年以上，有成绩优良之证书者。

第四，国民政府于 1930 年 1 月公布的《会计师条例》规定：

在会计师考试未举行以前，凡中华民国人民，在国立或国内经教育部立案，在国外经教育部认可之公私立大学、独立学院、专科学校之商科或经济科毕业，并曾在专科以上学校教授会计主要科目 2 年以上，或在公务机关，或在有实收资本 10 万元以上之公司任会计主要职员 2 年以上，经工商部审查合格者，得为会计师。

第五，国民政府于 1936 年 5 月公布的《会计师条例》规定：

在会计师考试未举行前，凡中华民国人民具有下列资格，经实业部审查合格者，得为会计师。

（1）在国立或国内经教育部立案，在国外经教育部认可之公私立大学、独立学院或专科学校之商科或经济科毕业者。

（2）曾在专科以上学校教授会计主要科目 2 年以上，或在各级政府或其所属机关，或在有实收资本十万元以上之公司任会计主要职员 2 年以上，或在会计师事务所助理重要会计事务 2 年以上者。

从以上摘录会计师资格的法令规定看，北洋军阀时期对学历的要求最严，只限于国内外大学商科或商业专门学校毕业者。1923 年 5 月农商部修订章程略有放宽，增加了"国内外大学经济科以会计学为主要课程之一，肄业 3 年以上，得有文凭者。"亦可申报为会计师，但对经历一项的要求，仍然须"在资本五十万元以上之银行公司充任会计主要职员继续五年以上者"。当时符合这两条资格的高级会计人员很少，因此，在北洋军阀政府统治的 9 年间，只颁发会计师证书 284 号，发展是很缓慢的。

对于会计师资格问题，国民政府财政部于 1927 年 8 月公布的《会计师注册章程》中，对自由职业的会计师还附加了一个政治条件，即"必须是中国国民党党员"[①]后经会计师界的抵制，同年 10 月 19 日修改后再公布的《章程》，即删去了这一不合情理的条件。

此外，对会计师经历的规定有较大的变动，是从 1927 年起公布的几次章程和条例，增加了"在会计师事务所充任会计事务员二年以上，得到办理善良之证书者。"考虑了在会计师事务所任职，尚未获得证书的专业人员，但在学历要求上，1929 年 3 月工商部公布的《会计师章程》，要求的学历降为"在国立或教育部认可中学以上学校毕业"。条件放宽虽然有利于扩大范围，补充会计师人员，但也带来专业知识水平相对削弱的消极影响。

再就注册会计师的性别和年龄要求来看，也是几经变更，有不同的限制，最

早的规定必须在 30 岁以上；1927 年,规定降为 25 岁起；而 1929 年,又改为 25 岁以上；60 岁以下。此后,就没有作年龄限制了。对于性别的规定最初只限男子,以后取消了。

同时,历次会计师法规在资格的规定中,还有一些不得为会计师的禁戒条款,即受禁治产之宣告者；因损害公私财产被褫职或解雇者；受破产之宣告尚未复权者；受褫夺公权之处分尚未复权者；有反革命行为判决有案者；吸用鸦片或代用品者；受除名撤销证书之惩戒者。这些条件有利于保证注册会计师队伍的纯洁性和威望。

二、注册会计师的考试

一个合格的注册会计师要履行好自己的职务,要求他必须具备较好的业务技术水平。对会计师人才的选拔,许多国家都实行严格的考试制度,如英国的会计师考试,属于国家考试,要经过 3 次；美国的考试与英国比要差些,但考试时要进行 3 天；日本会计师也是要经过 3 次考试,在我国,1927 年国民政府财政部公布的《会计师注册章程》,开始有会计师考试和免试的规定。

我国注册会计师考试由考试院主管,1931 年 6 月 19 日由考试院修正公布的《会计师考试条例》,对于考试的程序和考试的内容,摘录主要规定如下:

首先,参加考试必须先经过资料审查,待审查合格后,准于参加笔试和面试。

其次,考试分 3 个阶段:

第一阶段的考试内容为:国文、论文、公文、政治四门课程。

第二阶段的考试内容分:

必试科目,包括:中华民国训政时期约法、民刑法大意、商事法规,会计制度及会计法规,财政学,公司理财,官厅会计,审计学。共九门必试课。

选试科目(任选 3 门,但最后 5 个科目至少选一种),包括:行政法大意,财政法规,岁计制度,各国会计制度,货币及银行论,商业组织及管理,外国文,成本会计,公司会计,银行会计,投资会计,铁路会计,共计 12 门选试课程。

第三阶段为面试,由主考人员当面对参加考试人员就必试科目和工作经验,进行口试。

从以上考试程序及考试内容来看,当时,对注册会计师的考察挑选是很严格的。

现以 1935 年第三届高等考试会计审计人员考试的试题来观察,第一试考试科目有《经济学》《财政学》《会计学》《审计学》《官厅会计》《会计审计法规》《财政法规》《各国会计审计制度》《公司会计》《银行会计》《铁路会计》《成本会计》共 12 种。第二试科目有《孙总理遗教》《宪法》《中国历史及地理》共三种。① 每种科目的考试题均为3题。其中会计学第一题要求以一个工厂某年年初,年末总账账户余额,及年内现金收入和现金支出事项,固定资产、应收账款、应收票据、预付保险费等业务,编制资产负债表及损益计算书,并编制两个年度的比较资产负债表。

后来有人对这次会计学考试题进行了探讨,认为该试题是美国会计师考试试题,借以作为会计人员试题,虽然没有不妥之处,但考试时间短促,很难将3道题作完,以致使参加考试的250多名会计人员,会计学一科及格的,仅有10多人。对此,建议今后废止选试科目;规定考试纲要;考题中的专门名词应注明原文;会计审计法规范围太繁太广,重在应用,似可不订为考试科目。② 这些见解一方面反映了会计师考试有过难过严的偏向;另一方面也说明了,参加考试人员没有真才实学,是不能侥幸取胜的。

此外,对注册会计师也有免试的规定,这也有利于确实符合条件的人员,能及时申请批准为注册会计师。

第二节 新中国成立以前我国注册会计师的权利、义务与职业道德规范

注册会计师的资格和权利、义务,在旧中国历届政府颁布的会计师法规中,都有明确规定。注册会计师的权利、义务,即其在行使职务时,按规定以受委托职务的名义办理各项事务上,可以行使的权利;以及对委托人应承担的职业责任。注册会计师的道德规范,则是他们本身应具备的思想品质和行为规范,现分述如下。

一、注册会计师的权利和义务

北洋军阀政府时期,注册会计师法规从无到有,在农商部公布的《会计师暂行章程》中,对其权利、义务简略规定为:会计师受有委托时,得办理关于会计之组织、查核整理,证明鉴证及和解各项事务。会计师因受委托办理各项事件,得向委托人约定,受取相当之报酬及旅费。会计师对于查核账目事项,非经委托者之许可,不得宣布。会计师于有关本人或其亲属利害关系之事项,不得执行业务。会计师违背或废弛有关规定,由农商部撤销会计师证书,或停止其业务。

---

① 《会计季刊》第一卷第三期,中国会计学社编。
② 《从二十四年高考会计人员考试会计学试题解答之商榷》。

及至 1927 年 8 月国民政府财政部公布的《会计师注册章程》，其内容已较完备，对注册会计师的权力义务在该章程中共制定了六个条文加以明确规定：包括受托办理职务时得向委托人受取相当的报酬及费用。执行职务时不得兼任官吏或其他俸给的公职。不得兼营商业。在兼任官吏公职律师公证人时，不得以会计师名义办理会计事项；在兼任董事无限责任股东时，不得以会计师名义办理会计事项。非有正当理由不得谢绝委托。在执行职务时，不得与非会计师共同行使职务或非会计师用本人名称行使职务；不得受债权人专任索债的委托；不得收买职务上所管理的动产或不动产；不得宣布办理事务上所得的秘密；不得因玩忽职务使委托事件遭受影响。

对注册会计师权限规定得最为有力和详尽的，当数 1928 年 5 月国民政府财政部公布施行的《会计师服务细则》。主要有以下几方面：会计师因受委托事件，须呈报或请求行政或司法官厅的必要时，可用会计师名称进行。对代管财产可施行检查封存；为了维护委托人权利，可公告声明或警告禁止变卖、移动财产及账据文件，必要时请求行政或司法官厅发布告、通告；为便利查核或保全证据，可向所有人或保管人要求同意，将该项关系账据文件提存于事务所，或予封存或派人驻管，但要负妥善保管的责任。须对委托事件进行调查取证时，得向有关系的商店、公司，个人或公务机关征询取证；必要时可请求行政、司法机关及法定团体在法律许可范围内协助办理。为行使职务的需要，可邀集委托人、相对人及关系人参加的会议或询问，对会议谈话或询问可进行记录和笔录，并要求与会人签字盖章证明，但不得用具结方式，遇有拒绝情况时，可要求其答复拒绝理由。必要时可复委其他会计师代行职务，对有关财产可委托专家或专业人员代为估价或拍卖及经销。

1930 年 1 月 24 日，国民政府颁布了由立法院通过的《会计师条例》，这项使注册会计师正式取得法律地位的法规中，其第一条概括规定注册会计师的权利有：会计师受公务机关之命令或当事人之委托，办理关于会计之组织管理、稽核调查、整理清算、证明及鉴定各项事务。会计师得充任检查员、清算员、破产管财人、遗嘱执行人及其他信托人。会计师得办理纳税及登记事务，并得代撰关于会计或商事各种文件。

这一条例中，对会计师的义务主要规定了以下内容：会计师于登录后，除第一条所举例的权利外，不行兼任其他职务，但临时名誉公职及学校讲师不受限制，会计师于登录后不得兼营工商业，还不得以会计师名义行使以下职务，即对于其本身或其亲属有利害关系事件所应办理的会计事项；以及在充任检查员、清算人、破产管财人、遗嘱执行人及其他信托人时，应办理的会计事项。同时，也规定了非有正当理由不得拒绝委托和命令；以及不得有的七项行为，并且还明确规定了非加入其所在地或最近地的会计师公会不得执行职务。

从上述各个年份颁布的注册会计师法规看,对注册会计师的权利和义务,都强调注册会计师职务的性质,必须严格保持"客观、公正、实事求是"的职业特点。许多执业注册会计师都认真履行了自己的职权和责任,在注册会计师的事业上,建立了良好的风范。

二、注册会计师的职业道德规范

我国早期著名注册会计师十分重视职业道德问题,看作是会计师事业的生命线。只有具备良好的道德修养,才能树立注册会计师的信誉,只有树立起良好的信誉,才能受到社会的信任,使注册会计师事业有所成就。

当时,上海的几位著名注册会计师和他们创办的事务所,在事业上取得成功,就是他们非常珍惜自己的职业道德,珍惜自己的信誉,如著名会计专家潘序伦先生,在1933年为《立信会计季刊》撰写的《中国之会计师职业》一文中,多方面的论述了注册会计师的职业道德,他说:"夫学识经验及才能,在会计师固无一项可缺,然根本上究不若道德之重要。因社会环境,千变万化,利诱威胁,无所不极。会计师苟无强固之道德观点,则在执行职务之际,在在可以代人舞弊,在在可以为己舞弊。然会计师之为职业,实为工商企业保障信用而设,苟有不道德行为,而自丧其信用,则此职业,即失其根本存在之理由,殊背国家社会期望之厚意,可不慎哉。"①他在高度强调会计师职业道德的重要意义后,并将会计师的道德内容分列为"消极方面之职业道德""积极方面之职业道德"两类。

消极方面之职业道德包括:①会计师于登录后,不得兼任他职,但临时名誉公职及学校讲师,不在此限;②不得兼营工商业;③会计师对于本身或亲属,有利害关系事件所应办之会计事项,不得以会计师名义,行使职务;④会计师担任清算人、破产管财人、遗嘱执行人及其他信托人等职务时,不得以会计师名义办理所任职务上之会计事项;⑤会计师对于当事人之委托,公务机关之命令,办理事项时,非有正当理由,不得拒绝;⑥会计师不得与非会计师共同行使职务,或使非会计师用本人名义行使职务;⑦会计师不得受债权人专任之委托;⑧会计师不得为职务以外之保证人;⑨会计师不得于合法约定报酬及实际费用之外为额外之需索,或与委托人订立成功报酬之契约;⑩会计师不得收买职务上所管理之动产或不动产;⑪会计师未得公务机关命令或委托人许可,不得宣布职务上所得之秘密;⑫会计师对于受命委托事件,不得有不正当之行为,或违背废弛其职务上应尽之义务。

积极方面之职业道德包括:①公正;②诚信;③廉洁;④勤奋。

奚玉书先生执行会计师业务的一生中,坚持公正客观的职业立场,既不为权

---

① 潘序伦,《中国之会计师职业》,《立信会计季刊》,1933年第二卷第一册。

贵、"大户"（即大企业）而妥协，又不因"小户"（即小企业）而偏私，严守职业道德、维护职业尊严。

徐永祚先生主持会计师事务，一生平易近人，处事严谨，认真负责，从不马虎。他将"勤奋、忠诚"作为铭言，勉励自己，督促自己，身体力行，贯彻始终。

会计师制度的创始人谢霖先生，对待会计师业务，坚持公正立场，一切以账册单据为依据，向不苟且从事，毕生致力会计和教育事业，善于理公财，而终生无一笔私蓄，两袖清风，一片丹心。

以上几位著名会计师，在他们开创的事业上，既重言教，更重身教，不遗余力的贯彻在他们的言行中，广为提倡宣传。此外，《公信会计月刊》从第六卷四期起，连载张匡、江葵展翻译的《会计师职业道德》一书，该书著者为美国李嘉生，全书共 20 章，由美国会计师协会出版。内容为小说体裁，描写一位青年会计师，自大学毕业后，进入会计师事务所担任职员起，以致后来自设会计师事务所遭受各种诱惑或各种困难问题，其人遵循职业道德立场，一一得到解决。这本书是当时会计领域中的一本好作品，从其内容看，该刊编辑的用意是很明显的，想借以促进我国会计师道德水平的提高。

但是，当时注册会计师业务的来源，大多数是受厂主、企业主的委托，他们找注册会计师为其办事，总希望对他们有利，因此，个别注册会计师为了迎合委托人的要求，也有造假账或出具不真实的证明书的现象。为了预防会计师违纪或不顾道德，在历次颁布的会计师法规中，都对会计师的职业道德内容作了规定，并且还明确了违章的惩戒。从 1930 年起专门设立了"会计师惩戒委员会"，主管事宜是根据会计师公会的决议或由关系人举发，办理注册会计师违反法规和公会章程，而应给予惩戒的各项事务。

注册会计师的职业道德问题，是注册会计师本身十分重视的大事，也是受社会广泛关注的社会问题。

第三节　新中国成立以前我国注册会计师执业的申报程序

一、向主管部门呈请颁发证书手续

新中国成立之前，具备注册会计师资格的会计专业人员，如要从事执业会计师业务，均需向主管会计师事务的官署办理呈报和登录手续。现以抗日战争前后由经济部主管时为例，战前先报由省、市社会局转呈，战后采取由呈报人直接向经济部呈报的办法。当时呈文的形式和内容如图 2-1 所示。

呈为请求审查发给会计师证书事窃具呈人现年　　　　岁　　　籍贯

曾于民国　　　年夏在上海　　　　大学商学院　　　系毕业
自民国二十五年九月一日起充任上海中国　　　公司会计主任职务任职期
已达二年以上查与会计师条例第三条之规定相符并无同条例第四项所列各款
情事兹拟执行会计师业务理合遵照会计师条例施行细则第三条规定检具证明
文件像片二张执照费银国币五十元及印花税费银国币四元正备文呈请鉴核伏乞
俯予审查发给会计师证书实为德便
　　谨呈
经济部
　　附呈　　　上海某大学毕业证书一纸　照片二纸
　　　　　　　中国某公司服务证明书一纸　照片二纸
　　　　　　　半身相片二纸　履历二纸
　　　　　　　执照费银国币五十元印花税费银国币四元正
　　　　　　　（附奉上海中国某银行汇票五十四元一纸）
　　　　　　　具呈人　　　　　　印

　　通讯处：

图 2-1　民国时期呈请颁发会计师证书的呈文形式和内容

以下呈文送达经济部后，经该部商业司负责审查，认为呈报的资格符合要求，即可颁发会计师证书，除将各项影印证件及照片留下，原来呈报的证件一概发还呈报人，经济部的批文和会计师证书样式如图 2-2 和图 2-3 所示。

　　　　经济部批　　　　商字第　　　　号
　　　　　原具呈人
　　二十九年　　　　　月　　　　　日呈一件
为呈请发给会计师证书由
呈件均悉，费币照收，所有请发给会计师证书，查核尚合，应予照准，兹填发证书
一纸，收据一纸，并发还原呈证件正本，仰即领收，此批。
　　　附会计师证书一纸收据一纸
　　　毕业证书一纸服务证明书一纸
中华民国　　　年　　　月　　　日
　　部长：

图 2-2　民国时期关于申请会计师证书的批文

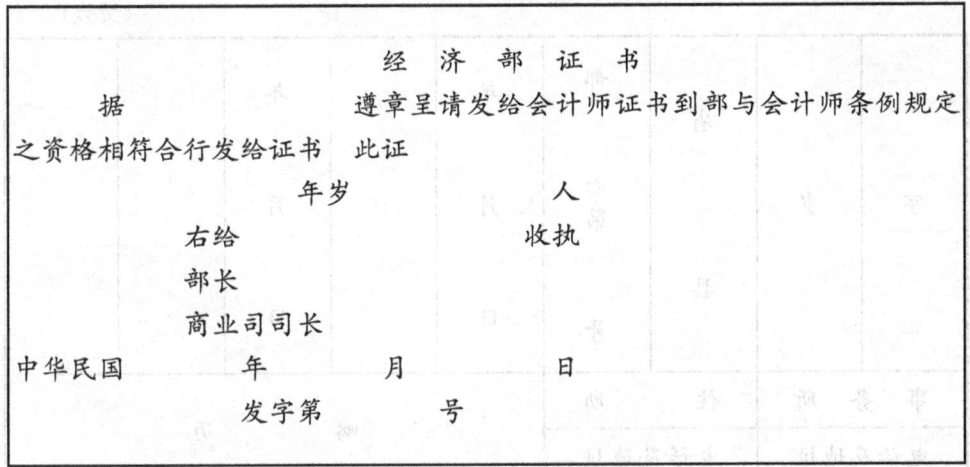

图 2-3　民国时期经济部颁发的会计师证书

二、加入会计师公会的程序

要求执业的会计师获得证书后,即取得会计师身份。但根据《会计师条例》有关条款的规定:"会计师非加入所在省或市之会计师公会,不得在该省或市内执业,所在省市如未设有公会者,应加入附近省、市之会计师公会,凡领有会计师证书者,会计师公会非有正当理由,不得拒绝其申请加入会计师公会。"

20 世纪 40 年代加入上海市会计师公会为会员的申请书样式如表 2-1 所示。

表 2-1 是民国时期上海市会计师公会入会愿书。

表 2-1　　　　　　　　　上海市会计师公会入会愿书

兹愿遵守								
贵会章程申请入会依照章程第六条之规定填具各款希审查通过								
此致								
上海市会计师公会								
会计师								
中华民国　　　年　　　月　　　日								
姓名	年龄	籍贯	证书号数	发给年月日	执行业务区域	开始执行业务年月日	已加入之其他公会	印鉴

（续表）

			部字第号	年月日		年月日		
字___	岁	省县						
事　务　所	住　　所	略　　历						
电话及地址	电话及地址							

助理员之人数姓名及略历	
姓名	
年龄	
籍贯	
学校	
服务	
经历	

三、呈请开业登录的呈报手续

注册会计师向公会呈请加入本地会计师公会,经公会审查合格,发给会员证书,于是会计师即可执行业务。同时,尚应根据《会计师条例》所规定:"会计师开始执行业务前,应具声明书连同证书呈由所在地主管会计师事务的官署检验,登录在会计师登录簿。"其呈文内容及附件格式如图 2-4 所示。

呈为呈报在上海开业请予登录事窃会计师现加入上海市会计师公会在上海市区执行业务总事务所设在上海河南路五〇五号公信会计师事务所兹因当地主管官署尚未恢复理合遵照会计师条例第八条之规定检具会计师证书及上海市会计师公会证书影本各一份及登录事项表一纸备文径呈

钧部伏乞

鉴核赐于登录仰候　批示只遵谨呈

经济部

　　上海市会计师公会会员　　　　　会计师印

　　事务所　　　　　上海河南路五〇五号

图 2-4　会计师执业前的呈文

以上会计师执业前严密的呈请发给会计师证书,申请加入会计师公会,呈请登录等手续说明,会计师法规的实施是很认真的,注册会计师作为社会公证职能,自身应当有很强的自律性和守法观念。

第三章

新中国成立以前我国注册
会计师的组织机构

第一节　会计师事务所

一、会计师事务所的设立与分布概况

1918 年北洋军阀政府农商部公布的《会计师暂行章程》规定:"凡经核准之会计师开始执行其职务时,应向农商部呈请登录列入会计师总名簿。并载明行使职务区域及事务所所在地。"会计师事务所是会计师依照法令赋予的职权,设立的办事机构。

会计师事务所的命名,最初由于法律赋予会计师的职权,是依托于自然人,故执业会计师用他自己的名字冠于事务所,如"徐永祚会计师事务所""李觉鸣会计师事务所"等。随后因事业上合作的人渐多,内部有明确分工体系,对外也形成了较大的组织,为了取得社会信誉,逐改用超自然人名称的公共性店号,如"潘序伦会计师事务所",改名为"立信会计师事务所"。

会计师事业是随工商业的发展而兴起的。因此,在我国从 20 世纪 20 年代初至抗日战争爆发前后,全国各地先后成立的会计师事务所,大都设立在沿海和长江沿岸的工商业发达的大城市,包括北京、天津、上海、南京、武汉、重庆、广州等。

(一) 北京、天津的会计师事务所

北京在北洋军阀政府统治时期为首都,除政治方面是全国中心外,经济方面一些大银行的总行也设在北京。谢霖先生获得第 1 号会计师证书后,与秦开、杨曾洵两会计师合作,在京津地区设立"正则会计师事务所",通过《银行周报》刊登广告,宣传开始执行会计师业务,这家在我国最早开设的会计师事务所的总所,又于 1930 年迁移到上海。早期在天津加入会计师公会执业的会计师有卓定谋、冯熙铸、韩瑞芝、郭定荣等 20 多人。1936 年国民政府公布《所得税条例》后,在

天津设立直接税局,规定由会计师审查账①目报表,许多工商企业纷纷委托会计师代报所得税,会计师业务一度出现繁荣现象。当时天津工商学院教授李宝震创建了"公平会计师事务所",办理代报税金等业务,1948 年,"上海立信会计师事务所"派管锦康会计师在天津设立分所,在天津产生了重要影响。

(二) 上海市的会计师事务所

上海自鸦片战争后开辟为商埠,帝国主义列强各划租界,城市也畸形发展,成为我国最大的工商业城市。1921 年,当时在上海证券交易所担任会计科长的徐永祚先生,鉴于我国发展工商业的需要,辞去各项职务,向农商部申请得到会计师证书后,在上海设立"徐永祚会计师事务所",办理注册会计师业务,1927 年 1 月,会计学家潘序伦先生在上海爱多亚路 39 号设立了"潘序伦会计师事务所",第二年改名为"立信会计师事务所"。同年奚玉书先生获国民政府财政部颁发的第 1 号会计师证书,随即加入"公平会计师事务所",开始执行会计师业务。1930 年"正则会计师事务所"由平津迁到上海设总所。1933 年,会计学教授,原在美商大美查账局参加查账工作的安绍芸会计师,与刘大钧、袁际唐等合办"大成会计统计事务所"。1936 年,"公平会计师事务所"改组,奚玉书会计师单独组建"公信会计师事务所"。此外,成立较早的还有沈学钧会计师创办的"大华会计师事务所";王海帆会计师组织的"联合保险公证事务所",专门执行审计业务。

迄至 1948 年,在上海执业的会计师人数冠于全国,达到五百多人,向会计师公会申报创立的会计师事务所共有 71 户,为便于了解研究当时的情况,摘录各所的名称如下:

一信,	大明,	大同,	大华,	大信,	大业,	大刚,	大公,	工商,
久信,	公信,	公正,	公诚,	公一,	公益,	公明,	中孚,	中一,
中国,	中汇,	中信,	中和,	友诚,	允一,	允中,	互信,	文硕,
天衡,	立信,	立诚,	正则,	正明,	正大,	正信,	正直,	正宜,
正谊,	正言,	正准,	平正,	永信,	永丰,	民信,	仲宜,	明德,
协信,	泰山,	恒信,	信茂,	信和,	信义,	信诚,	振兴,	启明,
崇信,	执中,	国信,	众信,	华茂,	普益,	诚正,	诚德,	诚信,
诚平,	新华,	论衡,	兴业,	衡平,	慰明,	联合,	兄弟。②	

(三) 武汉市的会计师事务所

武汉三镇的汉口,水路、陆路交通十分便利,是长江中游重要商业中心。1858 年,英、美、法帝国主义与腐败的满清王朝签订的《天津条约》,将汉口与上

---

① 作者表述中"帐"已改为"账",涉及引用的旧法规中原文中的"帐",本书仍保留,全书同。

② 《公信会计月刊》,第十二卷第四期。

海、广州等开辟为商埠,随之而来的帝国主义侵略势力,在汉口开设了许多银行、洋行、公司、开厂,外国设计师也就渗透到汉口,垄断着重要会计事务。1926 年秦开到汉口执行会计师业务,并创立汉口会计师公会。1931 年,在复旦大学和清华大学经济科毕业的周蔚柏、宗贤俊两人,对外国会计师独霸汉口的状况十分愤慨,立志创立会计师事务所以争国权,他们到上海几家会计师事务所观摩后,回到汉口申请了会计师证书,创办了"公信会计师事务所",后更名为"信诚会计师事务所",办理各项会计师业务。1934 年,上海"正则会计师事务所"在汉口设立分所,由房兆骐、涂拔丞、苏时昌等 20 多位业务人员主持分所事务,是一个规模较大的事务所。以后,相继有叶承澍开设的"公正",熊治平开设的"宗汉",徐忠勤开设的"精业",以及"昭信""诚达"等,一度出现了会计师业务很兴盛的气象。但在抗日战争期间,武汉成为沦陷区,会计师事务所也被迫停业。抗日战争胜利后,内迁的工商企业相继迁回武汉,会计师事务所也逐渐恢复执业。

(四)重庆市的会计师事务所

重庆是长江上游水陆交通枢纽,为我国西南的最大城市。在重庆创办最早的会计师事务所,是李觉鸣会计师于 1924 年创办的"李觉鸣会计师事务所",李觉鸣和杨学优先生是当时四川唯有的两位会计师。抗日战争爆发后,西南各地经济建设迅速发展,所得税制积极推行,工商各业急需会计师为其提供服务,上海立信会计师事务所于 1937 年和 1938 年先后在重庆设立了重庆立信会计补习学校第一、第二分校,由施仁夫和刘芷休两人主持。随即因西南各业委托查账的业务增多,正式成立了立信会计师事务所重庆分所,由王逢辛、施仁夫两位会计师分别担任正、副主任,并聘请朱绩甫、钱坤珊为兼任会计师。同时,上海的公信会计师事务所,正则会计师事务所也都前来设立有分所,此外,还有褚汇宗会计师创办的"正明会计师事务所",章梓贤会计师创办的"章梓贤会计师事务所"等等。重庆市的会计师事务所在抗日战争时期是较为兴盛的。

二、会计师事务所及注册会计师的性质

会计师事务所是注册会计师的办事机构。草创初期,尚无大规模组织的事务所,大多数均属个人经营,其原因一方面由于业务尚未发达,另方面我国法律规定,仅能以会计师个人名称行使职务。

注册会计师业务的性质,从表面上看,虽然类似工商企业中的高级会计人员,但他所处的地位却大为不同,会计师不是专为某特定的工商企业所聘用。而是接受社会公众的委托,办理专项会计事务,处于独立的地位,不受外界的拘束。尽管以收受报酬而供给劳务,但能够本着自己的见解,以客观、公正、平等的态度,自由行使其职务。由此,在国外有公共会计师的称谓。我国会计师职业者,

命名为会计师是以其"在法律上为自由职业之一种,与律师、医师、工程师性质相同,业务之愿意接受与否,可听自己之便,不受任何拘束。"①

旧中国的注册会计师职业,从第一个《会计师暂行章程》起,至以后历次修改颁布的有关法规,都确认会计师在法律地位上是一种自由职业。按《暂行章程》规定:"会计师受有委托时,得办理关于会计之组织、查核、整理、证明、鉴定及和解各事务。"《会计师条例》规定:"会计师受公务机关之命令或当事人之委托,办理关于会计之组织、管理、稽核、调查、整理、清算、证明及鉴定各项事务……"

有关法规都明确规定了会计师是在受公务机关的命令或当事人的委托后,方为委托人提供业务技术服务,这种服务是以会计师所具有的法定的第三者的独立地位和权限,以及特有的智力资源,良好的信誉等,为委托人提供技术性的劳务,即以提供活劳动的形式满足委托人关于会计事项的特殊需要,是一种有偿性的服务。按照代为办理事务的难易和繁简受相当的"酬金"或"公费",其标准是由主管官署或会计师公会制定。

同时,会计师在行使职务时,其应有权限和应行办理的手续程序,都必须遵守会计师法规和其他法令中有关职务的规定。并且在发生会计师行使职务时,因故意或过失致委托人或第三人受损害时,应负民法或刑法上的责任。

为了保持会计师独立的地位,有关法规都强调会计师在登录执业后,不得有以下各事项:

(1)与非会计师共同行使职务,或非会计师用本人名称行使职务,但使有会计师证书之会计事务员代理时不在此限;

(2)受债权人专任索债之委托;

(3)为会计事务外之保证人;

(4)于合法约定报酬及实际费用外,为额外之需索,或与委托人订立成功报酬之契约;

(5)收买职务上所管理之动产或不动产;

(6)未得公务机关命令或委托人许可,宣布职务上所得之秘密;

(7)对于受命受托事件有不正常之行为,或违背废弛其职务上应尽之义务。

以上要求会计师履行的事项,说明了会计师是自由职业者,但不是自由主义者。他们必须在法规和道德规范内,行使其合法职权。

早在谢霖先生倡导建立会计师制度时,他即主张:"会计师在法律上为自由职业之一种,与律师、医师、工程师性质相同。"在承办业务上,"业务之愿意接受与否,可听自己之便,不受任何拘束。在发挥职能作用上,"会计师之作用,即为

---

① 谢霖,《中国之会计师制度》,正则会计师事务所1942年1月初版。

无论何种事业,必须先立会计制度,以为管理准则,而于平时及每届决算之时,必须延请超然人为之检查,借以察其会计有无不当,以及有无作弊事情"。① 这一主导思想,在我国会计师事业的实践中,受到了检验,获得了社会承认,会计师自身也是自尊自重的。

我国会计师事业诞生以来,既得到法律的保护,也受到法律的监督,以保护机制促进这一职业正常开展业务;以监督机制约束这一职业在行使职务时,严格遵纪守法。作为自由职业者的注册会计师,他们遇事严谨,认真负责,始终坚持公正立场,一切以账册、单据为依据,为公务机关的命令和当事人的委托负责,为社会负责,为他们的职业道德负责。

三、会计师事务所的业务范围

我国会计师事业创建初期,开始执业办理的业务范围,受到当时社会经济发展状况的制约,以及有关法规的限定,开展的业务项目还不多。最初由农商部公布的《暂行章程》中规定:"会计师受有委托时,得办理归于会计之组织、查核、整理、证明、鉴定及和解各项事务。"这些业务项目,是当时谢霖先生申请创办会计师事业的呈文中,附呈业务章程的内容。当时,社会上及工商界对会计师职业的认识很陌生,以为只有在发生经济诉讼,破产清算等事务时,才不得已委托会计师办理查账、清账,把这种业务看成是一桩倒霉的事情,尽力避而远之。早期的会计师,业务量还不多,开设的会计师事务所为数很少,规模也很小。这一阶段的会计事务,大都仅限于受一些厂家、企业主的委托,代为办理会计制度的拟订,财产的管理与清算等。

迄至 1927 年,国民政府财政部颁布《会计师注册章程》时,鉴于近十年来,民族工商业有了一些发展,需要注册会计师公证职能提供的服务内容逐渐扩大,因此,《注册章程》对会计师的业务范围,在原《暂行章程》的基础上,增加了"管理、稽核、调查、清算、清理、公断、充任检查人、清算人、清理员、破产管财人、遗嘱执行人及其他各种信托人,以及代办纳税事务、注册手续,并代订关于会计及商事各种文件"。业务范围的扩大,对会计师事务所开拓和发展十分有利。

随着国民政府成立了主计处,监察院设立了审计部、陆续制定和颁布了一些经济法规,如《公司法》《会计法》《营业税施行细则》《银行业收益税法》《所得税暂行条例及实施细则》等等,大大增加了社会上对会计、审计工作的需要,特别是1936 年国民政府直接税局成立后,要求每一个工商企业都要申报所得税,并且必须经过会计师查账,那时上海、天津、武汉等几个大商业城市,会计师业务曾一

---

① 谢霖,《中国之会计师制度》,正则会计师事务所 1942 年 1 月初版。

度繁忙起来,业务增多,会计师人数也多了。

根据当时有关注册会计师法规的规定,以及工商企业对会计师职能的需求,会计师的业务范围可归纳如下。

1.主要业务

按时间先后划分:

事前会计事项设计工作——会计组织;

事中会计事项代办工作——会计管理;

事后会计事项审计工作——稽核与调查。

按工作目的划分:

会计事务的整理;

工商企业业务结束时的清算;

财务状况及业务经营状况的证明;

各种经济事项的鉴定。

2.次要业务

代办纳税事务;

代办登记注册事务;

代拟商贸及会计事务的文件。

根据各会计师事务所的技术力量和人员条件,会计师事务所承办的具体业务,约可分为以下各项。

1.会计组织事项

甲、会计事务处理方法的规划;

乙、会计科目分类的规划;

丙、商店公司帐簿表单票据等格式的规划;

丁、工厂成本会计方法的规划;

戊、官厅学校及其他公共机关会计方法及帐簿表格单式的规划;

巳、编制预算方法及程式指导;

庚、办理决算方法及程式的指导;

辛、各机关各商店会计规程的拟订;

壬、各机关各商店簿记规则的拟订。

2.会计管理及整理事项

甲、代办记帐事务;

乙、代办款项收支事务;

丙、代办报销事务;

丁、整理会计事务。

3. 会计之稽核调查明鉴事项

甲、定期查账 ①财产检查；②损益检查；③详细检查；④以上各项检查可以期限长短分为每年每半年或每月一次；

乙、临时查账；

丙、调查事务；

丁、鉴定事务：①财产价值之鉴定；②账簿表单真伪涂改的鉴定；

戊、为公司创立会的检查员

4. 会计的清算及信托事项

为清算人、破产管理人、遗嘱执行人或其他各种信托人。

5. 会计财政的指导事项

甲、公司商店设立前后手续的指导；

乙、公司章程合伙契约及各种合同规约的研究或指导；

丙、变更公司章程注册事项等手续的指导；

丁、变更公司商号组织的研究及其手续并会计上处理方法的指导；

戊、募集公司债的研究及其手续并会计处理方法的指导；

巳、公司解散清算等手续及会计上处理方法的指导。

6. 代办纳税专利事项

甲、呈报免税；

乙、呈报减税；

丙、呈请专利。

7. 代办注册登记及其他呈请事务

甲、商号注册；

乙、公司注册；

丙、商标注册；

丁、特种营业注册；

戊、公益慈善团体注册；

巳、不动产登记；

庚、注册登记事项。

8. 商业文件的代拟事项

甲、公司章程；

乙、合伙契约；

丙、营业计划书；

丁、营业概算书；

戊、关于商事合同契约；

已、关于商事的呈文函稿。

从客观上说,旧中国工商企业的会计工作还比较落后,许多企业仍在沿用中式记账法,学过新式簿记的会计人才也较少,公司商号等要改良和完善会计管理工作,大都需要借助会计师为其规划指导和记账编表。因此,会计师在提供业务服务时,也传播了会计技术方法,为我国新式会计技术的普及和推广,起到了良好的促进作用。

四、会计师事务所的综合事业

由于我国长期受封建王朝的统治,"其经济、政治、文化的发展,就长期地陷在发展迟缓的状态中……自给自足的自然经济占主要地位"。[①] 经济发展停滞不前,影响着有悠久历史的会计技术也停留在古老的中式收付簿记模式上,方法陈旧,技术落后,会计人员的知识技术大多是从家传和师授得到,业务水平与现代工商业的发展不相适应,因此,我国会计师制度的建立,面临着一个繁重的会计改良与改革的紧迫任务。

当时,在上海执业的著名会计师及其事务所,开辟了一项符合我国国情的综合性会计师事业体系。它包括创办会计补习学校和中、高等会计学校;编辑出版会计图书、杂志;设计与发行新式会计用品;推荐会计人才等。

在办学方面。立信会计师事务所主办的各层次会计教育有"会计补习学校"(1928 年开办)、"会计函授学校"(1930 年开办)、"高级会计职业学校"(正规学校)"会计专科学校"(正规高校 1937 年开办)。"办学历时二十五载,培养会计人才十余万人,真可谓桃李满天下。"[②] 公信会计师事务所创办了"会计夜校"和"会计补习学校"。徐永祚会计师事务所与上海商会附属的商业学校联合举办了"改良中式簿记讲习科""改良中式簿记函授科";正则会计师事务所及其分所设立了"会计补习学校"。这些不同形式的会计教育,除正规大专、高职校是教育部核准,按部颁教学大纲教学外,各事务所主办的"补习班(学校)",都是经当地教育部门立案同意,有明确端正的办学宗旨,开设的课程很实用,上课的时间有保证,收费也较低廉,如徐永祚会计师事务所附设会计人员训练班,办学宗旨是"以灌输会计学识,养成会计人员"为目的,它开设的学科,高级班有:会计学、审计学、成本会计,公司理财,账簿组织研究,会计问题研究,商事法规,税务要项等八门课,初级班有:商业簿记、工业簿记、中式簿记、会计学大意、商业概论及实践、商业算术、实用珠算、华文打字等八门。入学有考试,有资格限制。当时学好这些

---

① 《毛泽东选集》,第二卷第 586 页。
② 《中国经济学家潘学伦》,《世界经济导报》1988 年 3 月 8 日第五版。

课程,已算是具有新式会计知识技术的合格会计人员了,这些学生成了当时我国金融业、工商业、机关单位的会计骨干力量。

在编辑出版方面,立信会计师事务所的成就最为突出,其主持编纂《立信会计丛书》,先后出版发行各种会计书籍有 150～160 种;出版《立信会计季刊》共 18 期,此外,还有《立信周报》《立信会计月刊》等。[①] 徐永祚会计师事务所出版《会计杂志》共 8 卷 48 期,公信会计师事务所出版《公信会计月刊》共 16 卷、96 期。正则会计师事务所也出版过多种会计书籍。而《立信会计丛书》在抗日战争期间,各地大专学校和自选会计的学生,十分之八九是采用作教材,中专学校几乎无一不是用来作教科书。至于几种会计杂志的内容都比较精深,有国外会计新文献的译述,有会计理论方法的研究和商榷,有国内各行业会计制度的介绍,有政府财会法令规章的选登,也有会计界人物的介绍等栏目,十分受读者的欢迎。

在设计发行会计用品方面。公信会计师事务所创办有"公信会计用品社"。立信会计师事务所创立有"立信会计用品社",满足了工商企业对新式会计账册、表单及用品的需要。

在选拔推荐会计人才方面。有卓识远见的会计师也将这项工作列入开拓会计事业的内容,新中国成立以前青年学生毕业后,找不到至亲友好帮助介绍,往往"毕业即失业",为此,立信会计师事务所,在所内成立了"立信会计咨询所",通过职业介绍,不断扩大了会计人员队伍,促进了我国会计工作的改革。

新中国成立以前会计师事业的开创者们,根据我国当时的国情,选取了以法定业务和综合服务同时并举的实践,构成了脍炙人口、被称为"三位一体"的注册会计师事业,在注册会计师发展史上,写下了光辉的一页。

五、会计师事务所服务收费标准

按照会计师法规的规定,会计师接受委托人委托或公务机关命令办理事件后,收取的偿金称为"公费"。其标准由主管官署制定。旧中国政府没有作全国性的统一规定,由各地会计师公会根据本地情况制定,分为两种方式计费:1. 计时报酬,即以执业时间为标准而定的报酬;2. 计事报酬,即以办理事件为标准而定的报酬。

上海市会计师公会在 20 世纪 30 年代制定的收费标准为:

(1) 论时公费,会计师定为每小时 10 元,每 4 小时为 1 天,每天公费 30 元,事务员定为每小时 2 元,每 6 小时为 1 天,每天公费 10 元。

---

① 《潘序伦回忆录》,《财务与会计》1984 年第 6 期。

（2）论案公费，每件事务至少100元。

当时公会规定的收费标准为最低额度，在规定数额既不得再减，也不许加收。对于市区以外的业务，出差往返车船费、膳宿费，按规定标准由委托人负责支付，途中所耽误的时间，按照计时收费标准的半数收取。

这一收费标准，完全照顾了我国当时工商企业的负担能力，与英美等国相比，我国会计师的酬金是较低廉的。

六、会计师事务所办理企业财务状况证明与公告实例

会计师事务所的主要业务中，办理对企业财务状况及业务经营状况证明、经济事项鉴定，并向社会公告的业务，责任重大，涉及面最广。首先，根据《公司法》规定，由会计师事务所证明的企业的资产负债表，损益计算书等，是由股东会予以承认的依据；而各种表册经股东会承认后，又是视为解除董事及监察人责任的重要文件。其次，经公告的财务报告，又是经济关系人对该资料全部或任何部分内容产生依靠，借以决定投资的重要依据；因此，对其真实性、准确性和完整性，必须进行客观、公正、实事求是的严格审查，以保护投资人的利益。

当时许多工商企业为了取信社会，都委托他们信任的会计师事务所代为办理会计报表的审查和公告，如"徐永祚会计师事务所"曾为上海商务印书馆审查1931年度的资产负债表，并在该所主办的《会计杂志》上公告。现摘录于后，供读者了解当时表报格式项目设置及企业经济状况。

商务印书馆二十年度（1931年）亏损金额达347万多元，是将1932年1月28日，日本侵略军进攻上海制造"上海事变"，2月2日发生总攻击，该厂厂房设备毁于战火的损失，列入了这个年度决算内。商务印书馆是我国当时最大的出版企业，而该馆所编的资产负债表中反映资产和负债的项目都比较简单，说明了当时我国新式会计核算还处于启蒙时期。

这一期的《会计杂志》还公告有同一年度中华书局、世界书局和大东书局的资产负债表，现仅将它们的股本额和盈利额摘录如表3-1所示。

商务印书馆股份有限公司

表3-1　　　　　　　　　　二十年度资产负债表

资　　产	金　　额	负　　债	金　　额
地　　基	1 011 500	股　　本	5 000 000
房　　屋	354 200	普通公债	1 332 879
机器工具	253 300	特别公债	13 874
生财装修	7 500	各项准备金	2 933 020
编译所藏书	51 700	其中：各项欠帐	
外　　业	119 279	准 备 金	(2 791 264)

（续表）

资　产	金　额	负　债	金　额
存　货	661 100	储蓄及存款	1 338 756
纸张原料	225 700	各项存款	558 932
未了品	20 900	暂记存款	1 590 784
版权及存稿	100 700	应付票据	3 217
各项欠帐	4 221 892		
暂记欠帐	1 070 875		
应收票据	33 624		
现　款	1 157 909		
银行钱庄	(1 066 911)		
现　存	(90 998)		
亏　损	3 471 283		
共　计	12 771 462	共　计	12 771 462

中华书局资本 2 000 000 元，资产总计 4 965 042 元，本年盈余 183 115.83 元，资金利润率为 9.16%。

世界书局股本 715 270 元，资产总计 2 950 270 元，本年盈余 54 518 元，资金利润率为 7.67%。

大东书局股本 281 900 元，资产总计 1 007 460 元，本年盈余 36 602 元，资金利润率为 12.87%。

商务印书馆拥有很强的设备和技术力量，编辑人才也很雄厚，出版发行的书籍也最多，如果不遭受日军侵华战火，必可获得比上述三个书局更好的经济成果。由此可见，日军发动进攻上海的战争，为上海市公私财产造成的损失是多么巨大。

第二节　会计师公会

一、会计师公会的组建情况

会计师公会是执业会计师共同发起和组建起来的社会团体。我国成立最早的会计师公会，是 1925 年 3 月在上海市成立的"上海市会计师公会"，由当时在上海市及其附近地方执行业务的会计师组成。发起并参加公会的会员有：徐永祚、潘序伦、吴应图、俞希稷、沈仲豪、郑世察、王海帆、沈立人、秦开、徐广德、童诗闻、郑忠钜、周增奎、赵祖慰、陈日平、叶大年、熊宝孙等 23 位会员。

上海会计师公会成立时，为了提高各界人士对会计师职业的认识，发表了一份"缘起"，其主要内容如下：

"夫会计师制度,实为经济进化之产物,际此工商业勃兴,企业组织日益复杂之秋,举凡创始之设计,平时之检查,以及收束之清理,胥有赖乎会计师为之整理臂划,方诸律师,医师,其社会相需之切,未为多让,而又处于超然之地位,本其独立不倚之精神,证明财界诸般之真相,以坚社会之信用,而供公众投资之参证,其影响所及,正不独直接之利害关系人而止,此美国所以有'公共会计师'之称也"。

以上,"缘起"的主要内容,阐述了会计师制度产生的客观条件,会计师的地位作用,会计师与工商企业振兴的关系,以及会计师的业务范围、服务方针等,它是一份很好的业务宣传提纲。滥觞的源流,逐渐汇入百川,终于成为奔腾的大江大河了。

在上海会计师公会成立大会上,选出的第一届公会职员为理事,他们是:徐永祚、吴应图、周增奎、童诗闻、俞希稷等五人;监事有:郑忠钜、徐广德二人,任期为3年。

1928年2月,上海会计师公会改组,选出公会执行委员11人,其中5人为常务委员。

执行委员有:奚玉书、潘序伦、江万平、赵祖慰、童诗闻、徐永祚、叶大年、贝祖翼、周增奎、陈日平、徐广德。其中:潘序伦、奚玉书、江万平、赵祖慰、童诗闻为常务委员。监察委员有:孙钟尧、俞希稷、王海帆、李征、张家栋。

抗日战争爆发前夕,新换届的公会职员更名为理事。选举出的理事15人,除前届奚玉书、江万平、贝祖翼、潘序伦续任外,新增选的理事为:李鸿寿、何元明、李大伟、王思方、李云良、王海帆、谢霖、李文杰、沈学钧、陈宪谟、赵振龙等11人。

监事也新选了钱乃征、徐英豪、秦开、夏焕孙、陈养春等5位新人。

从上海市会计师公会的几届理事、监事的增选来看,在十年时间内,会计师人才辈出,体现了会计师事业有了较大的发展和进步。1937年8月25日,上海会计师公会发表了一份会员资料。当时在该公会登记的会员为479人,共中男性453人,占94.5%,女性26人,占5.5%,年龄最长的为张训钦会计师,当年71岁,年龄最小的为奚慧,吴泸生两位女会计师,当年均为26岁,全体会员平均年龄为40岁。

上海会计师公会会员按学历统计,毕业于下列各学校的人数为:

复旦大学	109人	中央大学	19人
东南大学	21人	南京高师	2人
上海商学院	41人	光华大学	42人
大厦大学	15人	东吴大学	15人
南洋公学	3人	交通大学	12人

暨南大学	14 人	沪江大学	11 人
上海法学院	12 人	立 信	13 人
中 公	10 人	诚 明	8 人
北京大学	7 人	其他(包括留学生)	125 人

以上统计资料表明,抗日战争爆发前,上海会计师公会的会员,在学历上都是大专以上毕业,文化程度的层次较高,符合法例、条例要求的资格;年龄上也多在年富力壮的阶段,他们在会计师事业发展上,不愧为全国的表率,其影响遍及全国。

上海沦陷后,有些在上海执业的会计师,先后离开上海到了大后方,截至1939 年 7 月,仍留在上海孤岛的上海市会计师公会会员人数为 317 人,1941 年12 月太平洋战争爆发前后,又有一些会计师离开上海到内地,如潘序伦于 1940年 7 月,只身经香港到了重庆,奚玉书会计师也在 1942 年离开上海到达重庆。

继上海会计师公会成立之后,其他省市也相继成立了会计师公会。

平津会计师公会 1926 年 8 月成立。在北京的会长是卓定谋会计师,天津的负责人是"正则会计师事务所"的杨曾洵会计师,较早的会员有冯熙铸、韩瑞芝、郭定荣等 20 多人。

武汉会计师公会	1926 年 10 月成立;
广东会计师公会	1926 年成立;
浙江省会计师公会	1931 年 6 月成立;
九江会计师公会	1932 年 5 月成立;
南京会计师公会	1933 年 3 月成立;
山东省会计师公会	1933 年 3 月成立。

此外在 1941 年之前成立的会计师公会还有江苏、重庆、青岛、广西 4 处。综计在 40 年代初,全国共有会计师公会 12 处。

二、全国会计师协会及会计师联合会

1933 年 9 月,由上海市会计师公会发起,建立了统一全国各地方的会计师公会的团体,定名为"中华民国会计师协会",以各省、市会计师公会为单位入会,所属会员有:上海、平津、浙江、广东、武汉、南京、重庆、山东、九江、青岛、江苏等各个公会。选举产生了第一届执行委员和监察委员。

执行委员有:奚玉书、陈日平、江万平、闻亦有、谢霖、秦开、欧阳瀚存、王海帆、何元明、陈其祥、郎君伟 11 人,其中常务委员为奚玉书、江万平、谢霖、闻亦有、陈日平。

监察委员有:唐在章、黄仕强、于怀仁、张家栋、贝祖翼、程贤智、卓定谋 7 人。

抗日战争前夕,全国会计师协会理事扩大为 15 人,在第一届理事人选基础上,除欧阳不再连任外,增选了王思方、贝祖翼、夏孙焕、吴世瑞、纽傅谔、雷迅。其中常务委员仍为:奚玉书、江万平、谢霖、闻亦有、陈日平5人。

监事为陶森杰、黄仕强、舒道明、于怀仁、言雍梁、唐在章、华兆昌。

全国会计师协会的建立,有利于会计师制度的发展,在研讨会计学术,交流执业经验的同时,联络同业间的友谊,促进道德品质的提高,由于全国会计师协会的作用日益显著,深受各团体会员拥护。

抗日战争胜利后,又于1947年12月,在南京成立全国会计师公会联合会,参加的团体会员单位有:上海市、重庆市、北京市、天津市、南京市、广州市、江苏省、浙江省、陕西省、河北省、贵州省、安徽省等十二个单位。当时有人估计,各地加入会计公会,执行会计师业务的人数,在800人至1 000人之间。

当时在上海执业的注册会计师中,有些是父子、父女、夫妇、兄弟、叔侄同为会计师的。如父子会计师是:周砥、周孟庵;父女会计师是:奚玉书、奚慧;夫妇会计师是:潘序伦、张慧生,陈德荣、许文,张品亮、刘承懿,沈载伦、杨竣桀;兄弟会计师是:裘宗琳、裘宗琦、裘宗璐,唐景嵩、唐景崇,刘福宁、刘福安,王湘林、王湘承,陈金声、陈遹声;叔侄会计师是:贝祖翼、贝大智。

在新中国成立以前经济尚不发达,会计师事业尚处在艰难创业阶段,这种直系亲属间志同道合,共同为发展会计事业切磋砥砺,为会计师事业奠立基础的努力,是值得敬佩的,同时,也体现会计师职业是受社会敬重的职业之一。

三、会计师公会的性质与职责

如前所述,我国第一个会计师公会——上海市会计师公会的成立。是由在上海市及其附近地区执业的23名会计师发起和组建起来的,当时它仅是一种社会性质的职业团体和学术团体。这与欧美会计师需先加入会计师团体(会计师公会、协会或学会)的情况迥然不同。其原因是由于会计师制度还在创始阶段,会计师人数很少,会计师业务也还正待开拓。当时会计师公会制定的会章有八章五十一条。下面摘录有关性质与职责的几点内容,以见一斑。

1. 宗旨及事业

本公会以联络感情,交换智识,图谋会计师地位及德义之向上,促进吾国经济事业之健全发展,及新会计制度之推进普及为宗旨。

本公会之事业列举如下:

(1) 研究会计学及其他关系学术之学理与实务,并开讲习所及演讲会。

(2) 发表关于会计师及会计师法规制定或修改之意见,并讲求其实行之方法。

(3) 答复官厅关于会计事件之调查或咨询。

(4) 指导或奖励研究会计学者。

(5) 发行刊物。

(6) 筹建图书馆。

(7) 订立同业规约及审查公断关于同业间争执事项。

(8) 调查和检举同业资格事项。

(9) 代理会员保管簿册文件事项。

(10) 办理合于前条所揭宗旨之其他事项。

2. 会员之入会出会

3. 会员之权利义务

4. 内部组织及事务

(1) 关于公会职员及事务员者。

(2) 关于会员会者。

(3) 关于经费及会计者。

从会章宗旨及具体业务事项可以看出，当初组织会计师公会的目的，一方面为了开展会计学术和会计实务的研究，以普及和提高会计理论与技术水平，并培养会计人才。另一方面是为了共同谋求会计职业道德的提高，以促进国家经济事业日益发达，并推进新式会计制度，从而使公会成为会员自觉要求，共同遵守的约束机制。同时，也为会员提供业务性的服务。

其后，鉴于上海市会计师公会的成立和会计师人数增多，国民政府财政部于1927年公布的《会计师注册章程》中，就明文规定了设立会计师公会的条文四条。1929年3月由工商部公布的《会计师章程》中，将有关公会的条文增至八条，进一步明确规定会计师公会设立在省政府或特别市市政府所在地，会计师非加入公会后，不得行使职务。1930年由国民政府公布的《会计师条例》又增加了"会计师有违反本条例及会计师公会章程之行为者，得由会计师公会决议或由关系人举发，向所在地工商行政官署申请交付惩戒。"从法规上确立了会计师公会对会员有一定的监督和约束的权利，成为会员与主管官署之间的行业性组织，并直接向官署承担一些法定义务。

根据《会计师注册章程》规定，会计师为了行使职务，请求加入会计师公会为会员时，应向公众呈验会计师证书，由常务理事审查通过，登录入公会设置的会员名簿，并发给会员证书。

会员证书内容，一般列有以下项目：

(1) 会员姓名。

(2) 颁发证书机关。

(3) 证书号次。

（4）核准注册日期。

（5）入会日期。

（6）发给会员证书日期。

会计师公会会员证书如图 3-1 所示。

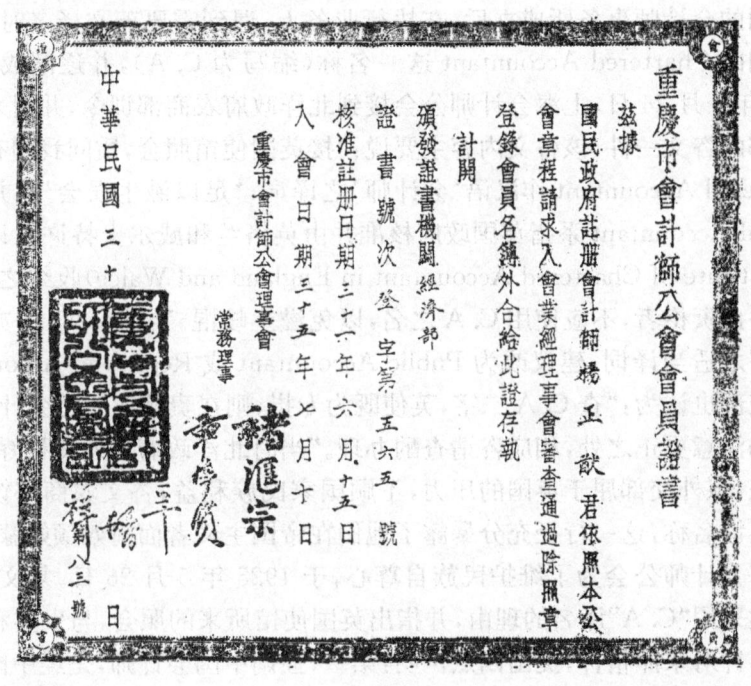

图 3-1　会计师公会会员证书

从 20 世纪 20 年代起至临近解放时止,上海的会计师人数,会计师事务所户数,会计师业务量都居全国第一位。上海市会计师公会组织也最健全。内部分设业务、法规、改良簿记、编辑、会计名词审定等委员会,负责从事有关专门问题的研讨,其中法规委员会则专对工商法规进行探讨,以作为改进意见向主管部门建议。在按期开常务理事会时,要审批申请入会和出会的会员,如 1947 年 4 季度,由公会批准入会的会员有竺毕斗、黄寿震等 41 人;1948 年 1 月至 9 月批准入会的会员有施鑫泉、陈来文等 60 多人,同时批准胡乃瓒,吕平得等十多位会员出会,体现了公会对会员负责和方便会员的立会宗旨。

第三节　会计师公会会务概况

会计师公会的会务中,有答复官厅关于会计事件之调查或咨询,会计师法规制订或修改之意见等内容,在履行公会的职责方面,上海市会计师公会,也是全国的楷模。这里略举全国各地会计师公会当时经办的一些事务,供了解会计师公会的会务概况。

一、我国会计师使用英文译名的涉外事件

我国的会计师事务所成立后,在执行业务上,遇到需要英文译名时,大多翻译为英国的 Chartered Accountant 这一名称(缩写为 C.A),并逐渐成为惯例。到 1925 年 4 月 24 日,上海会计师公会接到北洋政府农商部训令,并附来外交部给农商部的咨文一件,该咨文内容主要说:"接英国使馆照会,质问我国有人用英语 Chartered Accountant 作汉语'会计师'之译词,'足以滋生误会'。并说英文 Chartered Accountant 系指英国政府核准并由英格兰和威尔士特许会计师协会(The Institute of Chartered Accountant in England and Walce)收纳之人而言,凡不具备此资格者,不应使用 C.A 之名,以免滋生岐混。"又谓,"C.A 亦非中文'会计师'之适当译词,建议改为 Public Accountant 或 Regiteved Accountant"。我国外交部也认为:"查 C.A 二字,英使既为专指,则在贵部注册之会计师译名,应否转饬注意更正之处,相应咨请查酌办理。"当时北洋政府对外丧权辱国,对内压迫人民,该外交部屈于英国的压力,不顾国家民族利益,咨文农商部饬令会计师更改英译名称,这一行径充分暴露了他们在帝国主义者面前奴颜婢膝的本性。

上海会计师公会为了维护民族自尊心,于 1925 年 5 月 26 日,复文农商部,详细陈述采用"C.A"译名的理由,并指出英国使馆所来的照会,与事实和情况不符,同时,针对来照精神,提出四点声明:第一,强调中国会计师,是经中国政府核准的,在上海执业的英国会计师一再用中文"会计师"这一事实说明,英文 C.A 可以译为中文会计师,那么,中文会计师译为 C.A 并无不妥。第二,英国使馆建议改译名为 P.A 或 R.A,同样无理和不妥。第三,说明世界其他地方和其他国家同样使用 C.A,并未受到英国职责,而单单干涉中国人,是强词夺理;第四,说明英国法规限用 C.A,仅限英国本土,按国际惯例,对中国人民没有法律效力。

农商部和外交部收到这一有理有节的复文后,也就据以去照会回复英国使馆。在正义面前,英国使馆也就无法再节外生枝了,终于取得了为译名发生的外交论战的胜利。

这一事件发生在我国会计师事业诞生仅 7 年,上海市会计师公会刚刚成立的时刻。我国会计师界的先辈们,面对帝国主义的强暴,封建军阀政府的欺弱无能,敢于坚持真理,伸张正义,维护国家民族的尊严,这一斗争的胜利,也体现了我国人民在"五四运动"以后,民主革命思想已日渐高涨。

二、向主管官署建议修改公司条例

1926 年 4 月,上海市会计师公会法规委员会,提议向农商部呈请《修改公司

条例监察人制度,加添查帐员案》,现摘录如下:

"迳提议者,案明本委员会迭开理事会交付本会各会员提议案,大半主张修改公司条例监察人制度,其修改目的虽不外乎改良现行条例,发展会计师制度,以期合乎国情而收实在之效力,但所议修改之条件则又不一,约其要纲,厥有两端,别为细则,亦复各殊,兹摘举为图如下:"①

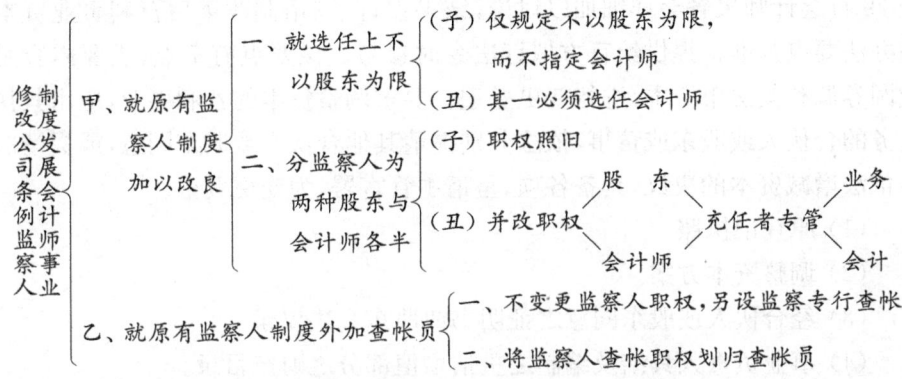

以上修改公司条例监察人制度的意见,其目的是要求在成立公司时,公司股东们选举出来的公司理事会和监察人会,应在监察人会中有会计师担任监察人,或在监察人会中另设立查账员,由所选的会计师或设立的查账员,主持对公司进行查账。当时公司监察人的职责是对公司的财务状况进行监察,但大多数监察人并不了解会计业务,无从行使职责,形同虚设,这一意见既健全了公司条例的监察人制度,也对会计师制度的发展提供了有利条件。

三、草拟"币制改革后营利事业资本调整办法要点"

1947 年,人民解放军转入全面反攻以后,随着军事上的溃败,国民政府的财政金融就进入了总破产的境地。在百业不振的情况下,通货膨胀引起币值下跌,"从 1937 年 6 月至 1949 年 5 月,伪法币发行量增加 1 445 亿倍,但同期物价指数却上涨 36 807 亿倍",成为世界上史无前例的"创举"。"1946 年上海物价上涨 7.7 倍,1947 年上涨 14.7 倍,1948 年从 1 月至 8 月 19 日,已上涨 56 倍"。②

国民政府垂死挣扎,于 1948 年 8 月 19 日实行"币制改革",发行"金圆券",规定从 8 月 20 日起以 1 比 300 万元的比率收回伪法币,正式承认法币的崩溃。该"金圆券发行办法"规定:"公私会计之处理,一律以金圆券为单位,凡

---

① 《公信会计月刊》,第四卷二期。
② 《中国近代经济史》,下册第 183—184 页。

依法应行登记之事项,须载明金额者,应于办法公布后六个月内为变更之登记。"

金圆券的发行,对一蹶不振的工商业,又是一次沉重的打击。上海市会计师公会为了帮助工商企业进行会计处理,应付变更登记,于这年 8 月 27 日召开理监事联席会议,讨论金圆券发行后,营利事业资本调整问题,拟定成办法数点,复经 29 日会计师聚餐会详细加以讨论,结果拟订了《币制改革后营利事业资本调整办法要点》,准备提供给官方拟订法令时参考。该要点有 7 点,主要内容是以金圆券调整其法币资本,进行变更登记。要求调整资本的营利事业,应由其执行业务的合伙人或股东或董事,依法分别提请其他合伙人或股东同意,或提请股东会依法增减资本的决议,具备各项,呈请主管官署,为变更登记。

(1)原登记执照。

(2)调整资本方案。

(3)经合伙人或股东同意之证明书或股东会决议录。

(4)事业负责人具结及编制之重估增值部分之财产目录。

(5)经会计师证明之投入资本日期表,资产负债表,及重估资产价值调整资本后之资产负债表,以及财产目录。

(6)其他依公司法或商业登记法规定,变更登记时所需条件。

营利事业如为独资时,前项呈请,由其资本主为之。

进行资本调整的计算公式:

(甲)1937 年 6 月 30 日以前成立之营利事业从未增加资本者以其最高限度之调整金圆资本额

$$= \frac{\text{设立时实收法币资本原额} \times \dfrac{\text{1948 年 8 月 19 日}}{\text{全国批售物价指数}} \div 100}{\text{法币与金圆之法定比率}}$$

(乙)1937 年 6 月 30 日以前已成立营利事业曾经增加资本者其最高限度之调整金圆资本额

$$= \frac{\text{设立时实收法币资本原额} \times \dfrac{\text{1948 年 8 月 19 日}}{\text{全国批售物价指数}} \div 100}{\text{法币与金圆之法定比率}}$$

$$+ \frac{\text{增资时实收法币资本原额} \times \dfrac{\text{1948 年 8 月 19 日}}{\text{全国批售物价指数} \div \text{增资收足月份之全国批售物价指数}}}{\text{法币与金圆之法定比率}}$$

$$+ \cdots\cdots$$

（丙）1937 年 7 月 1 日以后成立之营利事业从未增加资本者其最高限度调整金圆资本额

$$= \frac{设立时实收法币资本原额 \times 1948 年 8 月 19 日全国批售物价指数 \div 设立月份之全国批售物价指数}{法币与金圆之法定比率}$$

（丁）略

上海会计师讨论拟订的《要点》墨迹未干，到 1949 年 5 月，金圆券的发行额已从最初的 9 亿元增加到 68 亿元，金圆券也崩溃了。《要点》虽然成为毫无意义的空文，但该会计师公会对执业的认真精神，也说明会计师业务始终着眼于帮助工商业排难解忧。

四、上海会计师公会经募"救济特捐"

新中国成立以前执业会计师的经济状况，受许多因素的制约，首先，由于我国经济落后，民族工商业的发展水平较低，委托会计师办理的业务项目有一定限度，业务量不充足；其次，会计师的报酬为劳务收入，根据当时社会经济水平，所收公费标准较低，同时，职业道德要求他们的经济收入合法合理，没有剥削和非法所得；再次，各会计师事务所之间的组织规模、技术力量、执业经历、社会信誉与知名度等也甚悬殊，加以国民政府临近崩溃时，通货恶性膨胀，这就决定了执业会计师个人的经济收入很不平衡。

1948 年 1 月份，国民政府颁布过一次针对自然人和法人的"救济特捐"，虽然名义上叫做募捐，实际上是征捐。上海市会计师公会办理了这次在会员中经募工作，7 月份将经募结果向会员公布，从各会员所交特捐情况，以管窥豹，可推测到他们的经济状况，现摘录如下：

奚玉书　潘序伦　徐永祚等三人各三亿元。

龚茂德　陈文麟　李文杰　徐英豪　李鸿寿　万家珍六人各一亿元。

奚树之　马士佳　严以霖　秦　镈　高培和　周木钧　叶朝钧　虞舜八人各伍千万元。

奚慧三千万元。

秦彦钊　吴沪生　贝祖翼　陈德荣　刘福安　王庭桂等六人各二千万元。

谢春涛　沈　麐　莫若强　杨天生　吴　征　高茂熏　何寿衡　严庆禧　蔡　业　詹家忠　钱素君　张慧生　王维驷　费祖治　蔡金瑛　刘世德　苏祖南　唐在章　裘宗璐　金泰安　沈　祁等二十一人各一千万元。

席德佳　三百万元　　　孙树兴　贰佰五十万元

沈孙芾　二百万元　　　夏家植　一百万元

何品桂　五十万元

以上共计贰拾贰亿柒千万元（伪法币）

从各个认捐金额看，最高额三亿元，最低额五十万元，差距为六百倍，也还有许多没有捐助的会员，在公会经募捐款后不到一个月，国民党政府颁布改币制为金圆券，三亿元可兑换一百元金圆券，按当时"限制物价"，相当于米价五石。

由此可知，在旧中国的注册会计师中，除少数知名专家还兼任大专学校教授，大量编纂会计著作，有版税、稿费和教学报酬等收入，其经济条件比较宽裕外，多数经历较浅，业务较少的会计师，一般只可相当于当时的公务人员的经济状况。

从会计师界执业人员的经济状况，可反映这种自由职业具有廉洁，公正的良好品质。

五、上海会计师公会提名"立法委员"候选人

1947年，国民政府的政治经济进入了总崩溃境地，为了欺骗人民，苟延残喘，开展了一次"普选立法委员"的行动。在国民党统治区内，除按地域分配名额外，对各类职业团体分配有89个名额，内中会计师团体有1个名额。

上海市会计师界一些人，对这次选举曾抱有幻想，认为："会计师为职业团体群之一，致力于专门学术，崇高职业道德，受命于国家，服务于社会，为工商业之桥梁，为国家之喉舌，是以会计师之立法委员代表，必为咨议工商法规之代言人，且以财政经济之要图，主计预算之筹划，会计师以其专门学识襄成之，必能展献宏谟，谋有利于国家……会计师服务工作之扩大，必须周察窗外远景，计及国家大事，故国会立法，市议参政，会计师必须挺身而出，为全民仗义执言。"[①]他们以为在会计师职业团体中，只要有人参加竞争选入立法委员，就能够成为人民的代理人参与讨论和制定工商法规，实现为社会服务，为工商业作桥梁，乃至为国家谋利。

固然当时确定的会计师都有专门学术和崇高的职业道德，也还有为国为民谋利的思想。但是，在国民政府的黑暗统治下，"国民党反动政府不是用发展生产，增加剥削阶级的赋税负担等办法来开辟财源，而是以维护和膨胀四大家族的财富为最高原则，把一切财政负担压在劳动人民身上。"[②]以四大家族为首的国民党反动派岂容有人触及他们的利益，因此，当时会计师团体要为工商业做桥梁，对工商法规的讨论和制定做代言人的良好愿望，只能是一个不切实际的空想，更谈不上"会计师当以改革善良秩序为先任"。

---

① 鹿文《会计师与立法》，《公信会计月刊》第十一卷第二期。
② 《中国近代经济史》下册第178页。

对那次普选立法委员的骗局,上海市会计师公会的会员们,出于一种愿望,提名推举当时全国会计师联合会理事长奚玉书为候选人,并希望他"出任立委,展其积学,为吾会计师争光,为工商业界喉舌,众望所归,克当大任"。①

但是,随着国民政府政治经济的继续恶化,这一次选出的立委,终于随着国民政府的彻底崩溃而告终。

六、重庆市会计师公会接受"高秉坊案"查账经过

抗日战争期间,祖国西南成为抗战大后方,沿海沿江一带许多城市相继沦陷,工商企业和金融机构纷纷内迁,当时作为陪都的重庆市遂成为全国政治经济中心。原在上海等地执业的一批著名会计师也先后迁来内地,一时间重庆就成了全国会计师荟集的地方,重庆市会计师公会也就显得更为重要了。抗战胜利前夕,重庆市会计师公会接受当时重庆地方法院委托,办理了高秉坊"贪污"案的查账,很受社会的瞩目。

1945 年 2 月间,在重庆突然发生轰动全国的高秉坊"贪污案"。高秉坊当时是财政部直接税署署长,属四大家族中孔祥熙的亲信。他从 1936 年 7 月 1 日起主持直接税税政,抓稽征工作的骨干培训,自抗战前夕到 1944 年底,前后分批开设了 40 个班次,共培训出高、初级税务人员 5 000 人,逐渐形成了一支具有相当水平的征税队伍,因此,高被人称为旧中国"直接税之父",②在财政界的地位声誉日隆,孔因"黄金案"交卸财政部部长后出国去了,高因过去开办税训班和撤换 CC 系的税分局局长等原因得罪了 CC 系首脑陈立夫,这时就成了孔、陈两大家族争夺财权斗争的替罪羊。"高案"冤狱是另有政治背景的。

本来"高案"是蒋介石以军事委员会委员长的名义,以代电形式,令知财政部,将高秉坊先行撤职,交法院查办。事由是"据报,该部从 1930 年举办货运登记,预收一丙保证金,该项保证金全国每年收入甚巨,讫未存入国家银行,高与各地分局串通舞弊,藉词挪垫,移以经商等等"。其后又列举了高秉坊贪污渎职罪(一)跋扈;(二)舞弊;(三)营商;(四)榨取等数条。

重庆地方法院奉命办案后,为了表示办案的"公正",也就委托重庆市会计师公会负责查账。重庆会计师公会正式推举常务理事王逢辛会计师(立信会计事务所主任),褚汇宗会计师(正明会计师事务所),章梓贤会计师(章梓贤会计师事务所)三人承办。会计师公会不收查账公费,也不收任何车马费等。往返车费都由个人自理。尽管会计师们不知"高案"内情,他们本着会计师的职业道德和信

①　鹿文《会计师与立法》,《公信会计月刊》第 11 卷第 2 期。
②　越古《"直接税之父"——高秉坊》,《上海会计》1984 年第 8 期。

49

誉,按照公正、诚信、廉洁、勤奋的要求,经过认真检查帐册凭证,联名提出了客观公正的查账报告。

从高秉坊《冤狱回忆》一文来看,无论是重庆地方法院公开举行的第一审讯,审判时的第二审讯,该"审讯人员态度粗暴。拍案大叫,意在示威逼供"。以及最初判决判决书说:"高秉坊连续意图得利,截留公款。处死刑,褫夺公权终身。"①其后经丁惟汾、孔德成代表山东同乡,社会贤达吴蕴初、李烛尘等代表迁川工厂等十九团体,激于义愤,相继具呈最高法院,以图保障人权,财政部长俞鸿钧也正式呈请蒋介石饬最高法院慎重处理。乃于更审后改判无期徒刑,最高法院亦即原案通过,直到 1949 年 11 月下旬,人民解放军行将兵临重庆城下,国民政府又不得不于 11 月 25 日释放高秉坊出狱这一系列事实,可以洞悉"高案"背后的政治预谋。

全国解放后,1950 年 6 月中南财经委员会电令高担任中南税务专员,1954年 9 月,调湖南人委参事,仍兼省税局专员,任职到 1964 年 9 月撰写《冤案回忆》,高终于冤案大白于天下,过上了幸福的晚年生活。

高秉坊《冤狱回忆》一文所揭露的反动统治阶级派系斗争,相互倾轧,旧司法部门为派系操纵,毫无独立性等事实都较为深刻。但文中却无只言片语涉及会计师的微词。这可以说明参与查账的注册会计师们不受任何外力的左右,以实存账册凭证为依据,符合客观实际,绝不违背事实真相。尽管法院的审讯、判决,早有定局,却无损于会计师的公正形象。

---

① 高秉坊《冤狱回忆》,《文史资料选辑》第 192 页文史资料出版社 1984 年 94 辑。

第四章

新中国成立以前我国著名会计师事务所与著名注册会计师

第一节　著名会计师事务所

我国的会计师事务所从 20 世纪 20 年代末开始创建起，从无到有，并随着民族工商业的发展，在 30 年代时期也较为兴盛，各大中城市曾纷纷设立了一些执业的会计师事务所，其中影响最大，声誉最著的是"立信""徐永祚""正则""公信"四大会计师事务所，现将他们的基本情况介绍如下。

一、立信会计师事务所

"立信会计师事务所"建立于 1928 年，它的前身是 1927 年 1 月由潘序伦先生所创办的"潘序伦会计师事务所"。那时，潘先生鉴于国内除大型银行外，采用新式簿记和会计制度的工商企业为数极少，同时，受会计界许多人士要求改革旧式账簿的影响，他就辞退一切职务，在上海爱多亚路(今延安路)39 号设立了会计师事务所，决心以会计业务作为终身职业，发展会计事业。他在执业 1 年中，深刻地感到要开展会计师业务，必须取信于社会，因此，他就于第二年引用《论语》中"民无信不立"的含义，将"潘序伦会计师事务所"改名为"立信会计师事务所"，并以建立信用，争取社会的信任为事务所的办所主旨。从这时起，潘先生终生以此要求与立信会计事业志同道合的同事们共同信守，并逐步形成了"信以立志，信以守身，信以处事，信以待人，毋忘立信，当必有成"的执业守则。在潘先生以坚守信誉为根本，重视引进人才的办所宗旨下，立信会计师事务所发展的 20 多年间，先后荟集了一批优秀的会计专家学者，其中有钱乃征、顾询、许敦楷、郭驹、张蕙生、钱素君、李鸿寿、蔡经济、王澹如、陈文麟、王逢辛、唐文瑞、施仁夫、管锦康等，还有李文杰会计师兼律师，周鲲律师也参加了立信事务所的工作，使立信会计师事务所逐步成为执行会计师业务、创办会计学校、出版发行会计丛书和会计杂志三位一体的"立信会计事业"，为我国会计师职业的发展，会计教育事业的繁荣,会计制度的建设和会计方法的改革作出了重要的贡献。

(一) 立信会计师事务所的组织机构及会计师业务执业概况

潘序伦先生创办的会计师事务所成立初期,业务还不多,只聘用了一个计核员作为助手。更名为立信会计师事务所后,正值我国民族工商业有所发展的时期,接受委托承办的业务也就逐渐繁多,从业人员增加后,所址不断扩大,几次迁移。20世纪30年代初期,总所设在上海江西路452号,当时全所职员及分工是:

主任会计师	潘序伦
会 计 师	顾 洵　钱乃征　于怀仁　许敦楷　王澹如
商务科主任	顾 洵
计核科主任	钱乃征　副主任　许敦楷　陈朝俊
文书主任	章钦贤
学校部主任	李鸿寿
杭州分所主任	于怀仁

到1936年2月搬迁到浙江兴业银行大楼办公时,全所已有成员50多人,租赁房屋10余间,分设有计核、信托、法律、文书、编辑和总务6个科,10年中承办的各种案件4 000多件,其业务对象主要是新兴的民族工商业和中外合办企业,如南洋兄弟烟草公司、申新纱厂、永安纱厂等,还有不少公营企业和人民慈善团体等,业务范围很广泛,接受委托遍及全国。业务种类包括①会计组织事项;②会计管理整理事项;③会计稽核调查证明鉴定事项;④会计的清算及信托事项;⑤会计财政的指导事项;⑥代办纳税专利事项;⑦代办注册登记及其他呈请事务;⑧商业文书的代办事项。

为了适应业务发展的需要,先后在国内一些重要城市设立了分所,计有:南京分所,抗日战争前设立,南京沦陷后撤销,1946年恢复,由我国第一位女会计师张蕙生主持;桂林分所。1940年设立由蔡经济主持;重庆分所,1940年设立由王逢辛、施仁夫主持;广州分所,1946年设立由蔡经济主持;天津分所,1948年设立由管锦康主持,等等。立信会计师事务所在执业上,把信誉视为生命力,从而赢得社会的信誉。

例如,"九一八"事变后,东北义勇军孤军抗日,深得全国人民的拥护和爱戴,纷纷募捐支援。当时传说上海抗日救国捐款共达国币2 000余万元,但是马占山将军只收到一百数十万元。有人指责经办捐款的《生活》周刊社、东北义勇军后援会和上海市临时救济会等单位有徇私舞弊行为。立信会计师事务所接受委托稽核了13个经募单位的账目,证实共收到捐款502万余元,援助了东北义勇军337万多元,其余165万多元作了慰劳十九路军和救济上海战区难民之用。

该所将全部收支账目,出具证明,公诸社会,以后指责和谣言即告平息。由于立信会计师事务所自始至终讲求信誉,关心会计人才前途,介绍会计人才就业,建立会计专业制度,培训会计专业人才,大力在会计领域苦心经营,使该所成为当时规模最大,业务项目齐全,声誉最著的会计师事务所之一。

(二)立信会计学校多样化的教育方式

立信会计学校是立信会计事业的组成部分,在潘序伦先生创办会计师事务所的同时,为了适应社会经济发展的需要,他又萌发创办各级各类会计学校,大力培养人才的宏愿。它根据社会需要和自己的条件,建立了各种学制,采取多样化的教学方法来适应普及和提高的要求,形成了立信会计学校的办学模式。

(1)补习夜校。它是适应业余人员的学习需要设立的。从1927年起,开始举办了簿记训练班,学生都是企、事业单位和机关的在职人员,年龄较大,为了满足改账和工商企业对新式会计的需要而来学习的,其中也有不少失学、失业人员。夜校班开设的课程有簿记、会计、银行会计、政府会计、成本会计、审计学、决算表分析等学科,每科每周学习4至6小时,每学期可选读1至2科。

(2)函授学校。采用通信教授方式,函授学生曾经遍及全国各省市,以至港、澳、南洋群岛。开设课程和夜校基本相同。

(3)晨校、星期校。为适应不能读夜校的在职职工,利用早晨或星期日休假时间学习会计的要求而举办的,课程同夜校。

(4)暑期班。适应在校学生利用暑假学习簿记、会计,增加就业需要的技术。

(5)日校。它是对失学、失业青年和外埠到上海求学青年设立的,日校学生一般是生活比较困难,年龄较大,要求短期速成的人,故又称"速成科",规定两个学期毕业。学习课程除各种会计课程外,还有商业常识、商业算术、珠算等科。

(6)专科学校。它属于正规高等学校,入学程度为高中毕业,经过入学考试,择优录取,学习期限二年。

(7)高级会计职业学校。它也是一种正规学校,相当于现在的中等专业学校,入学程度为初中毕业,学习期限三年。

(8)训练班。抗战初期,旧教育部为适应后方急需各种人才,制定《短期职业训练班设置办法》,并委托各学校举办各种中等技术短训班,规定学习时间1年以上,立信即照此办法开办,曾办高级会计职业训练班(高中毕业入学,1年毕业),初级会计职业培训班(初中毕业入学,1年毕业),会计职业训练班(初中毕业入学,3个学期毕业)。立信曾多次接受委托训练会计人才,设有公费学生名额。

(9)广播讲座。1950年上海人民广播电台为普及簿记知识,曾和立信学校合办簿记讲座。

立信会计学校从 1927 年创办簿记训练班开始，至 1949 年全国解放的 20 多年时间中，经历了一条从小到大、从普及到提高、迅速发展的过程，开办初期，仅有学生 23 人，从第二期改为立信会计补习学校以后，学生人数大增，即在上海河南路吉祥里买了一栋校舍。但补习学校时间短，课程较少，不具备正式学历和资格，难以成为高级会计专业人才。1937 年得到事务所同事和校友们通力赞助，筹集建校基金，经旧教育部备案，筹办了"立信会计专科学校"，1939 年正式招生开学。1941 年太平洋战争发生，立信会专校内迁四川北碚，1943 年又在重庆市区设立专科市区班，以后又在北碚、上海、重庆、广州等地分别创立正规的立信高级职业学校。1947 年潘序伦先生曾有把立信会计专科学校扩建为立信商学院的计划，后来由于形势变化未能实现，全国解放后，1952 年院系调整，立信各校陆续移交人民政府接办时止，"从立信培养出来的学生人数逾十万人，遍布全国各地，远及美、法、日本等二十多个国家和地区"。①

对于学校发展的前景，立信会计师事务所的会计师同人们、同学们满怀信心，出钱出力支持，为了树立"立信会计"在国内的声誉，潘先生曾提出："取之于社会，用之于社会；取之于会计，用之于会计；取之于学生，用之于学生"的号召，尽量把会计师业务收入、书社营业收益捐给学校；把立信同人和集体编著翻译的《立信会计丛书》的版权捐给学校，作为办学基金，立信各级各类学校始终坚持精打细算、勤俭节约、自给自足的原则，所以学校全部经费亦有节余。

立信会计学校的办学过程，充分体现了立信会计师事务所全体会计师和职员们那种坚韧的毅力，以及克服各种困难的顽强精神；学校采取多样化的教育方式，有一套严谨的教育制度，有一支理论结合实际的师资队伍，有一套完整系统的自编教材，有一批热爱母校的历届同学支持，使立信会计专科学校迅速发展壮大，为培训财会专业人才，促进我国会计事业的发展作出了较好的贡献。立信会计学校的办学方法和经验，有一定历史意义。

（三）编辑、出版、发行立信会计丛书、刊物及用品

潘序伦先生在美国留学期间，就写过一些经济、会计方面的文章，寄回国内在上海《大陆周报》上发表，归国初期，他又写了《公司财政》和《簿记及会计》两本书，引进一些西方新式会计知识。后来，他在执行注册会计师业务时，感到我国会计业务水平太低，不能适应民族工商业发展的需要。当时的大学里研习会计科学的人很少，所用教材大都是外文原版，少数翻译的课本又大半属簿记知识，缺乏高深作品。因此，由潘先生亲自领导，在立信会计师事务所

---

① 黄华鳞，《桃李十万，誉扬四海》，《上海会计》1985 年第 12 期。

内设置了一个编辑科,配备了一批专职人员,开始编译了一套大学、中学适用的立信会计丛书,由商务印书馆发行,在 1935 年以前出版的丛书就有 29 种,属于初级普及本的有李文杰编的《簿记初阶》,陈文麟、施仁夫合编的《初级商业簿记教科书》,潘序伦编著的《高级商业簿记教科书》,潘序伦、顾洵编的《审计学教科书》,潘序伦、王澹如编的《会计学教科书》,潘序伦编译的《成本会计教科书》。属于高深大学用书有潘序伦著的《会计学》上、下册,李鸿寿编的《会计学概要》,潘序伦编的《英文高级簿记会计》,潘序伦、顾询编的《审计学》,顾询、钱乃征的《查帐报告书及工作底稿》,潘序伦译的《劳式成本会计》,施仁夫译的《陀式成本会计》,王逢辛编的《会计审计法规》,黄祖芳编的《决算表之编制及内容》,潘序伦、李文杰编的《所得税原理及实务》,施仁夫译的《无形资产论》,顾询著的《银行会计》,潘序伦、王澹如编的《政府会计》,吴尊著的《实用官厅会计》,张心征著的《铁道会计》《交通会计》,施仁夫、唐文瑞编的《会计问题》,李鸿寿、莫启欧编译的《会计数学》,潘序伦编辑的《各业会计制度》,潘序伦著的《股份有限公司会计》,潘序伦等编著的《会计名词汇译》,潘序伦等著的《改良中式簿记之讨论》等。到 1936 年底,这套丛书已扩充到 50 多种。在编译中充分注意了以下原则。①书中内容切合实际需要,有关理论和实务的论述,都从实际出发,以满足社会需要;②文字尽可能通俗易懂,举例做到不厌其详,使读者可做到无师自通;③译文力求统一,含义力求确切。因此,这些书籍很受社会欢迎,其中《高级商业簿记教科书》被许多企业、会计学校广泛采用,修订过四五次,再版几十次,畅销国内外,直到 20 世纪 80 年代中国台湾、中国香港等地还有人翻印发行。

1940 年太平洋战争爆发后,商务印书馆受到惨重损失,无力继续印发立信会计丛书,潘先生到重庆继续办学校的同时,于 1941 年 6 月与生活书店合资成立了"立信会计图书用品社",从商务印书馆收回丛书的版权和纸型,继续出版发行丛书,还印刷账簿表单,满足了工商企业的急需,为各行业提供了便利。续印发行的会计书籍,"当时在延安等解放区也颇为流行,为人们研习会计提供了方便"。①

抗战胜利后,立信图书用品社由重庆迁回上海,业务更加发展,自设了印刷厂,又在南京、天津、广州增设分社,在全国各大城市设经销处,并向港澳、南洋群岛一带推销书籍。

此外,在编辑立信会计丛书时,1931 年由立信会计学校同学会创办了《会计季刊》,1933 年 7 月改名为《立信会计季刊》,由于时局影响,断断续续出刊,到 1951 年停刊时,共出刊 18 期,每期刊载 10 多篇文章,介绍国内行业会计制度和

---

① 罗银胜,《潘序伦学术思想及活动评述》,《上海会计》1986 年第 6 期。

财会法令规章,也翻译国外会计新文献,很受读者欢迎。

如上所述,由潘序伦先生创办的立信会计师事务所和立信会计事业,在立信同人的支持配合下,牢固树立"信以立志,信以守身,信以待人,信以接物,言必信,行必果,勿自欺,勿欺人"的信念,以严肃的工作态度,坚韧的工作作风,为发展中国注册会计师事业,促进中国会计的改革,作出了卓越的成效,为中国注册会计师事业的发展,写下了一页光辉的历史。

二、徐永祚会计师事务所

"徐永祚会计师事务所"创建于1921年,是我国创建最早的少数会计师事务所之一。我国早期会计学家徐永祚先生于1921年向北洋军阀政府农商部领得会计师证书后,决心辞去他担任的各种职务,在上海用自己的姓名冠于事务所,创立了这家会计师事务所,当时全国领到注册会计师证书的仅有十五人,此后他就立志为改良中国的会计事业,推广改良中式簿记作了毕生的努力。

(一)注册会计师业务执业概况

徐永祚先生创办的会计师事务所开业以后,正值我国民族工商业相对发展的时期,当时事务所大都尚属个人经营性质,徐先生的事务所,规模虽然不大,但职能分工很健全,在主任会计师之下,设置了计核部、训练部、出版部等主要部门。受聘承办的业务十分兴盛,当时许多金融业、化工企业、烟草企业、商业企业等聘请徐先生担任常年会计顾问,受委托办理审查账务,设计会计制度,进行会计证明与鉴定等。这些企业有:天厨味精厂、上海安达纱厂、南洋兄弟烟草公司,华城烟草公司,中国百货公司等。1933年徐永祚先生在南京金陵大学经济学会上讲话说:"本人现为会计师,执行会计师职务已十余年。"在这十多年期间该事务所"为商家改良会计者,不下三数百家"[①]。仅此一点就可说明该事务所业务的发展状况。抗日战争爆发后,上海成为孤岛,为了应付日伪政权的备案,逐停用原名改称"正明会计师事务所"只承办老客户的咨询服务,抗战胜利后会计师业务重新恢复和扩大,新中国建国初期该所仍在上海继续办理业务。

(二)附设会计人员训练班培训会计人才

徐永祚先生在开拓会计师业务的同时,也十分重视会计人才的培养,该事务所本着"灌输会计学识,养成会计人员"的宗旨,于1933年在会计师事务所内附设了会计人员训练班,学科分高、初两级、高级开设课程有:会计学、审计学、成本会计、公司会计、商事法规、税务要项等8科。初级开设课程有:商业簿记、工业簿记、中式簿记、会计学大意、商业概论及实践、商业算数、实用珠算、华文打字等

---

① 张守让,《中国会计师事业》,《会计杂志》1933年7月第2卷第1期。

8科。高级班入学资格为,高级中学商科或旧制甲种商业学校毕业或同等程度的人员;初级班入学资格为,初中或旧制中学乙种商业学校毕业的人员,入学均需参加考试,高级考4科加口试,初级考2科加口试。为了照顾在职人员,上课时间订为下午6:45至9:10。这种学制十分受有志青年的欢迎。

当时,由于采用改良中式簿记的企业很多,为了促进这项改良簿记运动,该会计人员训练班,于1934年7月与上海市商会设立的商业学校联合开办"改良中式簿记讲习科"。同年9月,再开办"改良中式簿记函授科",这些速成会计教育,对推动旧式核算方法的改良,在一定历史阶段,是起过不可磨灭的积极作用的。

(三)创办会计刊物推动会计改良运动

徐永祚会计师事务所在办好会计师业务和会计培训的基础上,从1933年1月起,编辑发行了当时在全国享有盛名的《会计杂志》。从该刊第一卷总目录来看,除发刊词外,首篇文章是《改良中国会计问题》,第二卷一期的首篇文章是《改良中式商业簿记方案》,1934年1月第三卷一期刊登《改良中式簿记专号》,直至1937年因抗日战争爆发被迫停刊,其间共发行8卷48期,刊登了专家、学者们撰写的论文、译著、资料、设例及拟答、会计制度草案等文章共600多篇,着重阐明推行改良中式簿记的理论依据和指导思想,以及操作的技术方法,这对当时我国会计事业起到了良好的导向作用。

三、正则会计师事务所

如前章所述"正则会计师事务所"是在20世纪20年代末北洋军阀统治时期,经农商部暨财政部批准,由我国第一个注册会计师谢霖先生创办的第一家会计师事务所,从此,在我国会计领域内开辟出了一块新天地。1918年下半年谢霖先生获得农商部颁发的第1号会计证书后,即在《银行周报》上刊登广告,与秦开、杨曾询两会计师合作在北京和天津地区执行会计师业务。1926年天津会计师公会成立时,杨曾询曾担任公会在天津方面的负责人。正则建立初期谢霖先生还担任中国银行总行的总稽核职务。当时国内对会计师职业的性质和业务范围了解得不多,承办的业务很少,所以他并未积极执行会计师业务。1930年谢先生鉴于上海工商业发展很快,即将总所迁移到上海,逐步开展了会计师业务,并成为上海四大会计师事务所之一。

正则会计师事务所总所内部的职能部门和分工是,主任会计师负责全所事务,下设4科,包括计算科,主管查核账目、破产企业的清算与财产管理,会计证明与鉴定,担任常年会计顾问等事项;设计科、主管各类企业会计规程、制度设计等;文书科,主管办理公司、银行登记、商标注册、代拟会计与商业往来文件;总务科,主管所内各项繁杂事务并协助主任会计师工作。

该所在上海的业务得到发展后,为了适应全国经济发展的需要,又先后在南京、杭州、汉口、长沙、重庆、南昌、太原、广州、成都、乐山等地设立分所,设所最多时曾达 30 多处。在不断增设分所后,该所又引进集结了一批学识水平高的会计人才,形成一支精通业务技术,工作认真负责的会计师队伍。除上述谢霖、秦开、杨曾询外,还有苏祖南、周同善、张翼燕、盛治华、李大伟、吴仁甫、黄太冲、吴承树、李耀震、刘世德、李鼎、任峰、林树湘、方垌、江伯平、沈克斌、吴之泽、徐寅魁、恽国钧、房兆骐、姚永规等几十位知名会计师。

正则会计师事务所的会计师们坚持公正立场,一切以账册单据为依据,从不苟且马虎,赢得各地工商、金融各界的信任。例如,芜湖裕中纱厂因不能如期还欠,为银行停止继续贷款而停工。银行请某会计师查账,引起工人误会,以为要宣告破产清理,遂予包围不让他工作。银行方面不得已,又请谢霖会计师去查账。他到厂后,首先找工人代表,说明自己作为会计师,即不代表债权人,也不代表债务人,纯粹秉公正立场来查账,以便提供确实的财务资料,供债权、债务双方参考。如果厂方资产负债相抵有余,可以继续经营的话,复工就有望了。他的这番话,安定了工人们的情绪,就撤离了包围。谢霖先生经过审查,该厂资产负债确能相抵有余,银行也就放心继续贷款,工厂亦就复工了,事后,工人代表到码头欢送谢霖会计师。

有一次,邮政汇业局控告汉口盛星堆栈开空头栈单。汉口会计师公会致电上海,邀请谢霖先生去汉口协查。当时正值盛暑,汉口又是长江流域著名的三大火炉城市之一,而该堆栈账务不全,账据残缺,制度混乱,为此,该栈负责人扬言,要查清此事,任何会计师都难以为力。但谢先生到汉口后,就残存账据加以审查,挥汗如雨地日夜钩稽,才一个月,就理出端倪,草拟出报告书底稿。随即,他就申请法院,暂释被告到汉口正则会计师事务所谈话,被告来到后,谢先生首先以会计师不偏不阿的公正立场告诉对方,接着就让他看报告书底稿,征询他是否有冤屈之处。被告阅毕,叹了口气,心悦诚服地说:“怨不得您,尽是实情。我这是自作自受,罪有应得!”一代名师,以自己的身教,为全所同事们作出了良好的榜样。

谢霖会计师主持的事务所在办理会计师业务的同时,也开办会计补习学校,在汉口、成都、重庆等分所设立的会计补习学校,培训出的毕业生约有 2 000 多人,为我国工商企业、金融业培养了一批新型会计人才。此外,该所也编辑一些会计书籍发行,如 1947 年前后,成都正则会计师事务所编印过《财政法规》等书公开发行。

四、公信会计师事务所

“公信会计师事务所”是由奚玉书会计师于 1936 年创立的,当时所址在上海河南路 505 号。它的前身是创建于 1927 年的"公平会计事务所",该所初创时的主任会计师为俞希稷先生,俞先生是 1925 年成立的"上海市会计师公会"的 23 位会员之一。奚玉书先生于 1927 年获得国民政府颁发的第 1 号会计师证书,同年加入上海市会计师公会并参加公平会计师事务所,开始执行会计师业务。1936 年,由于公平会计师事务所改组,奚玉书先生正式离职单独组建起公信会计师事务所。由奚玉书任主任会计师,龚茂德任副主任会计师,执业会计师有:潘承存、徐汉章、奚树之、马士法,以及他的女儿奚慧和吴沪生两位女会计师,她两人的年龄最小,都只有 25 岁。该所业务范围如下:①会计制度设计改良事项;②会计管理及整理事项;③会计调查稽核证明事项;④会计鉴定事项;⑤会计的清算及信托事项;⑥税务咨询事项;⑦代办登记注册及其他呈请事项;⑧充任会计顾问及检查员;⑨会计财政的指导事项;⑩代撰商事文件。由于奚玉书先生及全所会计师们的共同努力,严格信守会计师的职业道德,保证服务质量,经过几年时间的巩固发展,很快获得了上海一带工商企业家的信任,业务对象逐年增多,经常有业务联系的客户一百多家,包括荣氏家族的申新纱厂体系,苏纶纱厂、仁德纱厂、大新振染织厂、正泰橡胶厂等大中型民族工商业。抗日战争期间,奚玉书先生到重庆设立分所,抗战胜利返回上海。

奚玉书先生执行会计师业务一贯坚持客观公正的职业立场和爱国主义精神。他刚加入会计师行列时,得知上海华安人寿保险公司打算聘请美国籍的"大美会计师事务所"担任常年会计顾问,为了维护民族尊严,他便直接找该保险公司经理面谈,说明聘请我国会计师办理业务,于国家民族有利的道理,华安保险公司终于改聘"公平会计师事务所"和奚先生为常年查账顾问。1937 年 8 月,日军侵犯上海,当时上海许多工商企业被毁于战火,其中正泰橡胶厂曾向外国保险公司投保过兵险,该厂遭受到日本侵略军的炮火轰袭后,在向外商保险公司索取赔偿时,该保险公司竟反诬该厂系被流氓抢劫后焚毁的,拒绝支付赔款。正泰橡胶厂委托公信会计师事务所代为索赔,奚玉书先生承办后,以他担任上海公共租界工部局董事的条件,对案情进行了细致的实地调查,确实掌握了损失真相,才迫使该保险公司按保额赔款,维护了正泰橡胶厂的正当权益。公信会计师事务所在奚玉书先生的主持领导下,成为当时上海四大著名会计师事务所之一。

1938 年年末,公信会计师事务所创办的《公信会计月刊》问世,该刊发行人由奚玉书担任,龚茂德任出版人,担任编辑的有严以霖、陶公文、沈麈、曹裕。在上海出版,1940 年 12 月征文纪念创刊两周年。该刊每半年编一卷,分为六期,从 1938 年年末到 1949 年共发行 96 期。出刊头两年可经海运至缅甸,通过滇缅路运到大后方。以后因太平洋战争爆发,滇缅路被封锁,不得已中断发行。抗日战争胜利后,于 1946 年复刊,直到 1949 年停刊。该刊起初的每一期刊名都请一位当时的执业会计师题写。例如,1939 年二卷四期刊名由谢霖会计师题字,二卷五期由泰润卿会计师题字。

该刊内容丰富新颖,讨论和介绍国内外关于会计师执业问题的文章较多,并开辟有《会计界人物介绍》栏目。在 1947 年下半年出版的第十一卷第二、第三期上,登载有梁润身撰写的《以增减分录法代替借贷分录法之商榷》《以增减分录法代替借贷分录法之再商榷》,梁士桢撰写的《'增减分录法'可以代替'借贷分录法'吗》,刘华胜撰写的《为增减分录进一言》。这些文章可以说是我国最早的增减记账法和借贷记账法的争鸣,这也说明《公信会计月刊》有较浓厚的学术价值。

同时,公信会计师事务所还创办了一家"公信会计用品社股份有限公司",由奚玉书和龚茂德设计"通用新式帐表""应用公信通用新式帐表概说",这于我国工商业会计改革起到推进作用。此外还创办有经上海市教育局立案的"公信会计补习学校"。为提高会计人员的业务技术能力,作出了很好的贡献。

第二节　著名注册会计师

我国早期的注册会计师,大都是在国内外受过高等教育,专门学习和研究会计学术的专家学者,他们立志开拓注册会计师事业,为建立注册会计师法规和执业程序,宣传注册会计师的社会公证作用,作了艰苦的努力,赢得了社会的信誉,他们的学识水平,技术能力和道德品质,都是值得我们学习借鉴的,现简介部分注册会计师事略如后。

一、谢　霖

(一) 生平事略

谢霖先生,字霖甫,生于 1885 年,卒于 1969 年,享年 84 岁,江苏常州人。1905 年,他 20 岁时,深感满清政府腐败无能,而想有所改进,在当时留学热的影响下,东渡日本求学,进入明治大学攻读商科,选学了西式簿记等方面的课程,开始认识会计科学在经济生活中的重要作用,"吾学簿记,知吾国人生活之卑也"。[①] 他决心在学术上有所专精,1909 年毕业,获商学士学位。回到祖国后,于1910 年赴北京参加清王朝的科举考试,获得商科举人资格。他分配到四川总督衙门任职,未久以志趣不合,自愿放弃总督府的差事,改任劝业道的科长兼商业讲习所所长,并担任讲师,宣讲经济、会计学科知识。四川发生保路风潮后,政局不稳,谢先生出川应聘到两湖明德大学讲学,讲授以借贷为记账符号的复试会计

---

① 谢霖,孟森,《银行簿记学》序言。

原理及八大要素的对立关系。辛亥革命推翻满清王朝,谢先生于1912年至中国银行(即原大清银行)任总司账,主管会计工作,一面设计新式银行会计制度,一面调查钱庄、票号的中式账簿,同时在北京开办讲习所,分批调集中国、交通两银行会计人员培训。1917年应交通银行聘请任总秘书,经过数月的努力,顺利完成交通银行的会计制度改革。1918年6月,谢先生向北洋军阀政府农商部和财政部申请,经审查合格,获得我国第一号会计师证书,成为我国第一位注册会计师。不久,与秦开、杨曾洵两会计师在北京、天津地区开设"正则会计师事务所",同时兼任北京大学教授。1930年正则会计师事务所迁到上海,谢霖先生又历任上海商学院、复旦大学系主任,光华大学商学院院长等职务。1937年日寇侵入上海,他受上海光华大学张寿镛校长委托,到成都筹办分校。他辞去兼任的中央银行秘书长职务去成都,重游旧地,以他在经济界的威望和早年在川的交往,多方奔走集资,先租赁房屋,1938年3月1日开学。谢先生担任副校长兼任教授,经过呕心沥血,备极辛劳,终于在短短几个月内,白手起家,在成都杜甫草堂迤西建起一所一应俱全的新校舍。1938年冬全部迁入小桥流水,垂柳疏篱,鸟语花香,窗明几净的学府中,师生们对学舍建筑速度之快,环境之幽十分满意,认为学校的一砖一瓦、一草一木都凝集着谢先生的心血。到1943年,因政府出面干预解决学潮,先生被迫辞去校长职务。新中国成立后,谢霖先生被选为成都市人民代表,四川省政协委员,继续为会计师业务服务。"反右"及"文化大革命"中,他深受迫害,但终未丧志。1962年由四川迁居北京,所持北京军阀政府颁布的第一号会计师证书等珍贵会计文物散失不知下落,至为可惜。他1969年逝世于北京。

(二)主要著作及学术思想

谢霖先生于1906年在日本留学期间,与孟森合作编撰成《银行簿记学》,先在日本印刊,继后又由上海中国图书公司印刷发行。这是在我国最早直接用"借、贷"为记账符号讲授借贷复式记账法的会计书籍。全书共八章,其中第三章为《借贷之理并银行簿记性质》,以银行业务为对象,阐述借贷记账法的原理,并辅以举例帮助读者理解。在阐述复式记账原理时,着重说明"其存立也有由,其消失也有由,……一得一失之间价值必视为同价,所出者十,所受者十,常相对待无毫厘之差"。意思是在对应账户之间的货币计量价值绝对相等。又说"其借贷云者,对于一主者而言之,必定其孰为主者,而后或谓之借,或谓之贷。"他还明确提出:"簿记学中借方贷方之名,直万不可易,……若借贷两方之称,乃此学进步必明之理。"[①]充分肯定了借贷记账法的先进性。其后,他在赴京参加科举考试

---

① 谢霖,孟森,《银行簿记学》序言。

的1910年,编撰成《银行簿记法》,次年与李征合编《银行计算法》一书,都在上海中国图书公司出版发行。1912年,又出版《银行簿记实践》,在他25岁至27岁的3年间,既担负教学和银行会计工作的繁重职务,又埋头写著,如果缺乏强烈的事业心和勤奋好学精神,是万难办到的。此外,他的著作还有《票据法要义》《公司法要义》《中国会计师制度》《实用政府会计》《实用银行会计》等。

先生治学严谨,有务实精神,主张学以致用,要求不但要有理论,还要有动手操作能力。他强调"学而不思则罔,学要有所思,才能有所得"。

(三)襟怀坦白,高风亮节

谢霖先生是我国新型会计理论和会计实务的奠基人,又是注册会计师事业的揭幕者。他谦虚逊让,平易近人。他认为自己的所述和所作,不过是时势的需要,是初浅的起步。他常说:"谁也不能止于至善,垄断计坛,我的著作,终归泯灭,如为精湛新作所替代,那就是中国大有希望之时了。"

他在主持光华大学成都分校时,对学生生活极为关心,对经济困难的学生,或安排半工半读,或私人给予资助,对进步学生尽力给予保护。遇到反动军警到学校逮捕学生,只要他事前知道风声,都及早通知学生,让其躲避。在经济上先生也十分淡泊,主持光华大学成都分校时,每月除领取教授薪水外,未领过副校长的薪俸。

谢霖先生毕生致力会计改革及教育事业,善于管理公共资产,但终生没有一笔私蓄,两袖清风,一片丹心,值得后人怀念。

二、徐永祚

(一)生平事略

徐永祚先生,字玉书,生于1891年,卒于1959年,享年68岁,浙江省海宁县人。他23岁。在梁启超先生创办的上海神州大学经济系毕业。由于学习成绩优异,经张公权推荐,进入天津中国银行当练习生,第二年,回到母校银行专业任教师,1917年至1918年,任上海《银行周报》编辑,总编辑,他结合编审工作研究我国的经济和会计问题,开始关心会计师事业。1918年9月,我国第一个《会计师暂行章程》公布后,他对当时会计师职业和《会计师暂行章程》,就有独自的见解,并"曾为文以论之,……对十一条,鄙人复为文以商榷之,均载银行周报,此章程虽不免简略,而对于资格之限制尚严"[①]。1919年,上海创办证券交易所,需要建立一套规章制度,出于对徐永祚先生的信任,聘请他代为拟订业务规程,会计制度,并培训专业人员。1920年上海证券交易所开业,即聘请他担任会计科科

---

① 《会计杂志》1933年第2卷第1期。

长，负责全所的会计管理工作。以后上海又有几家新证券交易所开业，都以他所制定的制度为蓝本，并派人学习他的管理经验。

徐先生在主持证券交易所的会计工作时，与许多金融业、工商业接触，有感于旧式中国账的处理方法，不能适应日益复杂的会计事项。促进他形成了改良中式簿记的理想，1921 年 7 月，徐永祚先生向北京农商部申请取得了会计师证书，那时全国会计师"先后仅十五人"。[①]他即辞去所任各项职务，在上海创办"徐永祚会计师事务所"，担任主任会计师，为工商企业提供查账、设计会计制度、代办纳税申报、注册登记等各项服务，并开办会计人员训练班，创办会计刊物，抗日战争时期，上海沦陷，为了应付日伪政权的登记，将事务所的命名更换为"正明会计师事务所"。抗日战争胜利后，直至上海解放初期，仍在该事务所执行会计师业务，1956 年，国家进行全面对私改造，正明会计师事务所才停止执业。

徐永祚先生在长期执行会计师业务过程中，对会计师事业的发展，会计师公会的成立都十分热心。1925 年上海市会计师公会成立时，为发起人之一，并担任第一届理事会理事。1927 年国民政府成立，主管会计师的事务由财政部办理，徐永祚先生受托起草《会计师注册章程》时，在第一条提出："会计师受法院或公务机关之委托，……"1930 年公布的《会计师条例》改为："会计师受公务机关之命令，……"草拟该条文的理由："当时因鉴于会计师事务之幼稚，社会上未能了解会计师之职务，故为列举之规定，实为世界各国会计师法规中所未有。"[②]为了会计师事业的开拓发展，徐先生用了苦心，根据历次法规关于会计师执行职务时不得兼任官吏的规定，他不曾涉足官场，但先后被邀请参加过工商部工商法规委员会、审计院设计委员会、上海市财政整理委员会、大学院图书审查委员会、上海市慈善团体财政讨论委员会、上海租界纳税华人会的委员等兼职，发挥了所负使命的职能作用。

抗日战争胜利后，徐先生出于爱国和进步的要求，加入了民主党派民主建国会。上海解放后，1949 年 9 月，赴北京参加了具有划时代重大意义的中国人民政治协商会议第一届全体会议，开幕那天，"当毛主席接见到徐永祚时，周总理向毛主席介绍说：'这位是著名会计师徐永祚先生'。毛主席马上热烈地和徐先生握手，并亲切而风趣地说：'你是孔夫子的同行啊！孔子尝为委吏，会计当而已矣。孔夫子也做会计。'接着又亲切地说：'不过我们今天的会计工作要比孔夫子那个时代重要得多啦。'"[③]这是徐永祚先生的荣幸，也是全体会计师和会计人员的荣幸。

新中国成立后，徐先生历任全国政协委员、上海市政协常务委员兼财经委员

①　《会计杂志》1993 年第 2 卷第 1 期。

②　《会计杂志》1993 年第 2 卷第 1 期。

③　陈荣法，《徐永祚与孔夫子》，《上海会计》1981 年第 3 期。

会主任、华东军政委员会监察委员和正明会计师事务所主任等职。1959年,徐永祚先生病逝,周恩来、朱德、陈毅等国家领导人都送了花圈,悼念这位从事会计师事业近40年的爱国会计学者。

(二)主要著作及学术思想

徐永祚先生执行会计师业务后,曾总结老式收付账簿的优缺点,不遗余力地致力于整理改良工作,1933年1月,在他创办的《会计杂志》第一卷一期上,发表了《发刊词》和《改良中国会计问题》,在第二卷一期上又发表了《改良中式商业簿记方案》,接着又出版《改良中式簿记概论》一书,这是一部有系统的收付簿记专著,1935年,再出版《改良中式簿记实例》一书。它们的主要内容是"以收付为记帐符号,收入款项记入各种帐簿的'收项',付出记入'付项'。转帐以虚收虚付处理。采用西式簿记的精华,如帐簿分割法、统制记帐法,同固有的'四柱结算法'相结合。"①这些著述受到了社会各界和专家的重视,上海市商会和全国商会联合会都发函和撰文推荐提倡,新闻报道介绍宣传,许多中、小型企业积极采用,一时形成了一场改良中式簿记运动。这种改良中式簿记"有些'中学为体,西学为用'的味道,但也应当肯定,它在一定历史阶段,是起过不可磨灭的积极作用的"。②

(三)敦品厉行的道德风尚

徐永祚先生对于会计师事业的发展,主张要从自身的"质"和"量"方面下工夫,要能"见信于人"和"合力奋斗"。他曾说:"吾侪为会计师者,唯有努力奋斗,修养学业,敦品厉行,遵循法规之范围,保持对外之信用,力求工商业之便利,勿为社会所诟病,庶几吾国会计师事业得渐臻发达,亦何难如英美各国之备受社会尊敬,而视为一种极高尚、极名誉之职业。"③徐先生平易近人,重言传身教,一生勤奋创业,忠诚守成,受到社会各界的敬重。

三、潘序伦

(一)生平事略

潘序伦先生,生于1893年7月,1985年11月逝世,享年92岁,原籍江苏省宜兴县蜀山镇,少年时代受私塾教育,读过不少古文,参加过一场秀才的县考。废科举后,13岁在本县东坡高等小学读书,开设课程有四书、五经、史记等古典文学及英文、日文、数学、中外史地、体操、音乐等,年终考试取得第一名好成绩。十五岁入上海浦东中学,随后因学潮转入常州府中学堂就读毕业,1911年辛亥革命成功,他考入南京政法大学,因该校不符大学条件,被勒令停办。旋又投

---

① 高波,《回忆'改良中式簿记法'》,《上海会计》1981年第1期。
② 高波,《回忆'改良中式簿记法'》,《上海会计》1981年第1期。
③ 高波,《回忆'改良中式簿记法'》,《上海会计》1981年第1期。

考南京海军军官学校学习无线电专业,毕业考试五科,每科成绩都是 100 分,海军校领导认为他骄傲自满,礼貌不周,派到海军某舰上任无线电收发报员,不久因感到工作不适合,借口请病假退出军籍。接着他又先后任过南京造币厂翻译邦技士、宜兴乡村小学教师、镇江中学教师,也曾失业闲居,几经蹉跎岁月,深感没有学识,一事无成,乃于 1919 年请求黄炎培老师介绍进入上海圣约翰大学作为"特别生"(即旁听生)。他勤奋努力,升为四年级正式学生,最后毕业考试,各科成绩均为全班之冠,英语作文比赛获唯一的金质奖章,授文学士学位。

1921 年夏,经圣约翰大学保送,投考南洋兄弟烟草公司招考的留学生,考试结果,名列榜首,获得该公司资助,进入美国哈佛大学企业管理学院学习,并选定会计作终身职业,故除学经济学等课程外,尽量选学会计学科。在两年学习期中,他放弃一切游览娱乐,未看过一次电影、进过一次餐馆,最后获得企业管理硕士学位。随后,他又进入哥伦比亚大学政治经济学院攻读博士课程,整天在学校图书馆学习,并选定《中美贸易论》作为博士论文,经严格考试通过,终于获得政治经济学博士学位。

1924 年夏秋之际,他从美国以节余学费,绕道欧洲考察了 13 个国家的经济发展状况,回到祖国上海,先后担任上海商科大学教务主任兼会计系主任和上海国立暨南大学商学院院长,在执教的两年中,引进并讲授西方新式会计,开始了他一生致力的会计革新和会计教育的光辉事业。1927 年 1 月,潘先生鉴于当时工商界通用的旧式账簿亟待改良,企业部门需要会计人才,遂辞去各大学的教学职务,在上海设立"潘序伦会计师事务所",一直担任主任会计师到 20 世纪 50 年代初期,随着国家经济体制改变,该所才自动停业。建立会计师事务所后,他又萌发创办会计学校,大量培养人才的宏愿,先后成立了立信高级会计补习学校、立信会计函授学校,立信会计专科学校,立信高级会计职业学校,亲自担任专科学校校长职务。1931 年冬天,国民政府主计处成立后,他受邀请担任筹备委员和会计局副局长,不足半年即辞职回上海继续执行会计师业务。1946 年 5 月,原商务印书馆总经理、无党派人士王云五被国民政府任命为经济部长,邀请潘先生以无党派人士身份担任经济部常务次长及"善后事业委员会"副主任委员兼秘书长,也只有 1 年多时间就辞职回上海,仍做会计师和专科学校校长。

新中国成立后,潘序伦先生辞去立信会计专科学校和立信会计师事务所的职务,埋头自学俄文,翻译引进苏联的会计文献。他以无党派人士的身份,参加了民主党派民盟为成员,1957 年春被推荐为上海市政协委员,随后受到过错误地批判和处分。在十年动乱期间,潘先生受到很大的冲击,感到前途渺茫,于是蓄须"闭门思过",粉碎"四人帮"后,先生的冤假错案得以拨正,激发了他的爱国激情。他虽已年逾八旬,立即剃去了长须,以示投身"四化"建设的决心。1978

年年末,与他归国初期任国立暨南大学教务长时的学生、上海社会科学院院长黄逸峰共同倡议创办上海市会计学会,次年 1 月全国第一个会计学会——上海市会计学会正式成立,黄先生担任第一届学会会长,潘先生担任名誉会长。同年秋,批准恢复了解放后第一个会计师事务所——上海会计师事务所,应聘担任董事长。

(二)主要著作及学术思想

潘序伦先生学识渊博,著作等身,见地深邃,他亲自领导编辑的《立信会计丛书》先后收入各种会计书籍一百五六十种,其中他自己著作、翻译和主编的约三四十种,既有中文,也有英文著作,大多是当时最畅销的会计书籍,如 20 世纪 30 年代出版的《会计学》一书,厚厚四本,约 90 万字,它集各门会计之大成,除阐述普通会计学原理外,还涉及公司会计,成本会计,解散及破产会计,遗产及信托会计等,对预算控制、财产估价、决算报表分析,统计报表应用等内容,亦作了深入的研究,为我国会计学的一部巨著。他对翻译的著作,更采取审慎做法,有选择、有比较、精心编译,如《劳氏成本会计》一书,从 1933 年至 1950 年,根据劳伦斯的 3 次修改本,进行了 3 次改译,1950 年又翻译出版《苏联会计述要》,新编写了《基本会计学》一书,对早先的学术思想进行了增益。直到晚年,他仍没有放弃对会计学术的研究,1983 年与王澹如合著出版《基本会计学——西方会计》,介绍了会计信息系统的内容。

潘序伦先生从事会计事业 60 个春秋,一以贯之的学术思想,都是以会计改革为目标。①对会计的性质问题很早就提出了"工具论"说。1944 年他为重庆市李觉鸣会计师所著《理论簿记学》一书作序时说:"学术,公器也。"新中国成立还不到半年,他所编的《基本会计学》一书,对会计的性质又明确提出"会计是管制一桩事业经济活动的工具。"这本新著又提出"在一事业的经济活动中,凡可用货币价值来计数的财物和事项都是会计的对象",完全符合 60 年代以来的一致见解。②热情赞同资金运动理论。他称赞李觉鸣引进德国会计学家巴沛创立的资本运动说,著成的《理论簿记学》一书,他说:"盖宇宙之物凡有生无生,举莫能逃'生、老、病、死、成、住、坏、空'之公例,故曰'无常',亦即大易所谓'变动不居'者也,唯此变动不居之情态,即于企业经营之上亦在皆有,譬如现金交易而转化为货品,货品出售而转化为债权,……是皆资本之变态。"他引述哲学上的运动观,与资金循环理论一致。③历史唯物的会计史观。他发表文章祝贺郭道扬所著的《中国会计史稿》说:"中国会计史的研究,可以帮助我们批判地继承古人经验中有益的东西,促进会计学的发展提高。"早在 1933 年他发表的《会计学发展史》中就指出:"经济现象愈形复杂,会计学逐亦辉煌焕发,蔚为大观。"④开创会计核算的领域。他很早就预言会计"尚不外日之初生,泉之始达",我国社会主义会计核算的范围不断发展扩大,1980 年,他发表了《开展'人才会计'的研究》,主张用货币形式来计算国家培训人才的费用和成果,引起社会的很大反响,国家教育部门曾召开会议进一步专题研讨。以上以偏概全的略述,远没有全面反映出潘序伦先生的整体学术思想。

(三) 长留青白的崇高品质

潘序伦先生一生收入十分丰富,但日常生活一直俭朴。为了在各地建立和发展立信会计专科学校,他对资财的观念是"取之于社会,用之于社会,取之于会计,用之于会计"。据原立信同人提供的资料,在立信学校建立过程中,他先后提供了大量捐赠,计:1937 年立信专科学校成立董事会时,他将执业十余年的积余现款六万元捐作建筑基金;1947 年捐美汇 1 万元,补助修建学校体育馆;上海解放后,再次将译著会计书籍的大量版税捐给立信补习学校加上校董拨款,买进了上海金陵东路和淡水路两座中型校舍,供补习学校发展之用,又将长乐路自有住宅捐给专科学校办市区班。粉碎"四人帮"后,落实政策发还给他的抄家财物价款八万元中,他先后以 4 万元捐献给上海市会计学会作基金,以 3.5 万元捐给立信会计专科学校作为奖学金。对学校、对社会捐资钜万,但平生自奉甚薄,抗战期间在重庆领导建校时,工作繁重,家人每天为他煮鸡蛋也不肯吃;20 世纪 80 年代初,电视机已进了城市的千家万户,但他舍不得买。这种以事业为重,把个人置之度外的崇高品质,使人深受感动。

1985 年 10 月 25 日,上海市会计学会,上海市审计学会,立信会计专科学校和立信上海校友隆重集会,热烈庆祝潘序伦先生从事会计事业 60 周年,财政部副部长陈如龙专程从北京赶到上海代表财政部对潘先生在会计事业上作出的卓越贡献颁发了荣誉证书并致贺词。才越半月,桃李十万,誉满四海的著名会计学家、教育家、著作家在上海病逝。他的崇高品质,远见卓识和献身精神将永远活在人们心中。

四、奚玉书

(一) 生平事略

奚玉书先生,生于 1902 年,卒于 1982 年,享年 81 岁,上海市人,21 岁时毕业于上海复旦大学商学院会计系会计专科。1927 年,国民政府在南京宣告成立,财政部主管会计师事务时,当年 11 月,先生获第 1 号会计师证书,随即加入上海市会计师公会并参加到俞希稷会计师主持的"公平会计师事务所"从事会计师业务。1936 年,"公平会计师事务所"改组,奚玉书先生逐离开该所,自己创办"公信会计师事务所"担任主任会计师,由于先生具有卓越的职业才能,以及和上海工商业,金融业等各界的交往,使他所主持的会计师事务所日渐取得良好信誉,成为当时上海四家著名会计师事务所之一。太平洋战争爆发后,日军继续侵入上海各租界。奚玉书先生逐离开上海,到重庆设立了公信会计师事务所重庆分所。在他居住重庆期间,1944 年 3 月,曾为李觉鸣会计师所撰《理论簿记学》一书作序。抗日战争胜利后迁回上海,仍执行会计师业务。奚玉书先生加入会计师行列后,即和潘序伦一样,很快就崭露头角,1928 年 2 月,上海市会计师公会改组,就当选为理事,执行委员,并为五人常务委员之一。1933 年 9 月,全国会计师协会成立时,又当选为理事、执行委员,仍为五人常务委员之一。1947年,全国会计师公会联合会在南京成立,奚玉书先生当选为理事长。同年,受会计师同业的敦促,提名为国民政府立法委员候选人后,入选为立法委员。此外,奚玉书先生还先后担任过上海商业储蓄银行分行及总行经理、上海市公共租界工部局华董、国民参政员、上海市参议会副议长、中国计政协会理事长、上海市救济协会司库、上海市体育协会主席等职,在教育事业上担任过东吴大学、复旦大学和诚明大学的教授。1948 年去香港定居,1974 年移居美国,加入美国国籍,1982 年 3 月在美国逝世。

(二)主要著作及学术思想

奚玉书先生创办《公信会计月刊》,担任发行人和主编,从 1938 年创刊至1949 年停刊的 12 年中,除太平洋战争爆发后,曾一度中断外,共出刊 96 期。他撰写了许多论述会计师事业的文章,较为重要的有《我国会计师事业》《美国会计师事业》《会计师报告书概论》《我国会计师事业史料》等。由于他精通会计,熟悉法律法规,参与了制定《会计师公会章程》《会计师服务细则》《会计师公费标准》。对当时政府颁布的《营业税法》《直接税法》。《破产法》等法规,他也提供了许多参考意见。对会计师事业与会计人才之间的关系,认为"会计之使用既臻普遍,则会计专才之需要,益感殷切,学术研究之空气既增浓度,则又不知不觉增多其专才焉。语云:事在人为,会计师事业有待于会计专才为之,则会计专才之培养自为会计师事业之重要部分;此在复兴时之我国,尤感此项工作之重要"[①]。从我国会计师事业的发展历程来证实,当时他的这一论断是符合实际情况的。

(三)崇高职业道德,为工商业执言

奚玉书先生在维护民族利益上,表现出强烈的爱国思想。他主张会计师应当辅导企业的发展,为经济繁荣作贡献。他在执行会计师职务时,处处为往来客户着想,尽量维护客户的利益,同时对大、小客户,一视同仁。严守职业道德,矜持会计师的尊严,收到同业们的称赞。

---

① 奚玉书,《我国会计师事业》,《公信会计月刊》1939 年第 2 卷第 3 期。

五、李觉鸣

李觉鸣先生，名辟、字觉鸣。生于 1881 年，四川铜梁人，自幼才思敏捷，13 岁进入重庆府中学，17 岁毕业时名列第一，由学校举荐获得官费赴日本留学，19 岁进入东京第一高等学校。辛亥革命后，他回到四川，到母校重庆府中学讲授教学。次年，他再去日本进入大阪商科大学学习商业，1916 年回国。他先后担任四川商业专门学校教务长、四川政法专门学校教授、四川财政厅秘书、重庆铜元局会计主任等职。1924 年获得北洋军阀政府颁布的会计师证书，即在重庆创立"李觉鸣会计师事务所"，开始执行会计师业务。当时，全国的会计师仅 100 人左右，而四川却只有两位会计师，另一位是杨学优先生。20 世纪二三十年代，重庆商业虽然很发达，但商用簿记都墨守旧法，管账人员大都知识浅陋，为此，李觉鸣先生与杨学优会计师商议，敦劝重庆市商会创设商业夜课学校，招收商家子弟和商业职工入学，亲自讲授现代商业有关的课程。他殷切诚恳教导，为重庆培养了一批经商人才，逐步成为革新商业经营管理的能手。抗日战争时期，重庆成为后方政治经济中心，全国著名会计师荟集重庆，由于李先生是揭开四川会计师事业序幕的开拓者，具有高深的学识和名望，受到大家的尊重。1944 年先生出版《理论簿记学》一书时，在成都的谢霖和在重庆的潘序伦、奚玉书都分别为这本书作序。谢序说："今读李子觉鸣《理论簿记学》一书，盖就德国巴沛氏所创资本运动说发挥而光大之，润色之者。探言立论，真理灼然，以视通常分析交易，标列记账要素者，乃觉始终一贯，开生面而有会心，余于是益信'簿记亦学亦术'说为有据。"潘序说："吾友李觉鸣先生用巴沛说参以己意，早夜勤劬而成是书，并以簿记原理其他论文若干首附焉。言明且清，理精而确，谌称杰作。"奚序说："复式簿记传来吾国，近四十年，坊间流布诸书，大率说明借贷分录，账簿程式，与结算手续诸端，求一论述簿记原理较为周至者，乃寥若晨星。友人李觉鸣先生有鉴于此，濡笔伸纸，积期月之勤，以成是书，颜曰理论簿记学。盖使有志斯道者，益得了然于簿记学，而有以窥探之途径矣。"这三位早期的一代名师都给予李先生著述高度的评价，这一史实既反映了本书的学术价值，也反映了老一辈会计师间的深厚友谊。这本书可算一项珍贵的会计文献。

《理论簿记学》的内容，从它的"凡例"中，可以略知梗概，该凡例说：

"一、著者发表本书有二种意义，一以为会计学界前途所需，一以其为予个人兴趣所在。

二、本书所采学说为"资本运动说"，乃德人巴沛所创，其所著书负有盛名。国战发生前美国各邦均有译本，兹编系原材于是而参附已译者，爰举此说要旨如次。

1. 簿记所登载之内容,为资本运动之全部过程。

2. 以资产、负债、利益、损失四者悉包括于资本一概念之中,故一切账户,只建立一个记录法。

3. 凡帐户(财产)无论有形无形,该视为资本之变态。

4. 视负债为向他人借入之资本。

5. 视利益(利润)为资本之增加。

6. 视损失为资本之减少,损失在本书称为损费,系包营业费用及意外损失而言。

7. 资本运动分为四种,即向心的运动、离心的运动、中心的循环运动、园周的循环运动。

三、读本书者宜对簿记技术先有研究,并具备经济学常识。

四、本书构思细微,谈理稍深,读者循序玩索,不难迎刃而解。"

李觉鸣先生十分勤奋好学,虽然事务繁忙,仍然"每闭户读书竟日。"他对友人说:"读书欲有益身心耳,岂徒为荣利哉。"[①]由于他严谨的治学精神,对中日文学都有较深的造诣,曾撰写一楹联赠重庆立信会计师事务所主任会计师王逢辛,将逢辛两字嵌入。上联为"千里逢迎依字水"(字水指嘉陵江),下联为"半生辛苦在书林"。王会计师得此楹联甚为珍惜。新中国成立初期,李先生仍居重庆,在立信会计学校教学,20世纪50年代末迁居北京。

李觉鸣先生作为四川最早的注册会计师,开拓注册会计师事业,值得我们缅怀。

六、顾 准

顾准同志生于1914年,卒于1974年,享年60岁,江苏苏州人。幼年时因家境清寒,1927年13岁时在上海中华职业学校初中商科毕业,由潘序伦先生的留美同学王志莘介绍进入立信会计师事务所当练习生,那时孩气未除,性情活泼,潘先生安排免费在立信会计补习学校学习簿记、会计等科,白天在事务所工作,除享受提供的膳宿外,每月可得津贴银元数元。在艰苦情况下,他勤奋努力,刻苦钻研,学习一年光景,成绩优秀,得派充为簿记、会计等科的助教,专任批改学生所做习题。不久,他就为潘先生的《高级商业簿记》编《习题详解》,先油印,后改为商务印书馆出版发行,正式命名《高级商业簿记习题详解》,成为立信丛书之一,16岁时,奉派经常到一些银行查账,即对银行会计发生兴趣,动手编成《银行会计》初稿,经银行会计专家金国宝先生修改订正和润饰,仍由商务印书馆出版,

---

① 洪骏声,《著者小传》,《理论簿记学》1944年版。

作为大学丛书的一种,也列入立信会计丛书,这时他的年龄尚不足 20 岁,随即他又在担任中国银行查账时,汇集我国各银行的会计制度,撰写一册《中华银行会计制度》,内容已臻详尽精密。此后,他撰写的《簿记初阶》《股份有限公司会计》《所得税原理与实务》等书相继问世,并担任立信会计师事务所编辑科副主任。

抗日战争初期,之江大学由杭州迁上海租界上课,校长李培思请潘序伦推荐一位银行会计教师,潘先生推荐顾准,李校长认为顾仅初中毕业生,作大学教师,怕说不过去,没有同意。由于顾准所著《银行会计》一书,各地商学院都采用,圣约翰大学邀聘他为银行会计教师,而之江大学在另聘无着情况下,只好仍请顾准去任此课。那时,顾准才 23 岁,这时他的经济收入已较为丰富,每月工资、分红及任兼职大学教师的薪金共约 400 元银元。

20 世纪 30 年代初,日军侵华势力步步紧逼,在国家危难当头,顾准投入抗日救亡工作,着手筹备"进社"。1934 年 2 月,"进社"在上海成立,出版内部刊物《前卫》,鼓动宣传当时上海的罢工斗争和社会进步活动,这年 8 月,"进社"解散加入"中华民族武装自卫会"担任沪东区区委委员等职。1935 年 2 月,顾准加入了中国共产党,成为坚强的共产党员。1936 年春,他又先后担任上海职业界救国会党支部书记,江苏省委职委宣传部部长和书记,以及江苏省委文委书记等职。

顾准从事的青年革命活动,潘序伦知道后,在工作上为他提供方便,让他在家中撰写会计著作,自由进出会计师事务所,得以在艰苦斗争情况下,完成了会计教材的撰写。1940 年 8 月,顾准放弃较好的收入,向潘序伦提出辞职,说明将去苏北参加新四军干革命,潘先生知无法挽留,除了为他设饯送行外,后又为他爱人方彩秀(后改名为汪璧)介绍某餐馆工作,以暂时维持其在沪家庭母弟的生活,这时顾准年仅 26 岁,但在立信会计师事务所工作已 14 年了。顾准同志到苏区后,先后担任过中央苏南东路特委宣传部部长、澄锡虞工委书记、苏南行政委员会秘书长、苏北盐阜区及淮海区行政公署财经处副处长等职。1943 年 3 月,他被选派到延安党校学习,参加过延安整风运动,并在党校任经济学教员,1945 年,顾准返回华东解放区,先后担任中共华东分局财委委员,淮阴利丰棉花公司总经理,山东省工商总局副局长,山东财政厅厅长等职。1949 年 5 月上海解放,顾准随陈毅市长回到上海,担任华东军政委员会财政部副部长,兼上海市财政局局长和税务局局长。他不忘老师,到潘序伦家看望叙旧,在此期间,他对当时上海的财税工作提出由群众监督检查征税和"查帐征税"的方法,取得很好的效果。

1953 年,顾准调北京任中央建工部财政司司长,1954 年,调任洛阳工程局副局长,不久又调任中国科学院资源考察委员会副主任,1956 年调回北京任经济研究所研究员,与年轻时在江苏省委结识的孙冶方一起工作。1957 年,顾准因抵制苏联在中苏合作开办的黑龙江流域资源考察中，所推行的大国沙文主义，被错划为右派。1962年，顾准从农业劳动回到经济研究所，继续从事会计研究，撰写了《会计原理》及《社会主义会计的几个理论问题》等两本著作，"文革"期间又受到迫害，他妻子也因此而死。1974年12月，因病逝世。

1980年2月3日，中国社会科学院为顾准同志举行了隆重的追悼会，肯定了他为革命作出的重大贡献，称赞他"是革命者，是学者，是一位我们将永久怀念的真正的共产党人"。

顾准同志是一位自学成才、精通会计师业务、会计理论基础深厚、革命斗争经验丰富的无产阶级的革命学者。

七、秦 开

秦开先生，字襐卿，浙江省慈溪人，1909年，留学日本，获得学士学位，回国后，担任广东省省立岭东商业学堂主任教员，辛亥革命后，1914年，创立四明专门学校，担任银行专修科专职教师。谢霖在中国银行担任总稽核时，因着手改革银行的会计制度需要人才，找秦开先生为他推荐了30多人，都先后担任中国银行各地分支行的重要职务，不久秦开先生也应聘到中国银行总管理处任职，随后又担任殖边银行总管理处计核主任，中孚银行总管理处总会计。

1920年领得会计师证书，与谢霖和杨曾洵在北京、天津创办"正则会计师事务所"，1925年任银行会计科目研究委员会委员，为上海市会计师公会的发起人之一。1926年，他到汉口执行会计师业务，创导成立汉口会计师公会。1929年任津浦铁路局综核课课长，继任平汉铁路局会计处处长。1930年，与谢霖合作在上海成立"正则会计师事务所"总所，从此，逐步在全国各大商业城市设立了分所。1932年，兼任上海钱业联合会准备库经理，对工作的规划安排尽了很大的心力。1937年因身体健康欠佳，不能担任过繁的事务，就专一执行会计师业务。

秦开先生最初从事教育工作，培养了许多会计人才，继后又担任铁路和银行部门的重要职务。他所致力的事业，都没有脱离会计范围，充分体现了他专心致力于会计工作，热爱会计事业。

秦开先生秉性仁厚，待人接物和蔼可亲，虽然先后担任重要职务，但并无世俗习气，没有失去书生本色。

八、王海帆

王海帆先生，上海市人，娴熟英、法等国文字，精通会计理论，在工商企业从事会计工作时，即有较好的声望。1924年，开始执行会计师业务，但感会计师的使命很重，必须专心致志才可能发展业务，他就辞去工商企业的会计职务，立志从事专业会计师。当时会计师事业尚属草创阶段,必须群策群力谋求发展,就联合当时执业的会计师发起组建"上海会计师公会",在第二届任监察委员,第三届任常务理事。1933年春,他代表上海市会计师公会与各省会计师公会代表筹组全国会计师协会。

王海帆先生除执行会计师业务外,对保险问题的研究有浓厚的兴趣,既通保险学理论,也精于保险业实务。1935年组织了"联合保险公证事务所",执行有关保险业的审计业务,编撰有《火险审估学》一书,他还兼任震旦大学教授。他勤奋好学,尽管事务繁忙,但每天都要安排一两个小时,阅读中外报刊杂志,他曾与友人说:"知识犹如宝藏,只怕开发不尽。"王海帆先生是我国早期学识水平很高的会计师之一。

九、王蕴玉

王蕴玉先生,福建厦门人。1926年毕业于国立暨南大学,对会计学科有独到的见解,上海市几家会计师事务所初创时,都争相聘请。不久,他又赴菲律宾,进入国立菲律宾大学研究院,继续攻读会计专业。回国后,在厦门大学任教授,他在教学上的努力,为该校培养出一批杰出的人才。王蕴玉先生一面讲学,一面兼办会计师业务,在厦门最早创立会计师事务所。抗日战争时期,日军进逼厦门,王先生全家迁至香港,凭他的学识水平和严正的执业经验,获得了香港当局特准的核数员(即会计师),在香港执行查账、咨询等会计师业务,是中国会计师在香港取得会计师资格的第一人。

王蕴玉先生从事会计事业10多年,会计理论和实务都很精湛,1940年前后,担任福建省银行驻香港办事处主任,同时,仍兼作香港地区的核数员,执行查账验证业务,为当时我国在境外执业的著名会计师。

十、安绍芸

安绍芸先生,生于1900年,卒于1976年,享年76岁。河北武清县人。23岁时毕业于北京清华学堂(即清华大学),获得公费留学美国,进入威斯康星州立大学研究生院深造,获得经济学硕士学位。1926年回国后,他相继在国立上海商学院任教授、会计系主任,国立交通大学、复旦大学教授,他的学识水平和教学效果深受学界称赞,一时上海的东吴、暨南、之江、光华、震旦等大学和学院争相聘请,为各院校主讲会计学、高级会计、成本会计、会计问题、会计报表分析、审计学等课程。

安绍芸先生除长期从事会计学术教育外,并兼执行会计师业务。先在美商主办的大美查账局参加查账工作,1933年与袁际唐、刘大钧等先生创办"大成会计统计事务所",担任主任会计师。他受上海许多中外企业聘请担任会计顾问,进行查账咨询。当时他的著作有英文版的《会计学大纲》《中级会计大纲》,许多大专院校选作教材。

新中国成立后,调任中央人民政府政务院财政经济委员会计划局成本价格处处长,1949年12月,调财政部会计制度处任处长,主管全国会计制度工作。1950年9月,财政部改处为司,即担任会计制度司第一任司长。此后,他为建立全国统一会计制度作出卓越的贡献。

安绍芸先生于1951年参加中国民主促进会,1956年8月被选为该会中央委员,直至去世,他还担任过全国政治协商会议第三、第四届政协委员。

十一、王逢辛

王逢辛先生,生于1911年10月,上海市崇明县人,毕业于国立上海商学院,获商学士学位,先生24岁时,参加1935年全国第三次高等文官考试,名列第一名被录取,不久他进入"立信会计师事务所",为会计师事业和会计教育事业的开拓发展积极奋进,成为立信会计事业的重要领导力量。20世纪30年代末,先生与施仁夫会计师去大后方重庆设立立信会计师事务所重庆分所,担任主任会计师,立即受总所委托查核生活书店总管理处及川嘉造纸厂账务,接着又受世界贸易行委托设计会计制度暨担任常年会计顾问,很快就开拓了业务,并聘请朱绩甫、钱坤珊为兼任会计师,以适应业务发展。当立信会计学校和立信会计专科学校正式迁重庆,即担任立信学校校长和立信会计专科学校校董及教授,以及立信会计图书用品社社长,并兼任过光华大学教授。抗日战争胜利那年,他担任重庆市会计师公会常务理事时,公会接受重庆地方法院委托,清查当时轰动全国的高秉坊"贪污案"。公会正式推举他和褚汇宗、章梓贤会计师三人承办,他们在不了解高案政治背景情况下,本着"公正、诚信、廉洁、勤奋"的职业道德,认真细致地检查账册凭证,联名提出了客观公正的查账报告。这体现了会计师以第三者的立场,不受任何外力左右,保持了会计师的高尚品质。新中国成立后,先生支援边疆,担任宁夏回族自治区政协委员,宁夏回族自治区民盟委员。20世纪80年代初回上海定居,虽因目疾在家颐养,仍时时关心社会主义建设事业的发展。

先生早期的著作有1937年由上海商务印书馆出版发行的《会计审计法规》,全书近600页,搜集会计审计法规百多种,依性质分八编,书末载有历年国家考试有关会计、审计法规试题,是当时一本十分完备的会计审计法规工具书。耄耋之年,先生与马文钰合写《供销合作社会计》,于1986年由立信会计图书用品社出版。此外,还有《初级簿记学》《新簿记教程》《新会计教程》《各业会计制度(关于证券经纪商)》《预算会计教程》等教学用书,理论联系实际,满足了社会培养一代新会计人才的需要。

王逢辛先生青年时即获高等文官考试及格,但他选取会计事业奋斗一生。作为主任会计师和会计学教授,治业、治教,以身作则,诲人不倦。他尝勉励助手和学生们"探讨会计学原理,熟谙会计技术,砥砺会计道德"。先生为创建"立信会计事业",繁荣会计教育作出了受人钦敬的重要贡献。

第五章

会计师事务所与会计学术发展

第一节　会计改良与会计改革运动

我国早期的注册会计师,大多是文化水平高、学识渊博、经验丰富的会计学家,他们在执行业务中接触到许多工商企业,深感当时会计方法落后,账务处理混乱,会计人员素质低,影响了工商业的发展。他们出于爱国热忱和职业责任,试图通过会计改良或改革,以促进工商业的发展,振兴我国的经济。在20世纪20年代末至30年代掀起的一场会计改良与会计改革运动,就是由创办会计师事务所的注册会计师们发起的,现简述如下。

一、徐永祚会计师发起改良中式簿记运动

徐永祚先生于1918年至1920年担任《银行周报》主编时,即在报端开辟会计研究专栏,公开研究簿记、会计学术,因不明中式簿记的内容,主张废弃中式簿记改用西式簿记。1921年后,开始执行注册会计师业务,对中式簿记接触较多,悉心加以研究,此后即主张根据中国固有的记账法,参照复式簿记的原理,以改良中式簿记,先后编成改良中式账簿、表单30多种,每种均附有详细说明,并撰写《改良中式簿记概说》一书,1927年间,中国经济学社邀请他在上海市总商会演讲《改良中国会计问题》,当时暨南大学和上海商科大学等也纷纷请他讲演,开始形成改良中式簿记运动。1928年,上海市农工商局主张改良中式簿记,特聘请徐永祚先生为委员,同年,上海市会计师公会,受全国商会联合会的委托,特设改良中式簿记委员会,徐永祚先生又被推举为委员。其后,工商部和实业部都曾召集和筹划改良簿记工作,都聘请他担任改良簿记的要务,到1930年前后数年,许多大公司、商号和团体机关等,都委托徐永祚先生规划账簿,制定改良中式簿记的方案。

迄至1933年,形成了改良中式簿记运动热潮,这年12月下旬,上海市商会举办了一次改中式簿记演讲会和展览会,陈列账簿表单四五十种。这次参观和听讲人数近万人,由上海市商会主席王晓籁主持大会。徐永祚先生详细讲了改

良纲要的内容：

"甲、改良的前提。1.务以应用科学为前提，2.以切合实际应用为前提，3.务以合乎经济原则为前提。

乙、改良十大纲：1.采用新式会计之原理原则，2.维持上收下付之记帐程式，3.维持现款收付之记帐方法，4.运用四注清册之结算方法，5.择定登记帐目之二种数字，6.规定中式簿记之帐表格式，7.决定登记戳记之使用方法，8.规定有系统、有秩序的帐户分类，9.规定有组织有系统的帐簿组织，10.规定合理化纪律化的记帐规则。

丙、改良三特色。1.现款式收付记帐法，2.简便的统辖记帐法，3.完密的四柱结算法。"

对这次演讲和展览会，上海市申报、新闻报等，特别为改良中式簿记出专号，其他报纸也陆续登改良中式簿记新闻。同时一些国民政府要员和专家，如于右任、陈其采、杨汝海、黄炎培、陈光甫、秦润卿、穆藕初等等都纷纷发表评论。

1934年1月，《会计杂志》第三卷第一期，发行改良中式簿记专号，专门刊载徐永祚撰写的《改良中式簿记问题》《四柱结算之方法及其理论与效用》，冯柳堂的《中国帐簿之由来及其改革之成功》，潘士浩的《中式簿记与西式簿记之比较》，陆高炽的《中式簿记改良后之观察》等12篇论文，促进了改良中式簿记的进一步发展。后因抗日战争爆发上海沦入日伪手中，改良中式簿记运动也就被迫消亡。

改良中式簿记的主要内容，是将中西会计相结合，做到了古为今用，洋为中用，对我国会计的发展有不小的影响。

二、潘序伦会计师力主进行会计改革

在改良中式簿记运动方兴未艾之际，潘序伦会计师则认为改良中式簿记仅是权宜之计，主张认真学习西式借贷复式簿记。1934年1月出版的《立信会计季刊》第二卷上，登载了他撰写的《为讨论改良中式簿记致徐永祚君书》，对改良十大纲领的1至4条开展了商榷。顾准会计师在《评徐永祚氏改良中式簿记》一文中，对改良中式簿记的基本原理给予原则性的否定。此外，钱乃征会计师在《对于徐永祚君改良中式簿记之批评》一文，对改良中式簿记十大纲领的另几个要点加以质疑。张心征会计师在《对于改良中式簿记之管见》一文中，则主张以西式簿记取代中式簿记，不可拘泥于局部改革，同时，该刊又登载了蒋明琪的《借贷诸学说》、郑廷植的《近代西儒借贷学说》、张承祖的《借贷原理浅说》等三篇文章，用以阐述西式簿记的科学原理。潘会计师主张要认真学好西式会计，身体力行的引进和推广西方新式会计，并以立信会计师事务所为基地，编辑《立信会计丛书》，通过广泛地传播，对西式会计的发展，起了极大的作用。

三、改良与改革中国会计争论的影响

20世纪30年代我国会计学术上的改良与改革的争鸣,双方都是上海市会计师公会的发起人和历届理事,处于平等的地位,同样都是关心中国会计的改进,双方虽有不同的批评意见,但并不互相攻讦,而是善意商榷探讨,并将重点落实到业务实践上,开展公平的执业竞争,在社会的检验中,以后形成了官厅会计采用西式借贷复式簿记,中小型工商企业采用改良中式簿记的格局。

通过改良与改革中国会计的争论,客观上把我国的会计学术和会计实践推进到一个求新和务实的发展阶段,大大促进了我国会计事业向前迈进了一大步,及至进入20世纪40年代,由于全国各大、中财经院校都采用讲解西式借贷复式簿记的教材,因此,借贷复式簿记在全国各行业中除小型商店外,实际上处于领先的地位。

第二节 会计学术与会计师业务的对外交流

一、会计学术交流

如前所述,我国注册会计师事业的创建和发展,主要是由出国留学归来的会计学家们,借鉴国外经验创立起来的。他们十分重视国外的学术动态,不断引进西方的会计学术和会计方法,当时,"立信会计师事务所"编辑的《立信会计丛书》中,就有若干种翻译的会计教科书,如潘序伦译劳伦斯著《成本会计》、施仁夫译《陀氏成本会计》《无形资产论》等。徐永祚会计师事务所主办的《会计杂志》编辑们认为,"执行会计事务或对会计学具有学术上兴趣者,当以时阅读会计刊物为深造一良径",他们向读者推荐多种美国会计刊物,如"美利坚会计师公会"出版的《Journal of Accountancy》,"美国大学会计教员公会"出版的《Accounting Review》,"美会计家"独办与编辑的《American Accountant》等。"公信会计师事务所"主办的《公信会计月刊》二卷五期刊登《美国会计师事业》、四卷五期刊登《最近美国会计师事业之动态》等。这些资料对于传播西方会计知识和技术,推动我国会计改革,发挥了重要作用。

公信会计师事务所主任会计师奚玉书先生,为了加强学术交流,1939年曾致函"美国会计杂志",现将原函译述如下:

"致美国会计杂志"

亲爱的先生

我们(中国公众会计师同仁)向来认为:由于现代交通工具把我们两个大陆紧密地联结在一起,从而当我们在科学技术范围方面还未臻于充分进步的时候,我们自然期望能从太平洋彼岸得到我们同道的帮助和指导。

　　中国工商企业近年来正逐步向前迈进，并正在稳定成长，会计这一专业也随之走上进步和发展的道路。美国刊印的书籍、杂志和论文作了翻译和介绍，并从诸如：Kester Hatfield 等专家学者的权威著作中汲取了它们的精华，从中获得许多启示，编写了一些初级读物。我国各大专院校已分别采用作为教科书和参考资料。

　　（中国的）作家、会计师和学生同样期望在太平洋彼岸，在会计学术范围内能够出现任何一些新的进展，更希望在我们两个国家间在会计科学上创建出一种精神上的、密切的联系。我们也更希望，我们两国的会计师将亲密无间地进行合作，并努力寻求相互间充分的认识和了解，不管阻隔我们的距离有多么遥远。

　　以上资料表明，我国早期的注册会计师事业及会计学术和会计技术，从国外汲取了一些科研成果，做到了洋为中用，促进了我国会计的改革和发展。

　　附：公信会计师事务所主任奚玉书会计师致美国会计杂志原函。

本 所 主 任 奚 玉 书 会 计 师 致
美 国 会 计 杂 志 原 函 之 一 部
——转载自 **July issue, 1939, The Journal of Accountancy.** [①]

ACCOUNTANTS IN CHINA

Editor, The Journal of Accountancy：

　　Dear Sir：We（the public accountants of China）are ever of opinion that, as the modern means of transportation have knitted closer together our two continents heretofore and as we have not progressed far enough in the field of science and technical knowledge, we have naturally to look forward to the assiatance and guidance of our friends across the Pacific. Owing to the gradoal and steady growth of industry and commerce in China during recent years, the accountant's profession is on the road to progress and advancement. Books, magazines, and treatises produced in America have been of much help to us in the development of the science of accounting and have been translated and introduced. Original works have likewise been written and compiled. drasing their inspiralion from the authoritative books of Professors Kester, Montgomerv. Hatlichl Snnders, clc and are generally adopted as textbooks or reference books by the colicpsnnd univcisilies, Writers, accountants, and students alike look forward artes the Parifie to any new development in the field of accountaney over there, A close spiritual link is thus created between our two pations in respect to this important science of accounting. We hope therefore that the accountants in our two countries will co-operate together and strive to know each other better in spite of the great distance separating us.

Yours truly.
Yulin Ua.

---

① 部分英文单词与现在的英文单词不同，本书保留原件样式。

二、广州市注册会计师赴香港访问

1948 年 7 月 9 日至 14 日，广州市会计师赵灼、蔡经济、黄耀棠、高永康、倪希羽等 5 人赴香港访问，受到香港同业们的热情欢迎。他们回到广州后撰写了一篇《访问香港会计师观感》，对香港会计师的沿革和现状作了扼要介绍。现摘录如下：

"香港在三十年前，尚未见有华人执业会计师，其时皆为外人，近三十年来，以至战事(太平洋战争)发生前，华人之执业者，仍不过二十余人，战后香港政府，推行所得税(原名为 Inland Revenue Tax 即地方税)，会计师之人数增至六十余人，又香港之会计师，原名为(核数员)或(核数师)(Authorized Auditor，即认许审核人)，其名为会计师，大概仿效我国。

香港会计师分两种：

甲种(原名 PART I)会计师资格之取得，必须曾在英国或属地内之大学攻读会计学科者，始得申请发照，毋需经过考试，其业务规定为审核以英文记载之账目(中文记载之账目不能审核)。

乙种(原名 PART II)会计师资格之取得，不限学历，只需经过考试，即可发照，是项考试，从前系作口试，应试者能了解香港公司法及税法，即臻及格。

近闻已趋严格，由港埠华民政务司，聘请会计法律专家及绅士组织考试委员会担任考试工作，至于乙种会计师之业务规定系审核以中文记载之帐目，其以英文记载者不得办理。"

至于当时香港会计师的业务，他们在《观感》中指出："香港会计师主要业务，几全部份是帐目之审核与代办报税。香港税局不过百余人，香港商厂达三万家以上。"[①]

从以上摘录中，可以看出当时商品经济十分发达的香港，对于注册会计师的公证职能是十分重视的，注册会计师在促进香港经济的发展和繁荣具有重要作用，香港注册会计师也有较高的社会地位。

鉴于香港注册会计师事业的兴盛，他们一致对当时国民政府有关主管机关，不知取助于合法执业的注册会计师这一事实，深表惋惜。

广州市注册会计师赴香港访问，这在当时是很有意义的一次涉外交往。

---

① 《公信会计月刊》1948 年 8 月第十三卷第二期

第二篇

新中国注册会计师事业的发展

第六章

中华人民共和国注册会计师事业的恢复和发展

第一节　我国注册会计师制度的重建与发展

中华人民共和国建国初期，注册会计师仍在执行业务。随着官僚买办资本被没收改造为国营经济，民族工商业参加公私合营，整个经济纳入统一的无所不包的计划范畴，注册会计师这一专业也就自行消失。如上海原来的正则、立信、公信、正明等几家著名会计师事务所，都于 1957 年随着资本主义工商业社会主义改造基本完成而结束业务。在以后相当长的一段时间里，我国实行的是单一产品经济，采取了统一的、僵化的计划经济模式，理论上不承认社会主义经济是商品经济，实践中限制商品经济的发展，以商品经济作为存在必要条件的注册会计师，也就不复存在。

党的十一届三中全会以后，随着"对外开放、对内搞活"方针的贯彻实施，在理论上承认社会主义是有计划的商品经济，工作上进行拨乱反正，商品经济无论在对外、对内各方面都有很大的发展，1979 年 7 月，五届人大二次会议通过并颁发了《中外合资经营企业法》。在这以后，我国对外经济合作，特别是外商直接来华投资有了迅速发展。1980 年 9 月，五届人大三次会议又通过并颁布的《中外合资经营企业所得税法施行细则》中，首次作出了"合营企业在纳税年度内无论盈利或亏损，都应当按规定期限，向当地税务机关报送所得税申报表和会计决算报表，并随送在中华人民共和国登记注册的公证会计师的查帐报告"的规定，1980 年 12 月 23 日，财政部印发了《关于成立会计顾问处的暂行规定》（简称《暂行规定》），在新的政治经济形势下，为我国注册会计师制度的恢复和发展提供了必然条件。随即，在 20 世纪 30 年代执业于立信会计师事务所的李文杰会计师兼律师领取了新中国第一号注册会计师证书，一大批老一辈注册会计师"重操旧业"，还有一批新中国培养出来的会计专家也加入了注册会计师行列。

我国的注册会计师制度从 1980 年 12 月起，经过三个阶段逐步得到恢复和发展。

一、注册会计师事业的起步阶段

财政部印发《关于成立会计顾问处的暂行规定》，标志着我国注册会计师事业从多年的停歇状态开始复苏和起步了。早于《暂行规定》公布前，甘肃省会计学会及有关部门，为了适应经济改革会计社会化的要求，经甘肃省政府财贸办公室批准，于1980年9月1日，在兰州成立"甘肃省会计顾问处"亦称"兰州会计事务公司"。它有会计师事务所的性质，又承担着省会计学会的部分任务，实行独立核算，自负盈亏，当时的服务项目主要有：受聘担任各种经济组织的会计顾问，代拟各种经济文件，承办清查账目等全部会计业务，提供学术资料、财会书籍，承办其他委托事项等，按法定标准，计日、计时收费。该顾问处开业以后，引起社会上强烈的反响，《人民日报》《财贸战线报》《甘肃日报》均发了消息，尽管在主、客观方面都存在一些问题，需要探索和完善，但作为会计师事务所的雏形，为恢复和重建注册会计师事业发挥了试探作用。

上海市是我国早期注册会计师集中的最大工商城市，由于它具备商品经济很发达的优越条件，1979年10月，财政部要求上海市财政局主持在上海地区建立会计师事务所进行试点。1980年5月，市财政局报经市人民政府财贸办公室同意，拟订方案、指定专人，负责筹备工作。1980年12月31日召开董事会，通过章程，任命主任会计师，1981年1月1日宣告成立"上海公证会计师事务所"，英文名称为 Shanghai Certified Public Accountants，简称 SCPA。在组织和人员安排上，由原来立信会计事业创始人，年近九十高龄的潘序伦老先生任董事长，复校后的立信会计专科学校校长顾树桢任副董事长，顾福佑任主任会计师，成为新中国第一家由国家批准，独立承办注册会计师业务的会计师事务所，承担中外合资经营企业的查账、验资等主要业务。该所技术力量雄厚，建所后经国家注册的会计师有顾福佑、邬展通、沈明杰、龚焜义、朱开颐、诸尚一、夏高波、汪治、陈荣发、陈嘉猷、刘福安、王祖绶、贺德山、水明华、龚茂德、梁鼎志、叶蔚林、黄润雨、陈善宏、沈润德、沈经元、周荣绶、张瑞樑、俞启镐、柳伟敏、沈钟惠、王涵清、劳树德、葛亮民、程德霖、徐德基、张纲、吴容等33人，其中有些是老一辈注册会计师，如龚茂德先生就是原上海"公信会计师事务所"的副主任会计师。1985年，该所在上海又成立了3个分所，全所注册会计师增至47人，该所在机构、队伍、制度和理论建设等方面，成为同业学习的榜样。

紧接上海会计师事务所成立之后，在当年先后成立的会计师事务所还有广州、南京、新疆、昆明、中信、北京等6家。中信会计师事务所又称为中国国际经济咨询公司，该所组织形式设置管理委员会，由经叔平任主任，褚启元、葛继武、李湘鲁任副主任,葛继武为主任注册会计师,刘捷为代理副主任注册会计师,主要办理涉外业务。1982年在北京又成立了中华会计师事务所,福建成立了福建会计师事务所,陕西成立了西安会计师事务所,辽宁成立了辽宁会计师事务所,江苏成立了无锡会计师事务所。中华会计师事务所又称中国财务会计咨询公司,由经济学家许毅教授任董事长,张泽元任副董事长兼总经理,颜泽燊、张本廉、陈开成、葛明、唐涵斌任副总经理。按照国家规定,凡是叫中华、中国的机构,一定要是全国性的,所以这家会计师事务所是我国政府注册的唯一的全国性的专业会计师事务所,其业务内容主要是为外商服务,为它们在我国投资创造一个良好的软环境。随着形势发展,该所逐步建成中华会计师事务所群体,由起初的松散联合方式,改为成员所形式,先后在深圳、蛇口、海南、上海、武汉、大连设立了成员所。截至1986年7月3日《注册会计师条例》发布时,全国已成立的会计师事务所共77家,全国除西藏外,各省、市都设有会计师事务所,注册会计师人数发展到500人。

在这一期间,我国实行的对外开放政策,受到国际的关注,外商来华投资增多,从1979年至1986年初,中外合营企业、合作经营企业、外资企业共有4 742家,补偿贸易1 504项,吸收和利用外资达172美元①国外注册会计师也开始来我国申请设立机构,1981年4月22日,财政部批准香港容永道会计师事务所在广州市设立常驻代表;10月24日,财政部又批准迪利奥蒂·赫期金斯·塞尔斯国际会计公司在上海设立常驻代表;11月20日,普赖斯·华特豪斯国际会计公司获准在北京设立常驻代表。截至1985年,国际六大会计公司分别在我国北京、上海、广州、福州设立了16个常驻代表机构。这些会计公司,通过为国内外客户提供会计、审计、税务管理等方面的服务,为我国改善外商投资环境做了一些有益的工作。同时,他们还通过与我国会计师事务所开展业务合作,接收实习人员,举办培训班等形式,为我国注册会计师专业的发展和开展与国际会计界的交流方面作出了积极的贡献。

在起步阶段,财政部为了推动注册会计师事业的正常发展,因势利导召开了全国性的专门会议,总结经验,加强领导,以加速注册会计师队伍的建设。

第一次注册会计师会议,于1982年12月19日,由财政部在福州召开总结、交流和研究了会计咨询机构成立以来的业务开展情况、存在的问题和解决的意见,还对财政部1980年颁布的《关于成立会计顾问处的暂行规定》如何进一步完善问题进行了讨论。

第二次注册会计师会议,于1985年10月16日至23日,由财政部在福州召

① 丁平准,《论我国注册会计师制度》,《上海会计》1986年第2期。

开。财政部顾问谢明、会计制度司司长魏克发、顾问杨纪琬、副司长张德明及各地会计师事务所负责人共 60 人出席了会议，会议主要讨论了中华人民共和国《注册会计师条例（草案）》，讨论内容有注册会计的性质，注册会计师的考试、考核，注册会计师的业务范围，会计师事务所由财政部管辖，成立注册会计师协会等问题。草案修改后经由财政部讨论，申报国务院审批下达。

会上，魏克发司长、谢明顾问、杨纪琬顾问对注册会计师的发展形势作了回顾和期望，并对会后工作提出了一些意见。

这次会议指明了会计师事务所的光明前景，并提出要提高服务质量，提高人员素质，加强培训接班人，并逐步把会计师事务所由官办变为民办等问题，为注册会计师事业转入初创阶段作好了思想准备。

二、注册会计师事业的初创阶段

为了加强注册会计师的管理，发挥注册会计师在社会经济活动中的作用，1986 年 7 月 3 日，国务院发布了《中华人民共和国注册会计师条例》（简称《条例》），从 10 月 1 日起在全国正式施行。这标志着我国注册会计师制度建设，进入了一个新的历史发展时期。《条例》颁布后，财政部于 8 月 18 日至 25 日，在哈尔滨召开了贯彻《条例》的会议。参加会议的有各省、自治区、直辖市财政厅（局）会计事务管理处负责人，各地区会计师事务所负责人，财政部有关司、局负责人，共计 80 多人。

这次会议讨论了注册会计师考试、考核、注册、发证，会计师事务所批准程序和管理，以及成立注册会计师协会等四个具体实施办法。通过讨论会议认为，贯彻《条例》需要抓好五个方面：①做好《条例》的学习、宣传工作；②对照《条例》，检查现有的会计师事务所的工作和注册会计师队伍的情况，针对存在问题进行整顿；③加紧《条例》有关配套制度建设；④努力提高业务工作量，在做好涉外经济业务的同时，努力开拓国内业务工作领域；⑤抓好队伍的培训和人才发掘工作。

财政部副部长迟海滨在会上作了重要讲话，财政部会计事务管理司司长魏克发作了会议小结。

会议期间，中国会计学会主办的《会计研究》编辑部主持召开了部分大、中城市会计师事务所主任注册会计师座谈会，参加的有北京、上海、天津、广州、福建、黑龙江等地 10 家会计师事务所的刘捷、顾福佑、郑承起、江燕中、杨贡淇、旷宇治以及大毕的徐政旦、立信的诸尚一、羊城的张蔚林、上海社科院的沈如琛等十位主任会计师。还有财政部会计事务管理司顾问杨纪琬。会上大家认识到《条例》的贯彻实施，是注册会计师事业发展的新阶段。对此，他们结合本所的特点谈了许多很好的意见，如北京的刘捷说："要发挥首都优势，提供第一流服务。"立信的诸尚一说:"要信守'四信'——信以立志、信以守身、信以处事、信以侍人,把对委托人负责同对国家负责统一起来。"广东的江燕中说:"要充分发挥注册会计师在对外开放中的重要作用。"福建的杨贡淇说:"要为海外侨胞支持祖国四化建设提供优质服务。"黑龙江的旷宇治说:"要发挥黑龙江资源优势,为促进商品经济发展服务。"羊城的张蔚林说:"要在竞争中遵守职业道德,提高服务质量。"上海的顾福佑和大毕的徐政旦都认为应"抓紧注册会计师人才培养,积极做好培训工作"。他们的发言体现了新中国首批执业注册会计师们,为发展注册会计师事业所作的努力和宏愿。他们是新中国注册会计师事业顺利发展的开拓者。

这次会议以后,大大激励了创办会计师事务所的积极性,从《注册会计师条例》施行至 1988 年 11 月,中国注册师协会成立时止,在全国范围内,已建立了会计师事务所 218 家,经国家注册的会计师达 2 700 人,会计师事务所增加近两倍,注册会计师人数增加 4 倍多。在注册会计师事业的组织建设、思想建设、制度建设和业务建设等方面都作出了较好的成绩,但也还存在一些困难,如经济法规还不完善,注册会计师的工作还没有被更多的人们所理解等。

三、注册会计师事业稳步发展阶段

《注册会计师条例》第五条规定:"为了维护合法的职业权益,交流工作经验,增进国内外交往,注册会计师可以组织成立注册会计师协会。"财政部于 1988 年 11 月 15 日召开第一次注册会计师代表大会,选举产生了全国注册会计师协会第一届理事会,并于 1989 年 2 月正式批准协会成立和批准协会章程及章程说明,协会在财政部的领导下管理注册会计师和会计事务所,从此注册会计师事业进入了稳步发展的阶段。1989 年内,由财政部授权经全国注册会计师协会及各省批准的会计师事务所又有 100 家。到这年年末,会计师事务所发展到 325 家,注册会计师增加到 4 200 多人,迄至 1991 年 6 月 20 日止,经主管部门批准成立的会计师事务所共有 459 家,分支机构 781 家,机构总数为 1 240 家;批准的注册会计师 6 722 人,[①]并有 19 个省、自治区、直辖市成立了注册会计师协会。十年树木,在国务院和财政部领导的关心下,通过 10 年的努力,注册会计师组织建设初具规模,管理体系已经初步形成,工作机制已经正常运转,并且已经初步建立起一支在政治素质和专业素质上都比较好的注册会计师的职业队伍,注册会计师业务领域不断扩大,在社会经济生活中的作用日益显著,各会计师事务所在努力做好外商投资企业查账验证和会计咨询工作的基础上,已逐渐将执业领域扩展到国内各类企业,业务领域涉及国营、集体、联营、私营、承包、租赁和发行股

---

① 张德明,《在注册会计师协会全国秘书长会议上的发言》,注册会计师通讯 1991 年第 5 期。

票、债券等各类企业，业务种类除查账、验资外，还有资产评估、财务税收大检查、外汇检查、承包期终检查、经济纠纷调解、司法案件证据鉴证，以及受聘担任企业会计顾问，对经济项目进行可行性研究等各类咨询业务。1990 年全国会计师事务所按收入额计算的业务量为 1.3 亿元，相当于 1988 年的 3 倍多。①

在注册会计师事业迅速发展的情况下，也还有一些需要进一步完善解决的问题，首先是注册会计师年轻化问题。10 年来经国家批准注册的会计师，80%以上是聘用离退休人员在执业，会计师事务所没有编制，年轻人进不来，形成 60 多岁的顶替 70 多岁的情况，不利于会计师事务所的发展；其次是近年会计师事务所的外部环境发生较大变化，多种事务所并存，执行同类业务，但管理不统一，要求不一致，关系不协调，造成一些矛盾，正视这些困难，研究问题，通过自身努力是可以解决的。

第二节　注册会计师协会

一、中国注册会计师协会成立经过

中共十一届三中全会召开十周年前夕，在我国注册会计师事业恢复和重建进程中，中国注册会计师协会于 1988 年 11 月 15 日在北京成立，这是我国会计专业中一件有深远影响的大事。中国注册会计师协会是由中华人民共和国注册会计师组成的全国性的社会团体，受中华人民共和国财政部领导，协会的宗旨是：引导注册会计师在工作中正确执行国家的法律法规，不断完善注册会计师队伍自身建设，维护合法的事业权益，交流工作经验，沟通业务信息，增进国内外交往，促进注册会计师事业的发展，为建设社会主义服务。

中国注册会计师协会在成立之前经过了 1 年多的积极筹备。1986 年 7 月《注册会计师条例》发布后，财政部决定委托中国会计学会负责筹备注册会计师协会，8 月 22 日，学会会长谢明提议，由杨纪琬、张德明、李文杰、顾福佑、陈开诚 5 人组成筹备组，9 月 3 日，经学会常务理事会认可，正式成立"中国注册会计师协会筹备组"。12 月 18 日，姚依林副总理同意成立中国注协，此后，财政部于 1988 年 3 月 11 日，同意在年内成立"中国注册会计师协会"，实行会计学会、注册会计师协会秘书处，两块牌子一套人马，并提议由谢明任注协名誉会长，杨纪琬任注协会长候选人，9 月 20 日，召开了中国注册会计师协会筹备组会议，研究

---

① 张德明，《中国注册会计师协会第二次全国会员代表大会工作报告》，《注册会计师通讯》1992 年第 5 期。

协会第一届理事会理事成员和协会领导成员的产生办法，讨论了协会章程（草案），商议了召开中国注册会计师协会成立大会等有关事宜。

由于国务院领导和财政部及时加强了对注协筹备工作的领导，中国注册会计师协会成立大会终于在 1988 年 11 月 15 日胜利召开。出席这次会议的代表来自全国 30 个省、自治区、直辖市，实到代表 87 人，其中注册会计师 56 人，财政部和各省、区、市财政厅（局）负责会计工作的同志 28 人，财经院校教授、副教授 3 人。

在成立大会上，国务委员、财政部部长王丙乾作了《适应社会主义商品经济的客观需要，积极发展我国的注册会计师事业》的重要讲话，指明注册会计师协会是联系政府机关和注册会计师的桥梁和纽带，是团结全国注册会计师尽职尽责，开拓前进的重要职业团体，并勉励注册会计师队伍要不断提高自身素质，努力成为我国会计事业向现代化进军的先行者。财政部特聘顾问、中国会计学会会长谢明代表中国会计学会表示热烈祝贺，并提出三点希望，第一是坚持民主办会；第二是认真培育职业道德；第三是重视提高业务技术。

这次大会经过四天紧张而热烈的活动，完成了预定的议程，第一，在充分讨论和修改的基础上，原则通过了《中国注册会计师协会章程（草案）》；第二，一致通过了各地推荐的中国注册会计师协会第一届理事会名单和名誉会长、顾问人选；第三，研究、讨论了注册会计师查账规则和收费办法；第四，在分组讨论和大会交流上，许多同志介绍了各地的有益经验，同时，也提出了各地会计师事务所工作普遍存在的一些问题。

经大会通过的第一届理事会理事共 74 人，其中会计师事务所所长、主任会计师、注册会计师 49 人，行政主管 21 人，教授、副教授 4 人。理事中有女同志 5 人，由理事会选举的协会领导成员是：名誉会长：谢明；顾问：李文杰、娄尔行、顾福佑；会长杨纪琬；副会长：顾树桢；秘书长：张德明；副秘书长：李希文；常务理事：杨纪琬、李希文、张泽远、张德明、季树农、顾树桢、徐政、高学增、黄炳均。财政部分管会计工作的副部长刘仲藜在大会闭幕时讲了话，希望各地能尽快把地区性的协会成立起来。推选出来的会长杨纪琬致闭幕词，宣布大会圆满结束，概括说明一些讨论意见。与会代表一致认为，中国注册会计师协会的成立，是大力发展社会主义商品经济、完善注册会计师制度的客观需要，也是全国注册会计师的共同愿望，意义十分重大。

二、中国注册会计师协会章程的主要内容

中国注册会计师协会章程共 8 章 22 条。第一章"总则"，包括 3 条内容，首先，说明制定章程是以《中华人民共和国注册会计师条例》第五条的规定为依据；

其次,说明协会是由我国注册会计师组成的全国性社会团体,受财政部领导;再次,说明协会的宗旨。第二章"职责",有两条内容,首先,说明协会是政府同注册会计师之间的桥梁;其次,说明协会负有八项具体职责。第三章"会员",包括5条内容,首先,说明协会会员有个人会员和团体会员及其条件;其次,说明会员的权利和义务;最后,规定会员不履行义务时要劝退或除名。第四章"会员代表大会",包括4条,首先,说明全国会员代表大会是协会的最高权力机构,代表大会的开会时间以及全国会员代表大会的五项职权;其次,说明理事会为协会的执行机构;再次,规定了理事会的五项职权及理事会的领导成员。第五章"常设办事机构",包括两条,首先,规定了推选秘书长、副秘书长和配备专职人员办理日常工作;其次,规定了分设办事部门的程序。第六章"地区注册会计师协会",包括两条,首先,说明省、自治区、直辖市成立地区注册会计师协会的条件和批准程序;其次地区协会与全国协会的关系。第七章"经费",包括两条,首先,说明经费的4项来源;其次,说明办事机构要定期向理事会报告经费收支状况。第八章"附则",包括两条,首先,说明协会会址设在北京;其次,说明章程报经财政部批准公布起生效。

1989年2月,财政部发出正式批准协会成立和批准协会章程以及章程说明的通知,到9月份中国会计师协会与中国会计学会合署办公,专业机构分设,协会在财政部领导下,与财政部会计事务管理司的分工和办事程序是:

(1)批准外国会计师事务所在中国常驻代表机构的设立、延期、申请内容变更等,中国注册会计师协会作为对外窗口负责办理。

(2)批准注册会计师注册、会计师事务所成立,由财政部委托中国注册会计师协会办理。

(3)中国注册会计师协会开展与国际会计师团体、外国会计职业组织之间的交往活动(如与外国会计师组织联合举办各种培训班,举办各种研讨会,进行学术、工作交流等),以中国注册会计师协会名义直接对外联系、发文,因工作需要,需以财政部名义发文时,会签有关司局。

(4)关于某些外国公司或经济组织,需要财政部介绍和解答有关外商投资企业会计制度方面事项,对方为民间组织的,我方由中国注册会计师协会介绍和解答;对方为官方机构的,可由会计事务管理司介绍和解答。

(5)有关法律、条例的制定和解释,制定有关会计方面的法律条例、制度等立法方面的工作,由会计事务管理司草拟,在草拟过程中,可以根据立法的内容,邀请协会参加,征求意见。制定有关会计师和会计师事务所管理、注册和执行业务的具体规定,由中国注册会计师协会负责草拟。法律、条例、制度的解释,按法律、条例、制度中规定的负责解释的单位解释。

（6）协会协助全国注册会计师考试委员会办理考试和考核工作。

三、地方注册会计师协会概况

注册会计师协会既有全国性的也有地区性的。根据中国注册会计师协会章程的规定,省、自治区、直辖市有 20 名以上注册会计师并有两个以上会计师事务所,可以组织成立地区性注册会计师协会。

早在 1986 年 8 月 13 日,《注册会计师条例》刚颁布时,上海市即成立了地区性的注册会计师协会筹备委员会,由顾树桢、余瑾、郁子冲、顾福佑、徐政旦、王文彬、诸尚一、王家晋等 8 位同志组成,经过 1 年多的筹备活动,先于全国注协,在1988 年 4 月正式成立,再一次成为我国建国后第一个注册会计师协会。当时上海已有"上海""大华""上海社会科学院""立信"等 4 家会计师事务所及 9 个分所,批准执业的注册会计师 148 人。

全国注协成立后,其他一些地区经过积极努力,辽宁、吉林、黑龙江、天津、河北、内蒙、宁夏、新疆、甘肃、山东、安徽、福建、河南、湖北、广东、广西、四川、贵州等省、自治区的地区注册会计师协会相继成立。截至 1990 年,地方注册会计师协会共有 19 个。各个注册会计师协会逐步办成了"注册会计师之家",而且是一个充满温暖的家。

第三节 注册会计师制度的学术研究与国际交流

一、注册会计师制度学术研究概况

在我国社会经济活动中注册会计师从 1980 年重新担负起重要职责后,也为会计学术研讨提出了新的课题。1981 年 9 月,《会计研究》第 3 期发表了吉林省轻工业机械厂冯文华译、宝昌摘编的《日本会计师法摘要》,简介了该法各章节的主要内容。1982 年 2 月,《会计研究》第 2 期刊登了"上海公证会计师事务所"撰写的《上海公证会计师事务所工作情况简介》一文,从筹备经过与组织状况,委托单位与业务情况,工作方法与几点体会三个方面介绍了该所的情况,为创办会计师事务所提供了可资借鉴的经验。1984 年,《会计研究》第 6 期刊载王其光撰《浅谈会计师制度》,从注册会计师的产生和发展,建立注册会计师制度是开创我国社会主义建设新局面的需要两个方面,论述我国注册会计师的作用,并且认为,我国注册会计师制度作为经济管理体制改革中的新生事物,必须在建设具有中国特色的社会主义实践中,经过不断总结,充实和完善,为对外开放和对内搞活经济方针的贯彻更好地服务。同时,又发表了高荫蔼译、刘杰民校的《日本大藏省企业会计审议发布查帐准则、实施规则、查帐报告规则》一文,详细介绍了查账程序。1985 年 4 月,张德明、潘晓江在《会计研究》发表了《西方国家注册会计师情况简介》,将英国、美国、日本、澳大利亚、西德、法国、荷兰、加拿大等 8 个国家注册会计师从事独立审计业务的情况,以及日本、西班牙、新加坡、秘鲁、印度尼西亚、利比里亚、南朝鲜、马来西亚、新西兰、伊朗、玻利维亚、美国、澳大利亚、菲律宾、巴拿马、哥伦比亚、英国、瑞典、瑞士、丹麦、挪威、西德、科威特、巴西、意大利、加拿大、法国、荷兰、印度、墨西哥等 30 个国家对注册会计师的管理情况加以简介,从其管理机构看,可分为由财政部管理,由联邦政府和地方政府会计职业部门管理,由商务(经济)部管理、由政府证券交易管理委员会管理,由司法部门管理和有关部门授权会计职业团体管理等 6 种形式,这是对外部世界的有益吸收。同一时期,《上海会计》刊登杨继良译《波兰的总会计师和注册会计师》,卢钊的《美国会计总署与〈综合审计手册〉》两篇文章,供扩大对外经济技术交流工作的参考。

《注册会计师条例》颁发前后,讨论注册会计制度的文章层出不穷,1986 年 2 月,《上海会计》发表丁平准的《论我国注册会计师制度》,4 月,该刊又发表杨魁林摘译的《日本的注册会计师》。同时,《会计研究》第 1 期发表晓健的《英国注册会计师的职业培训》,介绍了该职业培训的时间要求和培训内容,及侧重会计业务的实际操作等情况;第 2 期发表《香港〈职业会计师条例〉简介》。《财务与会计》发表评论员文章《认真贯彻执行〈注册会计师条例〉》等。1987 年,《会计研究》第 2 期发表魏克发、潘晓江的《英格兰与威尔士特许会计师协会工作情况介绍》,为我国成立注册会计师协会提供了参考资料。及至 1989 年,《会计学刊》从第 1 期起,开辟《注册会计师业务培训》专栏,先后连载《西方审计原理与实务》教学讲义,该讲义以毕马威国际会计公司提供的英文原版为基础,其中部分内容曾在财政部查账业务培训班使用。这本教材的推广,对我国注册会计师进行国际间的会计协调发挥指导作用。

此外,一些省、市级会计刊物也发表了许多研究注册会计师制度的文章,学术讨论的繁荣,促进了广大会计人员和社会经济部门对注册会计师事业的了解和关注,并推动了注册会计师事业顺利前进。

中国注册会计师协会为了加强注册会计师业务建设,交流注册会计师工作经验,介绍有关注册会计师业务的法规制度,提供国内外有关注册会计师理论研究及实务开展的信息,有利于注册会计师人才的培养和工作水平的提高,经财政部批准,编辑出版《注册会计师通讯》(以下简称《通讯》),1989 年 5 月 10 日第 1 期开始出版。《通讯》已成为注册会计师们人手一册的良好读物和更新知识的教材,受到热烈欢迎。

二、注册会计师团体的国际交往

　　随着世界范围经济交流的日益增强,国际资本市场和国际证券市场的发展,国家间相互投资不断增多,必须在国家间协调会计标准,共同改进会计处理方法和财务报告的质量与内容,使财务资料具有更强的国际可比性。我国的对外开放政策,为外商前来投资合作提供了环境,因此,注册会计师的国际性就十分必要。上海的国际交往历史悠久,上海会计师事务所在开展涉外业务、进行友好交往方面,也起到了较好的带头作用,在1985年至1987年间,他们两次访问日本,一次访问加拿大。1985年6月,上海市会计学会副秘书长、上海会计师事务所主任会计师顾福佑和该所副主任会计师沈明杰、注册会计师叶蔚林三人,应日本中部会计人会总会邀请,去名古屋参加该会成立10周年纪念活动,受到会长土屋彰护税理士(从事纳税事务的会计师)等的热情欢迎。在他们参加纪念会期间,还访问了名古屋市的税理士事务所,并与30多位税理士交流了会计、税务工作经验,探讨中小企业可能来华投资的项目,这次为期6天的民间访问活动,取得了良好的效果。1986年9月,上海会计师事务所董事长,主任会计师顾福佑和副主任会计师俞启镐应邀去东京访问,参加日本全国会计师统一研修会,访问了日本会计师协会和东京地域协会,参观了电子计算机工业,受到有关方面热情款待,他们还就在上海举办中日合资经营电子工业企业与日本友人交换了意见,为日本企业家来上海磋商洽谈、架桥铺路。1987年5月,加拿大万能阁国际会计师事务所在美国南部德克萨斯州的休斯敦召开国际性的业务探讨会,上海会计师事务所董事长、主任、副主任代表该所应邀请参加。会后,他们又去旧金山访问万能阁旧金山事务所。随后,在返国途中去檀香山访问其檀香山事务所,并在檀香山与美国查理、班固公司负责人讨论有关在上海的投资项目。上海会计师事务所立足改革开放,同时,在友好交往中,取得了许多值得借鉴的资料。

　　1986年2月28日至3月2日,中国会计学会与香港会计师公会联合在广州举办"投资问题研讨会"。这是内地和香港会计界一次较大规模的具有历史意义的盛会,也是我国会计界和国际会计组织及亚太地区会计界朋友们一次广泛的交流,彼此增进了友谊、合作和相互了解,会议的中心议题是举世瞩目的中国投资问题,参加这次会议的内地代表共142人,有我国国家部委、银行负责人,中国国际经济咨询公司、中国财务会计咨询公司、部分院校教授等。香港代表共208人,有会计界、财政界、工商界、金融界的专家、实业家,以及大学著名教授等。

　　此外,还有许多国际贵宾,如国际会计师联合会会长罗伯特·梅伊,亚洲及太平洋地区会计师联合会会长约翰·米勒,国际会计师联合执行理事罗伯特·辛普尔,澳大利亚会计师协会会长赫伯特·斯宾赛,澳大利亚特许会计协会会长威廉姆·斯迈尔,英国执业会计师协会会长彼得·霍布金森,英格兰与威尔士特许会计师协会副会长德里克·布特曼,美国会计师协会前任会长雷伊·格罗夫斯的代表布鲁斯·狄克森,加拿大、新加坡、巴基斯坦等国以及澳门地区会计界朋友等。

研讨会组织委员会联合主席是财政部会计事务管理司副司长、中国会计学会副秘书长张德明和香港会计师公会理事翁江培。

内地的新华社广东分社、人民日报广东记者站等十家新闻单位派记者参加了会议,香港的《亚洲商业信息》《文汇报》《香港电视台》等23家新闻单位派记者采访了这次会议。

第七章

新形势下我国注册会计师事业的大发展

第一节 中国注册会计师协会第二次全国会员代表大会概况

一、我国注册会计师事业进入新阶段

1992年初,我国社会主义改革开放和现代化建设的总设计师邓小平同志视察南方,他对我国加快改革开放步伐,集中力量把经济建设搞上去的大事,作了一系列重要讲话,极大地鼓舞了全国各族人民。广大干部和群众思想更加解放、精神更加振奋,全国上下团结一致,进一步展现出中华民族实现伟大理想的壮丽景观。在这大好的形势下,中国注册会计师协会第二次全国会员代表大会在成都隆重召开。这次大会主要进行了三项工作:①听取财政部张佑才副部长的重要讲话和张德明秘书长的工作报告,并进行了认真深入的讨论。②选举产生了第二届理事会理事及领导班子,完成换届工作。③讨论财政部上报国务院的《会计咨询业发展方案(草稿)》和4个专业标准草稿。

张副部长的讲话,转达了党中央、国务院领导对我国注册会计师事业的关怀和支持,传达了国务院领导同志对发展注册会计师事业的重要指示,并着重讲了三点意见:①注册会计师事业的发展形势;②新形势下注册会计师事业发展的任务;③对注册会计师协会工作的要求。他指出从1988年11月中国注册会计师协会成立起至这次会议时止,注册会计师事业有了更大发展,注册会计师达到7 000人,会计师事务所共510家,加上分支机构共1 500家,经过12年的艰苦奋斗,打下了一个比较好的基础,为今后注册会计师事业的更快、更大发展,提供了一个良好的开端。同时,要求注册会计师协会发挥更大的作用,要在新形势下,转变思想认识,适应工作重点的转移:搞好法治建设;大力搞好人才培训;搞好职业道德建设;努力协调好各方面的关系,加强协会建设。

张副部长的讲话,使全体代表受到鼓舞,十分振奋,从中看到了注册会计师事业发展的光明前景,增强了信心和力量,又感到责任加重的压力,对注册会计师事业发展有一种紧迫感和危机感。

二、选举产生了第二届理事会理事及领导成员

理事会是协会的执行机构,由出席大会的全体会员代表选举出理事95人,任期3年,理事会对全国会员代表大会负责。其职权是:①召开会员代表大会,向大会报告工作,组织执行大会决议;②协调协会同政府有关部门间的关系;③审议会员权益、纪律等方面的重要事项;④代表协会进行国际交往;⑤其他应由理事会办理的事项。

这次大会聘请和选举产生的理事和领导成员是:

名誉会长:迟海滨　　张佑才

高级顾问:杨纪琬

顾　　问:李文杰　　　娄尔行　　　顾福佑

会　　长:陶省隅

副 会 长:顾树桢

秘 书 长:张德明

副秘书长:李希文

常务理事:王公逊　　李希文　　吴翠兰　　张汉兴
　　　　　张永盛　　张德明　　陶省隅　　高学智
　　　　　顾树桢　　夏静文　　黄炳均

理　　事:王公逊　　王文彬　　王伟生　　王庆和　　王宗俊
　　　　　王桂珍　　王鸿春　　王德保　　田玉林　　左桃英
　　　　　龙景春　　叶邦辉　　从　达　　朱美璇　　任可知
　　　　　任振荣　　刘长仁　　刘　可　　刘桂苏　　刘　捷
　　　　　刘　雍　　关翠珠　　江燕中　　严敬东　　杜文俊
　　　　　李成章　　李有德　　李希文　　李贵斌　　李健智
　　　　　李焯辉　　杨中权　　杨行政　　杨贡琪　　杨嘉润
　　　　　肖　瑜　　吴亚明　　吴廷瑾　　吴佩圣　　吴翠兰
　　　　　吴肇富　　余　瑾　　邹虎辰　　冻明轩　　沈中民
　　　　　张汉兴　　张永盛　　张仲容　　张　克　　张莲英
　　　　　张唯明　　张森端　　张殿生　　张蔚林　　张德明
　　　　　阿拉坦　　陈　军　　陈冠群　　陈　峰　　陈润书
　　　　　苟博文　　郁子冲　　周恩成　　周俊行　　周　斌

郑志均	侯效忠	胜利山	贺茂清	夏静文
顺庆玉	顾树桢	徐　政	徐敬远	高学曾
郭立亭	郭虹侠	黄玉国	黄炳均	曹化民
戚明华	康凌德	彭卫理	董　斌	董世淳
蒋家有	傅培英	焦振德	谢水龙	谢君善
詹铁军	冀智信	鞠景泰	魏惠仁	

这次大会代表们选出的全体理事，以及由理事会全体会议选举的领导班子，受到代表们的信任。他们深感责任重大，决心密切配合，共同努力，争取把各项工作做好，为我国注册会计师事业的更大发展竭尽全力，作出应有的贡献。

三、《会计咨询业发展规划(草案)》的内容

　　财政部草拟了《加快发展会计咨询的规划纲要和政策要点(草案)》，提交大会讨论和征求意见。会计咨询业是适应生产社会化、现代化和商品经济发展到一定程度而产生和壮大的，它是我国第三产业中带头的新兴产业。会计咨询业包括三个部分，即关于注册会计师专业，这是会计咨询业的主干部分，其主要的特征是，由国家法律、法规规定，赋予其担负社会监督者的责任，并为国际所承认；关于会计咨询服务业，其主要特征是，向社会提供记账、算账、电脑等会计专门服务技术，但不具有国家法律、法规所赋予的社会公证职能；关于会计信息资源的开发和利用，其主要特征是，以开发和利用会计工作所形成的信息资源为经济管理服务。规划内容包括以下各项：

1. 关于注册会计师事业的发展规划

　　(1) 注册会计师队伍要在严格保证质量的基础上，从已有的 10 000 人，1995年发展到 30 000 人，2000 年发展到 100 000 人左右；会计师事务所从已成立的500 家，到 1995 年发展到 1 000 家，2000 年发展到 1 500 家；从业人员从已有的15 000 人，1995 年发展到 100 000 人，2000 年发展到 300 000 人。

　　(2) 对我国会计师事务所，应当注意适度规模。在 1995 年以前，由财政部、中国注册会计师协会及有关部门共同筹划，组建 10 家具有国际水平的会计师事务所，主要担负对在境外发行股票、债券的查账验证及国内重大项目的审查任务和对重大经济政策的可行性研究；各省、自治区、直辖市也相应建设一批具有较高水平的会计师事务所。对执行股份制企业查账验证业务的会计师事务所和注册会计师，要提出更高的要求，逐步做到与世界接轨。

　　(3) 会计师事务所的全部业务收入，从现在的年 1 亿 5 千万元 1995 年增加到年 5 亿元左右，2000 年增加到 20 亿元左右。

　　(4) 中外合作会计师事务所，从目前试办的 3 家，1995 年增至 7 家，2000 年

增加至 20 家;同时在境外试办独立的中国会计师事务所或中外合作的会计师事务所,1995 年前试办 2 家,2000 年增加至 10 家。在关贸总协定谈判中关于中国与世界各国开展服务性贸易——注册会计师相互提供服务,以及中国注册会计师协会加入国际会计师联合会以后,将加快中国注册会计师走向世界的步伐。

(5) 会计师事务所的改革是:

首先,根据《注册会计师条例》规定的业务范围,扩大注册会计师的服务领域,充分发挥注册会计师在经济活动中的社会监督者的覆盖面,达到社会经济活动的一切方面。其次,政府对注册会计师的管理实行五统一、统一法规、统一名称、统一管理部门、统一审批标准、统一执业制度。再次,会计师事务所的体制,今后,随着政府职能转变和用人制度改革的开展,逐步实行放开政策。举办会计师事务所不再需要"挂靠"单位,会计师事务所是一个不以营利为主要目的的,实行独立经营管理的特别法人,是一个社会单位。最后,注册会计师人员管理体制,必须改革现行人事管理体制,消除对发展注册会计师队伍不利制约,建立广泛的、可靠的注册会计师人才来源。改革现行的高等院校会计教育体系,使之符合注册会计师的统一考试。凡经全国考试合格人员,应允许向会计师事务所流动;在政府部门工作的财会人员,允许脱离机关,参加会计师事务所工作。符合注册会计师条件的政府机关财会人员,经过统一考试、考核合格以后,可以担任注册会计师工作。

2. 发展注册会计师事业将采取的政策措施

(1) 加强法制建设。根据国务院第 192 次总理办公会议精神,抓紧制定《中华人民共和国注册会计师法》,尽快提交全国人大常委会审议,从法律上保障我国注册会计师事业的发展,并明确规定会计师在股份制试点企业、国营企业查账验证、对三资企业查账验证、纳税申报等等事项中的法律职责。

(2) 统一管理体制,在国务院统一部署下,规范现有类似机构,凡从事独立审计和会计咨询业务的事务所,由财政部统一归口管理,并须强化注册会计师协会的专业管理和人事、会计信息的管理。

(3) 加强人才培训,严格统一考试、考核制度,建立全国注册会计师培训中心,编写培训教材,加强国际交往和各国执业会计师组织的联系。

3. 实行优惠政策

(1) 在会计师事务所创办初期,税收上给予适当减免照顾。

(2) 简化工商登记的审批手续,按特别法人的管理方式,单独拟定会计师事务所登记办法。

(3) 收费管理放开、财务管理放开、工资分配和承接业务放开,清除行政干预。

对于以上规划的实施步骤,主要采取的举措是:①统一规划,突出重点。"八五"期间抓规划、抓重点、抓法规、抓人才、抓队伍,争取会计师事务所上一个新水平,有一个大发展。②因地制宜,发挥优势,在发展经济发达地区会计师事务所时,相应注意国内业务领域的开拓。③划分层次,各有侧重,会计师事务所作为会计咨询业的第一层;经济开发区作地域间第一层;国民经济综合部门作为行业间的第一层。④政策倾斜,分类指导,会计师事务所是国家法定业务的执行者,必须高标准。严要求,必须规范化、科学化,要更多地与国际惯例接轨,国家可采取一些特殊政策和特定组合方式。

这次会议提出和讨论了许多有建设性的意见,既看到了问题和困难,也鼓起了战胜困难的信心和勇气,是一次把我国注册会计师事业推向新阶段的誓师大会,会议的精神必将推动我国注册会计师事业发展向新台阶迈进。

第二节 全国第一次注册会计师统一考试、考核

一、注册会计师第一次全国统一考试的组织领导

正当我国人民满怀信心,跨入第八个五年计划的时刻,为了适应我国经济发展形势的需要,贯彻国家法制的要求,注册会计师队伍的建设逐步走向规范化。《中华人民共和国注册会计师条例》规定,由财政部批准成立了"财政部注册会计师考试委员会"(简称"全国考试委员会"),负责统一领导、组织全国注册会计师考试、考核工作。在全国考试委员会领导下,组织专家考评组,具体负责编写考试大纲;编写考试题库,初选试题,确定评分标准,编写试题标准答案;检查各地阅卷评分工作,组织考生成绩复核。同时,经全国考试委员会批准,成立全国考试委员会办公室(简称"考试办公室")全面负责组织落实全国考试委员会的工作计划和各项决定、决议;组织注册会计师考试、考核工作的宣传、报道;汇总考生报告单,印刷各项资料、文件;草拟考试报名简章,考试规则,评卷纪律等;组织人员检查各地考试纪律;筹备、组织全国考试委员会各种会议;承办其他考务工作。它是全国首次注册会计师考试、考核工作的执行机构。

财政部注册会计师考试委员会,同时规定,在省、自治区、直辖市由财政厅(局)设立地方考试委员会,负责本地区考试。考核的各项工作,具体实施设置考场和阅卷、评分等考务工作,最后送全国考试委员会复核。

二、参加考试的考生对象和报考条件

本次考生对象和报考条件为:热爱中华人民共和国,拥护社会主义制度,具

有大专或者相当于大专学历,并从事 3 年以上会计、审计工作,或具有研究生学历,并从事 1 年以上会计、审计工作的中国公民。考生对象具体包括:

(1) 1986 年 10 月 1 日以后批准的注册会计师中不具备考核条件的人员,必须参加本次考试。

(2) 已在会计师事务所工作并符合报考条件,但不具备考核条件的人员,根据本人自愿参加本次考试。

(3) 符合报考条件并准备参加会计师事务所工作,但不具备考核条件的人员。

从上述考生报考资格和条件看,体现了从严要求,保证质量、精心组织,务求高水平的考试指导方针。这些报考条件,符合注册会计师应该具备比一般会计人员更高的素质的严格要求,这对于注册会计师社会地位的提高,注册会计师事业的发展有着极大的推动作用。

三、全国统一考试的考务工作安排情况

全国统一考试委员会于 1991 年 3 月 28~29 日召开了第一次会议;4 月 10日,召开专家考评组会议;5 月下旬,召开全国各地考试委员会主任及办公室主任会议,部署考试、考核工作;从 7 月份起,印发考试大纲,各地组织考试复习;8月 1 日至 9 月 15 日,组织考试报名。12 月 7 日、8 日,在全国各地同时举行统考。各省于 1992 年 1 月上旬阅卷完毕;2 月下旬,划定合格分数线;3 月份以后,发放考试成绩通知,总结全部工作。

四、全国统一考试成绩的合格情况

全国首次注册会计师考试,参加考试的人数共有 11 125 人,经确定考试合格线,符合考试要求,达到 4 科合格人数为 435 人,占参考人数的 4.22%;3 科合格人数为 815 人,占参考人数的 7.33%;2 科合格人数为 1 017 人,占参考人数的 9.14%;1 科合格人数为 1 620 人,占参考人数的 14.56%。

从这次考试成绩合格的学生类别看,凡是取得最好成绩的大多是已批准注册的会计师而需补考的人员;其次为在会计师事务所工作的非注册会计师;再次为不在会计师事务所工作的财会人员。从考试成绩分析,充分说明这次考试不仅有一定的水平和难度,而且充分体现了注册会计业务的特点和原则。

五、参加考核的人员对象和条件

(1) 考核对象:1986 年 10 月 1 日以后取得注册会计师资格并符合下列条件之一者:①担任过高级会计师或会计学教授、副教授、研究院、副研究员并有会计

工作实践经验；②具有大专或相当于大专学历，或者大专同等学力，从事财务会计工作二十年以上，确有会计业务专长。

（2）考核办法：符合上述条件①的，主要验证专业技术职务聘书或证明文件，及本人的著作、译作，省以上刊物发表的学术论文，会计实践经验任职单位证明；符合上述条件②的，验证学历证书或学校证明书，业务经历文件，任职单位业绩鉴定书，本人的著作、译作、省级以上刊物发表的学术论文。

（3）考核工作由地方考试委员会组织实施，考核结果报经全国考试委员会审定。

各地方考试委员会对这次考核工作都十分认真和严肃，全国参加考核的人员约一万人，大部分考核合格。

六、注册会计师首次考试科目和命题形式

注册会计师首次考试的科目包括会计、财务管理、审计、经济法等4科。而会计试卷中包括会计一般、工业会计、商业会计、基本建设会计和中外合资经营企业会计5个部分，其中，"会计一般"为必答题，其余4门专业会计考生只选1门作答。

各科试卷的题型都包括填空题、判断题、选择题、问答题等4种类型。财务管理和经济法两科目均增加有计算题。试题内容覆盖面大，难度大，必须具备较好的理论基础和熟练的操作能力，才能解答得较为准确和完善，取得合格的成绩，绝不可能侥幸及格。

对于这一次普及全国各省、自治区、直辖市的注册会计师考试、考核工作量大，资料繁多，时间性强，由于财政部加强领导，全国考试委员会精心组织，保证质量，从严要求，既考虑了我国的实际情况，也吸收有国外的经验；既注意注册会计师的特点，也借鉴律师和其他行业的做法，使全国注册会计师统考工作有了一个良好的开始，也为今后的考试工作积累了一定的经验。

第三篇

中国注册会计师法规史

第八章

北洋军阀政府颁布的注册
会计师法规

第一节　农商部颁布的会计师章程

1918 年 6 月,早年在日本学习会计专业,并成为日本"正则簿记学会"会员的谢霖先生,向北洋政府农商部和财政部递交了《谢霖上农商暨财政部呈请执行会计师业务呈文》,并附呈其代草拟的《会计师章程》。两部分别于 6 月 24 日及 28 日,对谢霖的呈文发出批复,准许他开办会计师事务所。接着,有人效法谢霖,也申报办理会计师业务,对此,由农商部主持制订了《会计师暂行章程》,于同年 9 月 7 日公布实施。

该项章程共 11 条,第一条规定会计师资格,须是"中华民国人民,年满三十岁以上男子。"对于学历条件规定为"在本国或外国大学商科或商业专门学校三年以上毕业得有文凭者",同时,要求呈请者须"在资本五十万元以上之银行或公司充任会计主要职员五年以上"。第二条规定不得为会计师的五点情事,即"受禁治产及准禁治产之宣告者;受褫夺公权之处分者;因损害公私财产受褫职或除名之处分者;曾受破产之宣告者尚未复权者;曾受五等以上之徒刑者"。第三条规定呈请为会计师者应具呈的文件为,"学校毕业文凭,证明资格之文件"。第四条规定,"会计师呈请时应先附缴证书费五十元,由农商部核准给予证书",第五条规定:"经批准的会计师开始行使其职务时应向农商部呈请登录,列入会计师总名簿,总名簿载明的内容有:(1)姓名、年岁、籍贯及住址;(2)会计师证书号数;(3)行使职务区域及事务所所在地;(4)核准之年月日。"第六条规定:"会计师受有委托时办理关于会计之组织查核整理证明鉴定及和解各项事务。"第七条规定:"会计师因受委托办理前条各项事件得向委托人受取相当之报酬及旅费。"第八条规定"会计师对于查核帐目事项,非经委托者之许可,不得宣布。"第九条规定:"会计师于有关本人或亲属利害关系之事项,不得执行业务。"第十条规定:"会计师如有不正当行为,其他对于委托违背或废弛第六条第八条职务上之义务,及违背第九条之规定者,由农商部撤销会计师证书,或停止其业务。"第十一条规定:"本章程自公布日施行。"

这项仅十一条的《会计师暂行章程》,虽然很简单,但毕竟使建立注册会计师事业有章可循了。

《会计师暂行章程》颁布后,谢霖根据该章程有关条款,另具呈请书,申报资历、经历等资料,向农商部申请注册会计师证书。经农商部审查合格,颁发给第一号会计师证书,成为我国有史以来的第一位注册会计师。

事实说明,我国注册会计师有关法规程章的基本内容,是由社会上的学者专家草拟送呈官署,再经政府部门审查制定,而后公布施行。

第二节　农商部颁布的修正章程

1923年5月3日,北洋军阀政府农商部根据实施了四年多的《会计师暂行章程》的情况,又颁了《修正会计师暂行章程》,修正的主要内容为学历条件,对其要求有所放宽,增加了"国内外大学或专门学校经济科以会计学为主要课程之一,肄业三年以上,得有文凭者"。由于条件放宽,至1927年4月止,在农商部主管会计师事业期间,由原来全国只有注册会计师15人,逐年增加到284人,成为我国开辟注册会计师园地的拓荒群体。

这项《修正会计师暂行章程》施行至北洋军政府1927年崩溃为止。

第九章

国民政府颁布的注册会计师法规

1927年4月18日国民政府在南京成立至1949年的22年间，主管会计师事务的机关，先后是财政部、工商部、实业部和经济部。在三部主管时期，发布了一些法规性质的会计师章程、细则、规划等共10项。此外，在1930年和1935年，以国民政府的名义，先后公布了明确的《会计师条例》和修正《会计师条例》各一项，使注册会计师法规逐渐成为了国家级的法制范围了，注册会计师事业也逐渐兴盛和发展起来了。

第一节　财政部主管注册会计师事务时期的法规

财政部主管会计师事务的时间为1927年至1928年，期间先后公布了4项会计师法规。

一、《会计师注册章程》

1927年8月22日，财政部公布《会计师注册章程》，全文共8章28条。

第一章"职务"，规定的会计师的业务范围有所扩大："会计师受当事人或其他关系人法院或公务机关之委托，办理关于会计之组织管理稽核调查整理清算证明鉴定清理公断及和解各项事务，会计师得充任检查人清算人清理员破产管财人遗嘱执行人及其他各种信托人，会计师得代办纳税事务注册手续并代订关于会计及商事各种文件。"

第二章"资格"共9条。具体的有，"会计师受国民政府财政部之监督"；会计师应具备的资格，"中华民国年满二十五岁者，合格于会计师试验者或合格于第六条之免试审查者""会计师试验由财政部设立会计师考试委员会行之……"；参加会计师试验者应具备的条件为："1. 在国内外大学或专门学校商科或经济科以会计学为主要课程肄业三年以上，得有文凭者，或在国立或经教育部或财政部认可之公立、私立大学或专门学校教授会计主要科目继续三年以上者；2. 在会计师事务所充任会计事务二年以上，得有办理善良之证书者；或在财政部所认为合格之企业机关、官厅公署或公务机关充任会计事务员三年以上，得有办理善良之证书者"。第六条申请免试应具备的条件为："1. 充任会计师后经其请求或有（兼任官吏或其他有俸给之公职、兼营商业）之情事撤销其证书者"；或"2. 在外国领有会计师证书者，但须注明该国之试验及审查其程度相等"；或"3. 在南京国民政府成立以前领有会计师证书，曾经呈请财政部复验合格者"；或"4. 具备下列各条件者：甲、在国内外大学或专门学校商科或经济科毕业曾读满会计学科目二十学分以上，成绩优良者；乙、在财政部所认为合格之企业机关官厅公署或公务机关充任会计主要职员七年以上，得有成绩证明书者"。此外，还规定有八种"不得为会计师"的情事，如受禁治产或准禁治产之宣告；因损害公私财产受褫职或除名之处分者等。

第三章"证书"，共3条，规定了"凡合格于会计师考试者或合格于免试审查者由财政部长发给证书""请领证书者应具呈请书附缴证书费一百元（银元），呈请财政部核准发给""非依本章程领有证书者不得为会计师，并不得用会计师之名义或其他语言文字符号等表示其为会计师"。

第四章"名簿"，独1条，规定经核准之会计师"应具呈请书声明各款呈请财政部登录于会计师总名簿方得开始行使职务，其遇有职务区域事务所所在地变更时，或任用及辞退会计事务员时亦同"。总名簿应载明"1. 姓名年龄籍贯住址，2. 会计师证书号数，3. 使行职务区域事务所所在地，4. 会计事务员之人数姓名及略历，5. 核准年月日，6. 登记年月日，7. 惩戒"。

第五章"权利义务"，共6条，规定的权利为"受托办理职务时得向委托人约定受取相当之报酬及费用"。至于规定义务包括"不得兼任官吏……""不得兼营商业……""不得以会计师名义行使兼职上应办理之会计事项、兼任董事、无限责任股东等应办理之会计事项""非有正当事由不得谢绝委托""执行职务时不得：1. 与非会计师共同行使职务，2. 不得受专任索债之委托，3. 不得收买职务上所管理之动产或不动产，4. 不得宣布办理职务上所得之秘密，5. 不得玩忽职务"。

第六章"公会"，共5条，规定"会计师集合二十人以上得设立会计师公会……会计师非加入公会不得行使职务""会计师公会置执行委员五至十三人，监察委员二至五人""执行委员得推出常务若干人主持事务""公会应设会章呈请财政部核准""公会会章应规定：1. 会员之入会与出会手续。2. 职员之选举方法及其职务。3. 会员会与职员会之会议方法。4. 宗旨事业。5. 维持会计师德义之方法。6. 其他处置会务之必要方法"。

第七章"惩戒"，共3条，规定"会计师有违本章程及会计师公会会章之行为者付惩戒""惩戒由财政部审查后行之，但会计师公会得依其决议呈请之""惩戒分四种，1. 训诫。2. 千元以下罚金。3. 三年以下之停职。4. 除名撤销证书。第二十八章为本章程自公布之日施行"。

这一章程较过去北洋政府农商部的《会计师暂行章程》内容更加完善,首次提出了会计师的考试问题。

二、《会计师复验章程》

其内容主要是针对南京国民政府成立前,领有北洋政府颁发的会计师证书者,呈请复验"应具呈请书并驸 1. 会计师证书;2. 并无会计师注册章程第七条规定各项情事之证明书";"复验合格时由财政部长发给复验合格证书,将该会计师列入会计师总名簿";"会计师复验合格不合格以及复验逾期消灭资格时,财政部门公报公布之"。

三、修改《会计师注册章程》

这年 10 月 19 日,财政部又奉命修改《会计师注册章程》,修为 7 章 28 条。修改的章程,将原列的政治条件"经中国国民党党部证明有党籍者"予以取消,以平息广大会计界人士的强烈反对。

四、《会计师服务细则》

1928 年 5 月 3 日,财政部公布《会计师服务细则》,全文共 6 章 29 条。主要内容是:第一章"总则",共 4 条,规定了本细则的使用范围,以及会计师行使职务因故意或过失致委托人或第三者受损害时应负民法上或刑法上之责任。第二章"权限",共 6 条,包括会计师受委托事件时可使用之名义,代保管财产并检查封存,为保全证据时可将账据提存于事务的或予封存等,在须调查集证时向有关系之商店公司个人或公务机关征询,为行使职务必要可邀请召开一定会议,并可纪录和要求签证,必要时可委其他会计师代行职务。第三章:"行使职务程序",共 8 条,在这一章中从如何签立委托书及契约,如何应用不同形式文书,以及建立档案,请求行政司法各官厅允许阅卷或调查必要事项。第四章:"司法待遇",共 7 条,法院对会计师依本细则应予以相当之待遇,出席法院时在指定席位与法庭相向行一鞠躬,法庭称会计师为贵会计师,会计师之报告鉴定证明得请求不交非会计师复查或复鉴定。第五章,制服及证章,共 2 条,会计师出席法院或重要会议行使职务时,应穿由公会拟定呈部备案的制服,应悬证章。第六章,附则,共 2 条,规定自财政部以部令公布之日起施行,须修改时由会计师公会向财政部建议呈请修改。

第二节　工商部主管注册会计师事务时期的法规

工商部主管会计师事务时期为 1929 年至 1930 年,其间先后公布了 7 项会计师法规。

一、《会计师章程》

1929 年 3 月 25 日公布《会计师章程》,共 8 章 36 条。其主要内容,第一章"职务",规定了注册会计师的执行范围,并明确"会计师受工商部命令办理事件时,不得请求报酬""会计师受工商部之监督"。第二章"资格",强调了会计师考试及参加考试的条件,同时也有审查免试及不得为会计师的条款,增加了"满六十岁者,曾经入过外国籍者",不得为会计师。第三章"证书",增加了"会计师行使职务以一省为一区域(特别市包括在内)"。第四章,"名簿",规定"会计师使行职务等或呈请工商部在查核登记会计师总名簿并刊登工商公报"。第五章"权利义务",共 6 条内容,与以前的法规大体相同,但增加了"不得为会计师职务以外之保证人""会计师职务上出庭于法庭时,不得涉及律师事务"这两款。第六章"公会",对公会章程规定各事项增加了"会费""职员之年限"两款。第七章"惩戒",第八章"附则",与原有章程基本相同。

二、《会计师证书复验章程》

1929 年 3 月 26 日,又公布《会计师证书复验章程》7 条。主要内容是针对"领有会计师证书曾经呈请国民政府财政部复验合格,或注册领有证书并呈请工商部复验,以及复验时应附呈的文件,应缴纳的复验费用,复验合格由工商部发给证书并列入会计师总名簿,并规定自公布之日起 6 个月内办理,不呈请复验其会计资格即归消灭"。

三、《会计师证书复验规则》

1929 年 12 月 4 日,再次公布《会计师证书复验规则》7 条。此项复验规则与今年 3 月 26 日公布的复验章程,在内容上最大的区别为第一条,"凡会计师领有北京政府所发之证书,在会计师章程施行前未经复验者,应依本规则呈请工商部复验",另在第 6 条规定,1929 年 3 月 26 日公布之会计师证书复验章程废止。

这项复验规则主要是为曾在北京政府时期领有证书的会计师,给予复验的规定。

四、《会计师条例》

1930 年 1 月 25 日,国民政府颁布《会计师条例》25 条。在工商部主管会计师事务的第二年初,会计师法规有重大调整,由从北洋政府起直到工商部接手管理时,都是由主管部门作为"章程"公布,提高为由政府作当"条例"颁布。这项条例先经过立法院通过,然后由国民政府颁布,使会计的法律地位更加明确了。该条例共 25 条,与旧章程有多处不同,首先,新条例不分章,直接从第一条起至最后一条按数序平列。其次,内容方面也有变更,在第一条分为 3 个小款;第二条明确规定监督权利;第三条规定会计师考试未举行前的资格条件;第四条为不得为会计师的 7 种情况;第五条明确规定会计师证书的颁布机关;第六条至第八条为会计师的登记、登录事项;第九至第十二条为登录后应遵守的有关事宜;第十三至第十五条为会计师不得以其名义行使的职务和不得有几项行为;第十六条规定必须加入会计师公会方可执行职务;第十七条至第二十一条为对会计师公会的各项规定;第二十二条至第二十四条为会计师违反条例,违反公会章程的惩戒与处分;最后一条说明本条例自公布日施行。

这项会计师条例比旧的一些章程,更体现了会计师法规的严肃性,以及会计师事业的法律地位。

五、《会计师审查规则》

1930 年 2 月 18 日,工商部公布《会计师审查规则》12 条。这项审查规则首先说明是依据会计师条例之规定来制定的;其次,强调会计师呈请审查者"须具呈请书连同详细履历及毕业证书,服务证明文件之原本及其影本,并附缴证书费、印花税呈请工商部核办;再次,各条详述因遗失毕业证书、服务文件等的必办手续等。综合各条体现了对会计师资格的审查极为严格。

六、《会计师条例施行细则》

1930 年 9 月 11 日,该部公布《会计师条例施行细则》共 8 条。主要内容:首先,规定在会计师条例公布前开始执业的会计师,仍应依照条例之规定呈请登录;其次,说明在条例公布前,经财政部、工商部核准发给之会计师证书及两部复验之会计师证书一律有效;再次,说明条例中规定之公务机关仅限于政府机关,条例中规定之公司只限于本国注册的公司;最后,要求在会计师条例施行前核准之会计师公会,应在条例施行日起 6 个月内,将章程依法修正呈请工商部复核。

七、《会计师惩戒委员会组织章程》

1930 年 12 月 3 日,该部公布同日施行《会计师惩戒委员会组织章程》22 条。其第一条,说明本组织章程是根据会计师条例之规定制定的。第二条,说明惩戒委员会设委员 5 人或 7 人,由工商部长指派并指定一人为主席。第三条,会内纪录及会务由主席委员呈请部长指派。第四至第十五条,为委员会内部的办事程序等。第十六条至第二十一条,为被付惩戒之会计师声明不服时,关于再度审查的程序。这项对会计师进行惩戒的做法比较慎重。

第三节 实业部及经济部主管注册会计师事务时期的法规

实业部主管会计师事务时期为 1931 年开始,1935 年即与农产部合并为经济部至 1949 为止。

一、《呈请补发会计师证书办法》

1932 年 5 月 14 日,实业部施行《呈请补发会计师证书办法》。该办法规定,遗失会计师证书者应具文件及费银,可呈请实业部补发。遗失证书之会计师如系已执行职务者,证明书应向所加入之会计师公会取具,如系尚未执行职务者,应由已执行职务之会计师二人以上具书证明,遗失证书之会计师无论已未执行职务,均应自行先在实业公报刊登公告,声明遗失作废,未执行职务者,并应在遗失地方登载著名报三日以上。应交本人近日二寸照片两张贴证及备查。交补发证书费二元印花税一元。

二、《会计师惩戒委员会组织章程》

1934 年 3 月 17 日,该部修正公布《会计师惩戒委员会组织章程》25 条。修正部分是从原章程的第七条起至第十六条,在内部办事程序上,有较明确的修正和充实。加重了主席委员的权限,从第十七条至第二十二条,对不服惩戒的会计师进行再审查的程序也有所充实,并增加了"惩戒委员会对于惩戒事件认为有刑事嫌疑者,应即移请该管法院审理""同一事件已在刑事诉讼程序实施中,不得开始惩戒审查,但惩戒委员会认为应先行停止职务时,得先行表决以部令停止其职务"。从而加重了惩戒的力度。

三、《会计师条例》

1935 年 5 月 4 日,由国民政府修正公布《会计师条例》25 条。经修正的会计师条例其修正部分,主要将原第三条的资格条件细分为两款,增加了"在会计师事务所助理重要会计事务二年以上者"并将原条例的"公务机关"明确规定为"各级政府或其所属机关"。第十一条,明确为"不得兼任公务员或工商业之经理人员或董事理事"。第十二、第十三条,分别修正为"会计师对于其有利害关系之事件,不得执行业务""会计师不得利用会计师地位,在工商业上为不正当之竞争"。

从第十四条至第二十四条,除文字稍有变更外,内容基本相同。最后的第二十五条,修为"本条例自公布日施行"。这项修正条例,有利于一些有经验的会计师助理人员申请审批为注册会计师。

由于修正公布的会计师条例,对会计师资格条件适当放宽,在实业部主管会计师事务的 1931 年至 1937 年 9 月的 6 年多时间,该部审查颁发的会计师证书为 1036 号,比从北洋军政府从 1918 年起至国民政府 1930 年的 12 年间,所发证书总数 736 号,增大 40％多①,说明注册会计师事业有了较大发展。

在国民政府 1935 年修正公布《会计师条例》以后,至 1949 年,国民政府再没有另行制订注册会计师法规了。

总体来说,在北洋政府和国民政府时间,会计人员只有工作职务,没有职称,只有经过政府批准注册的会计人员才能称为会计师,故一切会计法规称为会计师法规,不加"注册"两字。

---

①　溪玉书,《我国会计师事业》,《公信会计月刊》1939 年第二卷三期。

第十章

中华人民共和国颁布的注册会计师法规

新中国颁布的许多注册会计师法规，是从注册会计师事业于 20 世纪 80 年代末恢复重建时开始，经过几个阶段，由简到繁，由一般规定到正式条例，再到严明的法律条文，使注册会计师和会计师事务所成为获得了依法通过资格认定的中介机构，从而可以根据市场规则，建立自律性运行机制，承担相应的法律和经济责任，并接受政府有关部门的管理和监督。各项注册会计师法规像春风化雨，催生了注册会计师事业的恢复和蓬勃发展。

第一节 "五五"计划时期（1976—1980 年）的 注册会计师法规

这一时期是我国注册会计师事业开始恢复的开端，只于 1980 年末颁布了一项法规。

1980 年 12 月 22 日，财政部印发了重建注册会计师事业的法规《关于成立会计师顾问处的暂行规定》，共有十项内容，主要各点有：

（1）顾问处成员由注册会计师组成，承办会计公证、咨询等业；各受省、自治区、直辖市财政厅、局的业务监督。

（2）注册会计师资格考核：注册会计师的资格为"1. 在企业、行政、事业单位从事财务会计工作，并已取得高级会计师、会计师技术职称的人员；2. 担任财务会计专业教授、副教授、讲师，并具有一定财务会计工作经验的人员；3、熟悉财务会计制度，担任查帐工作三年以上，适合从事注册会计师工作的人员。"

（3）承办的业务范围："①检查会计帐目、提出查帐报告书；②设计财务会计制度，指导制度的执行；③为有关财务会计问题的咨询，提供建设性意见；④代办申报所得税、申请专利权、企业成立及变更的登记、债权债务的清理、企业的解散清算等事项；⑤参与拟订公司章程、经济合同、协议、契约及有关财务会计的各种文书等事项；⑥在发生经济纠纷、经济案件时，担任代理人，参加公证、调整或者仲裁工作；⑦担任委托单位的常年会计顾问，办理上列各项业务。"

（4）业务委托人：①各级人民代表大会、各级人民法院、人民检院；②全民和集体所有制企业、事业单位；③各级财政、税务机关；④其他法人资格单位和个人。

（5）负责领导顾问处工作的人员。

（6）顾问处名称、章程、负责人及人员名单的呈报与备案。

（7）统一接受托及分配承办业务的原则。

（8）执业责任的具体规定。

（9）实行向委托人收费、独立收支、以收抵支。

（10）省、区、市财政厅局可结合本地区实际情况，作必要补充。

第二节　"六五"计划时期(1981—1985年)的注册会计师法规

这一期间由财政部颁布了五项法规。

一、《关于中外合资经营企业、外资企业委托会计师查帐问题的若干规定》

1983年12月26日，财政部根据我国政府颁布《关于中外合资经营企业、外资企业委托会计师查帐问题的若干规定》和实施细则，制定了注册会计师受托办理"三资"企业的查账问题规定。

该文件明确了国际八大会计公司被批准在我国设立的常驻代表处或常驻代表，其会计师并未在我国注册，因此不能出具对我国有关部门有效的证明文件，为此，提出四点须委托中国注册会计师办理的做法。

二、《关于中外合资经营企业、外国企业委托会计师查帐问题的补充规定》

1984年4月26日，财政部因应有的单位提出，中外双方订立的合同中有"第三者不能参与"的条款，是否仍需委托会计师查账，有的会计咨询机构提出，一些外国投资在中国经营的项目，往往有一部分财务收支需在国外进行核实，会计师如何对这部分收支进行审查问题，作了两点规定，主要是：①强调"不应以双方订立的合同中有'第三者不能参与'的条款为理由而不委托会计师进行检验和查帐"。②强调"三资企业都必须在中国境内设置帐册，一切财务收支应有合法凭证，并在会计师进行查帐或检验时，提供必需的有关资料。对于重大的项目，可派会计师前往(国外)审查"。

三、《关于成立会计咨询机构问题的通知》

1984 年 9 月 25 日,财政部对一些机关、团体、企业主管部门组织成立会计咨询机构,要求批准其有关人员的注册会计师资格等问题,作了两点规定:①强调由注册会计师承办业务的会计咨询机构,必须经省、自治区、直辖市财政厅、局批准和领导;由财政厅、局考核批准注册会计师资格。承办业务,应由经批准的会计咨询机构统一接受委托,并派具有注册会计师资格的人员办理。详列了五项具体业务项目。②其他部门批准成立的会计咨询机构,只接受委托设计国内企业、单位的财务会计制度,为一般经济可行性研究提供意见,代委托单位记录整理账目和编制会计报表及培训会计人员等。不能承办需由注册会计师办理的各项业务,此类机构办理业务的人员不使用注册会计师称号,省、市、区财政厅也不得批准注册会计师。

四、《中华人民共和国会计法》

1985 年 1 月 21 日,第六届全国人民代表大会常务委员会第九次会议上通过《中华人民共和国会计法》,同日正式公布,自当年 5 月 1 日起施行。会计法的条文共 6 章 29 条。在第三章会计监督各条中,第二十条明确规定了"各单位必须接受审计机关,财政机关和税务机关依照法律和国家有关规定进行的监督,如实提供会计凭证、会计账簿、会计报表和其他资料以及有关情况,不得拒绝、隐匿、谎报""经国务院财政部门或者省、自治区、直辖市人民政府的财政部门批准的注册会计师组成的会计师事务所,可以按照国家有关规定承办查帐业务"。

《会计法》赋予注册会计师以法律地位,使注册会计师制度迅速得到发展。

五、《关于注册会计师出具报告是否需经有关单位审定等问题的通知》

1985 年 12 月 31 日,财政部根据一些地区会计师事务所的函、电询问,对注册会计师接受委托承办业务,所出具的报告书是否需要经有关部门审定等问题,作出两项明确规定,主要内容是:①"注册会计师在执行业务,所提出的判断意见,必须保持应有的独立性,对所出具的报告书,不需经任何部门审定";②"注册会计师执行业务,是受委托单位的委托承办的,所出具的报告书,一般只能提供给委托单位";③"注册会计师可以接受委托代企业编制会计报表或经审核后对会计报表提出调整意见"。此外,在这份通知的条文后面,还附有我国已公布的关于必须由注册会计师担任查帐的涉外经济法规条文摘录,都是从四个针对三资企业经营所发布的条例、细则中选摘的。

由于在"六五"计划期间,我国的注册会计师事业有了恢复性的发展,为了加强注册会计师的管理,发挥注册会计师在社会经济活动中的作用,明确注册会计师的执业准则,财政部于 1985 年 10 月 16 日至 23 日,在福州召开了第二次注册会计师会议,出席会议的有:财政部顾问谢明,会计制度司司长魏克发,顾问杨纪琬、副司长张德明及各地会计师事务所负责人共 60 人出席人会议、会议主要讨论了中华人民共和国《注册会计师例(草案)》,讨论内容有注册会计的性质,注册会计师的考试、考核,注册会计师的业务范围,会计师事务所由财政部管辖,成立注册会计师协会等问题。草案修改后经由财政部讨论,申报国务院审批发布。

第三节　"七五"计划时期(1986—1990 年)的注册会计师法规

注册会计师事业进入"七五"计划期,为了适应改革开放的大好形势,加强注册会计师制度的管理,提高注册会计师的服务质量,提高人民素质,国家和主管部门先后制定和公布了十四项相关法规,其中至关重要的是国务院发布的《中华人民共和国注册会计师条例》,财政部颁发的《会计师事务所管理暂行办法》。

一、《中华人民共和国注册会计师条例》

1986 年 7 月 31 日,国务院发布《中华人民共和国注册会计师条例》6 章 30 条。主要内容是:

第一章"总则",对注册会计师的性质和地位规定:"注册会计师是国家批准执行会计查帐验证业务和会计咨询业务的人员,注册会计师依法独立执行业务受国家法规保护""注册会计师的工作机构为会计师事务所,注册会计师必须加入会计师事务所才能接受委托,办理法律、行政法规规定由注册会计师执行的业务"。

第二章"考试和注册",对考试资格规定:"凡热爱中华人民共和国,拥护社会主义制度,具有大专或相当于大专学历,并从事三年以上会计。审计工作的中国公民,可以申请参加注册会计师考试""担任过高级会计师的人员,担任过会计教授、副教授、研究员并有会计工作实践经验的人员,以及具有大专或相当于大专学历,或者大学同等学力,从事财务会计工作二十年以上,确有会计业务专长的人员,申请担任注册会计师,经考核合格,可以免予考试""注册会计师的考试、考核,应当在财政部批准组成的全国考试委员会统一领导、组织和监督下进行,由省级财政厅（局）批准组成的考试委员会负责具体实施。"

第三章"业务范围"规定：注册会计师办理"会计查帐验证业务"及"会计咨询业务"。委托办理业务时根据需要，"有权查阅有关财务会计资料和文件，查看业务现场和设施，向有关单位和个人进行调查与核实"。

第四章"工作规则"规定：注册会计师执行业务，"应当遵守国家法律、行政法规、以有关协议、合同、章程为依据""应恪守公正、客观、实事求是的原则，对所出具报告书内容的正确性、合法性负责"；并须遵守"注册会计师与委托人或者其他当事人有利害关系的，应当向会计师事务所申明，实行回避""注册会计师在执行业务中取得和了解的资料、情况，应当严格保守秘密"的规定。对"注册会计师违反工作规则造成不良后果的，会计师事务所应如实上报，由主管的财政机关根据情况分别给予下列处分：①警告；②罚款；③暂停执行业务；④吊销注册会计师证书。注册会计触犯刑律，构成犯罪的，由司法机关依法惩处"。

第五章"会计师事务所"，对会计师事务所的性质和经费规定为："会计师事务所是国家批准的依法独立承办注册会计师业务的事业单位。会计师事务所应当自收自交，依法纳税。"成立会计师事务所的批准权限为："应当按照规定报财政部或者省级财政厅（局）审查批准，省级财政厅（局）批准成立的会计师事务所，应当将会计师事务所的名称、章程、负责人等报财政部备案。"在组织原则上的规定是："注册会计师办理业务，必须由会计师事务所统一接受委托。注册会计师出具报告书应当由本人签署并经会计师事务所加盖公章。会计师事务所可以跨越行政区域承办业务。"对报告制度规定为："财政部和省级财政厅（局）对会计师事务所负责业务监督。会计师事务所应当定期向主管的财政机关报告业务开展、经济收支和人员变动等情况。"对违纪问题规定为："会计师事务所违反本条例规定，主管的财政机关可以根据情节轻重，给予警告、罚款、停业整顿、责令解散等处分。"对涉外业务的规定为："注册会计师在查帐中，对于委托人发生在国外的财务收支，可由会计师事务所委托在中国设有常驻代表机构的外国会计师事务所就地审查和出具证明。"

第六章"附则"规定了对条例的解释由财政部负责，并制定实施办法。最后一条为条例从 1986 年 10 月 1 日起施行。

二、《关于做好〈中华人民共和国注册会计师条例〉实施工作的通知》

1986 年 9 月 23 日，财政部发出实施《注册会计师条例》的通知。主要的 3 点内容：①由财政机关组织会计事务管理机构和会计师事务所的人员，学习领会《条例》精神和规定,并多形式向有关部门和社会上广泛宣传。②整顿注册会计师队伍和会计师事务所工作。③要加强对注册会计师和会计师事务的管理。

该通知提出了各财政厅(局),应当根据《注册会计师条例》规定,补充制定适合本地区的具体管理办法。

三、《会计师事务所管理暂行办法》

1986 年 10 月 29 日,财政部根据《中华人民共和国注册会计师条例》的有关规定,制定颁发了《会计师事务所管理暂行办法》。主要内容包括:"各地成立会计师事务所,须报经所在省、自治区、直辖市财政厅(局)批准,并报财政部备案;成立不属于省、自治区、直辖市管理的会计师事务所,须报经财政部批准""成立会计师事务所,应当根据委托人对委托执行会计查帐验证和会计咨询业务的需要,具有一定数量专职担任注册会计师的合适人选,以及符合《中华人民共和国民法通则》第三十七条例规定"。对于会计师事务所与组建单位的关系是:"经批准成立的会计师事务所,不论筹组单位系何部门、单位或组织,都必须依法独立承办注册会计师业务,实行独立核算,自负盈亏,依法纳税,不得成为筹组单位的附属机构,都必须接受主管财政机关或者授权的财政机关管理与监督。"关于跨省、区设立分所的规定:"主管财政厅(局)批准会计师事务所跨省、自治区、直辖市设立分支机构,应征得分支机构所在地区省(区、市)财政厅(局)同意并报财政部备案;批准成立分支机构的会计师事务所应持批准文件和分支机构负责人,注册会计师名单等,于批准后一个月内向分支机构所在地省级财政机关及有关部门办理登记手续。会计师事务所跨省、自治区、直辖市实行机构联合,应报经参加联合各会计师事务所的主管财政机关同意,并报财政部备案;如联合后改变名称和成立总管理机构,应报财政部批准。"对报告制度的规定:"会计师事务所对于下列事项,应当向主管财政机关报告:①章程的修改;②主要负责人、注册会计师变动;③重要的内部工作制度、管理制度、财务制度和人员的培训制度;④年度工作计划、总结和年度财务收支报告;⑤注册会计师违反工作规则的重大事项。"对收费规定是:"主管财政机关应当根据本地区的具体情况,会同当地有关部门制定会计查帐验证业务,会计咨询业务收费标准。省、自治区、直辖市会同财政厅(局)制定的收费标准,须报经财政部备案。注册会计师承办业务,应当由会计师事务所按照收费标准统一收费。除经主管财政机关允许或委托书载明者外,不得向委托人收取额外费用或要求其他条件。"在主管机关监督方面:"应当定期检查会计师事务所对国家法律、行政法规和工作规则的遵守情况、业务工作的执行情况。如果发现违反法律、行政法规和工作规则的事项,应当通知会计师事务所进行纠正;对情节严重的,应当责令会计师事务所提出书面检查报告,并于接到报告后三个月内作出处理决定,同时抄报财政部。"

四、《注册会计师考试、考核暂行办法》

1987年4月3日,财政部根据《中华人民共和国注册会计师条例》第六条、第七条,颁发了《注册会计师考试、考核暂行办法》,规定了"注册会计师考试和考核,每年或两年举行一次""注册会计师考试科目为会计、财务管理、审计和经济法。考试办法为笔试和口试。注册会计师考核范围为:"学历、经历、著作或业绩;考核办法为验证证件和证明,必要时附加口试。"考试和考核工作由"财政部批准组成的全国考试委员会,统一领导、组织"全国考试委员会由十三人组成,省级考试委员会由五至七人组成"。此外,还有毕业证书等学历证明,业务经历、业务专长证明文件的要求;考试的命题、评分标准、口试提纲和合格要求等。

五、《关于会计师事务所财务收支管理和人员待遇的若干规定》

1987年6月26日,财政部颁发了《关于会计师事务所财务收支管理和人员待遇的若干规定》,主要内容是:"①各会计师事务所均应实行自收自支、独立核算、依法纳税。②各会计师事务所均应贯彻执行勤俭节约的方针,遵守国家有关规定。③各主管的财政机关应当加强对会计师事务所财务收支的管理,根据当地情况,解决和处理有关具体问题。④专职注册会计和其他专职工作人员的工资标准,按国家对专业技术干部和管理干部的有关规定执行。⑤事务所聘用的离、退休人员,按《关于发挥离退休专业技术人员作用暂行规定》,由事务所付给适当的报酬,其离休、退休费工资和福利等,仍由原单位照发,并继续享受应在原单位享受的其他生活待遇。⑥其他单位在职人员应聘到会计师事务所担任兼职注册会计师,应经本单位同意。"

六、《关于会计师事务所会计专业职务聘任工作有关问题的通知》

1987年9月7日,财政部为了妥善做好会计师事务所专业职务聘任工作发出通知,主要内容有四点:①根据《注册会计师条例》规定,会计师事务所是事业单位,对会计专业职务的聘任,应按中央职称改革有关规定的细则,纳入统一部署,同步组织实施。②对于经济完全自立的会计师事务所,可根据实际工作需要,提出本所各级专业职务的设置数额,报本地区有关部门批准。③各事务所的兼职注册会计师,由其所在单位评审和聘任。④各所聘请的离、退休人员,根据工作需要按有关规定返聘担任会计专业职务。⑤会计师事务所行政领导人,确需兼任会计专业职务的,应按有关规定执行。

七、《关于外商投资企业必须依法委托注册会计师验资、查帐的通知》

1988 年 2 月 23 日,财政部在《中华人民共和国中外合资经营企业法实施条例》《中外企业经营企业所得税法施行细则》《外国企业所得税法施行细则》及财政部有关文件,指出外商投资企业的会计、财务、税务文件、包括出资证明书、年度会计报表,清算会计报表,外汇收支报告等,须委托中国注册会计师审查验证和出具证明的规定没有认真遵循,在已开业的外商投资企业中,有 50％以上的未委托注册会计师验资查帐,根据产生原因,重申必须严格遵守的五点规定:①凡已批准设立的外商投资企业,于按合同规定收到资本后,必须委托注册会计师进行验证,并出具验资报告书。②外商投资企业,不论其是否已经全部投入生产和经营,都必须按时向财政、税务机关和其他管理机构报送附有注册会计师查帐报告的年度会计报表。③只有注册会计师才能对外商投资企业的出资和会计报表出具法定有效的验资报告书和查帐报告书。④各级财政机关要切实搜查本地区外商投资企业委托注册会计师验资,查帐的情况。⑤所有注册会计师和各会计师事务所,按时提供符合质量标准的业务服务。

八、《注册会计师检查验证会计报表规则》(试行)

1988 年 12 月 27 日,中国注册会计师协会印发检查验证会计报表的规则,这是指导注册会计师检验会计报表的规范性典章。内容十分细致具体,指导和操作性很强,全文有 7 章 55 条,主要内容如下:

第一章,一般要求有 7 个条文,重点是:本规则的制定根据为《中华人民共和国注册会计师条例》,会计报表的种类、附表和凭证、账簿;检查验证的性质、目的和范围,有无条件限制,以及双方责任等;注册会计师应实行回避的关系;不论委托单位的规模大小,何种经济性质,均须履行《注册会计师条例》规定的责任,执行合乎需要的查账程序;各地区主管财政机关及注册会计师协会和事务所,均可制定适合本地区,本单位的施行具体办法;工作底稿形式和查账报告形式,由中国注册会计师协会制定发布。

第二章,工作准则有 13 条,重点为:注师检查验证会计报表,应以国家法律、法规、制度、协议、合同、章程的条款为依据,对没有规定的,可依委托人的决议和惯例;注师在检验中,必须保持高度的认真负责精神,客观、公正、实事求是;应由胜任委托人委托事项要求的注师担任;对在工作过程中得到的资料和情况,应当严格保守秘密;应当制订适当的计划;应当了解委托人的会计制度和其他管理制度是否合理和完备,是否遵守、完整;在检验中发现问题,应向委托人指明的 5 点情况;发现委托人会计账目和会计报表有误和不当,应提请改正调整,或在查账报告中说明;注师应予拒绝或拒绝继续检查的 3 种情况;注师必须对执行程序的过程制成工作底稿,作出相应记录,取得确证,列入事务所档案;注师完成检验程序,应形成的报告内容要素;注册检验会计报表,对委托人负责,形成的报告,应向委托人提出;注师检验,对所查报表资料所表示意见与前任注师意见不同,应对不同点取得确证,在工作底稿中详细说明。

第三章,查验范围和方法有 4 条,即检查验证的性质分为:合法性检查,真实性检查;注师进行实地检查,包括运用核对、查询、复核、观察、盘点、函证、分析、报告分析等方法,也可以采用抽样检查的方法;注师检验的工作范围,一般限于约定的会计报表报告期,为了便于分析对比和作出评价,也可按约合条件,要求委托人提供以前期间资料和前任注师查账工作底稿。

第四章,查验程序有 21 条,是这项规则的核心内容,最为关键的是:注师需要调查了解委托人的 8 项基本情况;需对委托人的 6 项内部管理制度完善程度和有效性进行检查;对会计报表、账簿的检查,需要核对各类账户的余额及计算的正确性;从 4 个方面对库存现金进行检查;从 5 个方面对银行存款进行检查;从 5 个方面对应收票据和有价证券进行盘点、核对,并作出记录或调整;对应收账款和其他应收款,从 3 个方面进行检查;对预交所得税和预付货款,从 4 个方面进行检查;对存货的检查,要从 8 个方面细致进行;对长期投资的检查,包括 4 个环节;对固定资产的检查,从实地观察盘点入手,在 9 个方面深入检查处理方法等;对无形资产和其他资产的检查有 2 个要求;对于短期银行借款的检查,有 4 个方面的着重点;对于应付票据的检查,有 5 个方面问题;对于应付货款和预收货的检查,要从 4 个方面着手;对于其他应付费用和款的检查,有 2 个要点;对于长期负债的检查,要在 9 个方面落实;对于资本权益的检查,要在涉及所有者权益的 7 个方面详查清晰;对成本、费用的检查,有 7 个方面要追踪查清;对于销售和营业收入的检查,要从确定收入数额的可靠性等 7 个方面深入分析;对其他业务损益和营业外收支的检查,要从发生的数额和性质等 3 个方面分析发生原因。

第五章,查验记录和工作底稿有 4 条,主要是注册会计师对于检查验证的工作过程,应当作出记录,将有关资料、文件、证明等,综合汇集成为查账工作底稿;工作底稿的内容应当包括的具体记录、分析表、余额表、副本、摘录确证资料;查账工作底稿的形式,由会计师事务所根据检验要求和本所对查帐管理和质量控制要求自行制订,并不断加以改进;查账工作底稿的保存单位,保存时间、可提供的对象和所有权。

第六章，查账报告有 4 条，主要是注册会计师于完成约定的会计报表检查验证后，应提交的查账报告的具体内容；查账报告意见的简要说明内容；查账报告的形式，可分为主要的文字说明部分和附件部分，附件则是经过调整和确认的资产负债表等 6 种报表，委托人要求的其他附表和资料，注册会计师的其他说明；注册会计师提出查账报告意见的类型，可根据委托人情况和行为决定，采取无保留意见、保留意见、反对意见、拒绝表示意见 4 种方式处理。

第七章，附则有 2 条，主要是指明，对《注册会计师条例》规定之外的其他查账验证业务，在没有单行的办法之前，可以参照本规则的有关部分增加或减少某些工作内容与程序；本规则自发布日起试行。

九、《注册会计师执行业务收费管理办法》

1989 年 2 月 5 日，财政部向各省、自治区、直辖市财政厅（局）发出通知、颁布《注师执行业务收费管理办法》，并由各财政厅、局根据这项办法，会同有关部门制定或修订本地区的注册会计师执业收费标准，颁发各会计师事务所执行，同时报财政部备案。

这项收费管理办法，共有 18 条，各条的主要内容是：第一条，制定本办法的依据是《中华人民共和国注册会计条例》中有关条款。第二条，注师执业收费，应按照业务项目的具体内容，在主管的财政机关制定的收费标准幅度内，与委托人具体商定。第三条，收费的业务项目，共分为 10 个种类。第四条，执行业务收费，应由会计师事务所向委托人办理。第五条，基本收费于业务约定成立时收取50%，工作开始后收取另外的 50%。第六条，劳务收费应按所需工时和执业人员专业知识和工作经验需要的情况确定。第七条，咨询收费，可按照花费的工时和费用计收，也可按照其他计算方法计收。第八条，劳务收费的工时费用定额，可划分为高级专家、注师、助理人员不同的层次，并规定合理的高低幅度。第九条，根据执行业人员知识要求，性质等情况，经与委托人商定，可作多种高低调整。第十条，同类委托业务，对不同类经济性质委托人，应按同样标准计收，遇特殊情况，可减收。第十一条，会计师事务所不得为取得业务支付介绍费，也不得帮助取得业务收取介绍费。第十二条，主管的财政机关制定或修订收费标准时，应充分考虑受托与委托双方利益，并适时进行调整。第十三条，会计师事务所不执行收费标准多收费用，财政机关可处以罚金，责令退还多计费用。第十四条，前后任注册会计师收费应一致，会计师事务所之间不得以降低收费争取业务。第十五条，财政机关收取介绍费的，要处以两倍罚金。第十六条，会计师事务所违反收费标准的规定，按本规定及《注册会计师条例》有关条款，给予警告或停业整顿的处分。第十七条,会计师事务所跨地区设立的分支机构,应执行当地收费标准,并接受当地主管机关的管理和监督。第十八条,各主管财政机关,应根据规定,会同有关部门制定本地区注册执业收费标准,规定具体管理办法,并报财政部备案。

十、《中国注册会计师协会章程》

1989年2月20日,财政部根据中国注册会计师协会筹备组上报的《中国注册会计师协会筹备组关于请批准中国注册会计师协会正式成立的报告》以(89)财人字第18号通知,批准中国注册会计师协会正式成立,并作为财政部领导下的一个事业单位;批准《中国注册会计师章程》和《中国注册会计师协会章程说明》,同意中国注册会计师协会第一届理事会第一次全体会议通过的名誉会长、顾问和选举产生的会长、副会长、秘书长、副秘书长人选。

经批准的《中国注册会计师协会章程》共有8章,22条,主要内容如下:

第一章"总则"有3条,首先阐明本章程是根据《中华人民共和国注册会计师条例》第五条的规定而制定的;说明协会的组成人员及性质和领导关系;协会的宗旨。

第二章"职责"有2条,协会在政府与会计师之间发挥桥梁和纽带作用,对注册会计师和会计师事务所进行管理;协会的八点具体职责。

第三章"会员"有5条,协会会员分个人会员和团体会员,入会手续;注册会计师不再执业时,仍可继续保留会员资格;会员不履行义务的,可劝退或除名;协会会员的5项权利;协会会员的3点义务。

第四章"会员代表大会"有3条,首先阐明协会最高权力机构为全国会员代表大会,大会每3年举行一次,代表协商或选举产生,全国代表大会有5项职权;协会执行机构为理事会,理事会由代表大会选举理事若干人担任,任期3年,财政机关派主管会计工作的负责人担任理事会成员,理事会全体会议每年举行一次,理事会对全国代表大会负责,有5项职权;理事会全体会议聘请名誉会长一人,顾问多人,理事会全体会议选举会长、副会长、常务理事。

第五章"常设办事机构"有2条,由理事会推选或聘请常任秘书长及副秘书长,配备专职人员办理协会日常工作,办事机构部门分设,由秘书长提交理事会讨论决定。

第六章"地区注册会计师协会"有2条,凡有20名以上注册会计师并有2个以上会计师事务所的省、自治区、直辖市,可以组成地区注册会计师协会,其组织和章程,由会员大会或代表大会制定,报当地财政厅(局)批准,地区协会为中国注册会计师协会地方组织。

第七章"经费"有 2 条,协会经费来源为会费收入,政府和社会资助,协会举办的事业收入,其他收入;协会经费收支由办事机构定期向理事会报告。

第八章"附则"有 3 条。协会会址设在北京;章程需报经财政部批准;章程自公布之日起生效。

十一、《中国注册会计师协会会费交纳办法》

1989 年 10 月 10 日,中国注册会计师协会第一届常务理事会第二次会议讨论通过了会费交纳办法。这一项会费交纳办法共有 8 点。①说明本办法是根据中国注册会计师协会章程制定的。②凡是注册会计师协会的团体会员和个人会员,均应从取得会员资格的当年起交纳会费。③会费按年交纳,团体会员交费额为本事务所(包括总所和分所)上年业务收入总额的 1%,个人会员交费额为每人每年 10 元。④每年 5 月底之前,由各事务所将团体会员费交给当地注册会计师协会,当地注协会随时汇至中国注册会计师协会。⑤各地区个人会员费留地方注册会计师协会使用。⑥团体会员费交纳以元为单位,元以下四舍五入。⑦各地区注册会计师协会会费和交纳办法,按当地协会章程自行规定。⑧本协会经中国注册会计师协会常务理事会讨论批准,自 1989 起执行。

十二、《关于重新印发会计师事务所年度报告报表格式和催报 1987、1988 年年度报告的函》

1989 年 12 月 4 日,中国注册会计师协会重新制定各会计师事务所年度报告表格式共 10 种;即:会所 01 表,会计师事务所基本情况表;会所 02 表,会计师事务所业务执行情况表;会所 03 表,会计师事务所资产负债表;会所 04 表,会计师事务所业务收支及结余分配表;会所 05 表,会计师事务所注册会计师执业考核情况报告表;会所 06 表,会计师事务所助理人员考核情况报告表;会所汇 01 表——省(区、市)会计师事务所基本情况汇总表;会所汇 02 表——省(区、市)会计师事务所业务执行情况汇总表;会所汇 03 表——省(区、市)会计师事务所业务收支及结余分配汇总表。

十三、《资产评估机构管理暂行办法》

1990 年 5 月 31 日,国家国有资产管理局,以国资工字(1990)第 30 号文件,印发《资产评估机构管理暂行办法》10 条。

该暂行办法明确制定本办法的目的,在于"维护资产所有者和经营者的权益"。第三条认定:凡持有国家或省、自治区、直辖市、计划单列市国有资产管理部门颁发的资产评估资格证书的资产评估公司、会计师事务所等均具有承担国有资产评估工作的资格。资产评估机构进行资产评估实行有偿服务。第四条规定资产评估机构必须具备的条件是：①经政府主管部门批准并经工商行政管理部门核准注册登记的具有法人资格的单位。②具有一定的评估工作经验。③配备一定数量能胜任工作的各类评估专业人员，其中建筑工程技术人员，机器设备工程技术人员、会计经济管理人员……第八条规定了应自觉遵守的 7 点工作规则：①严格遵守国家法律、法规、条例和制度。②坚持公正、客观、实事求是的原则。③应在委托单位的委托书中商定的期限内完成有关评估工作。④在资产评估中，对委托者提供的所有有关资料、情况，也应当严格保守秘密，并承担法律责任。⑤接受任务的经办人，如与委托人或者其他当事人有利害关系的，应当向评估机构申明情况，实行回避。⑥在资产评估中，发现委托者有弄虚作假、营私舞弊等违反国家法律、行政法规行为的，应当及时向国有资产管理部门反映。⑦各类资产评估人员应定期参加专业培训。第九条规定资产评估机构在结束评估工作后，应及时向委托者提供资产评估报告。在资产评估报告中应明确 5 点内容：①资产评估的原因，评估工作的依据，以及作价的原则方法。②明确评估的时间、地点及被评估资产的范围。③资产评估的结果及评估后的企业资产负债情况。④其他需要说明的问题。⑤附件。第十条是对评估机构的严格要求及违反本办法的处理。

关于本办法的制定部门，虽然不是直接主管注册会计师事务所的领导机关，但依据规定，确认了会计师事务所具有承担国有资产评估工作的资格，相应扩展了会计师事务所的法定业务内容，为注册会计师事业的发展提供了良好的机会。

十四、《关于注册会计师在查帐中对于委托人发生在国外的财务收支如何审查问题的通知》

1990 年 10 月 31 日，财政部以(90)财会协字第 34 号文件，通知各省、区、直辖市财政厅(局)，指出各地注册会计师在进行外国企业驻华机构查帐中，对执行《注册会计师条例》第二十八条"对于委托人发生在国外的财务收支，可由会计师事务所就地审计和出具证明"的规定，存在实际困难。对此提出解决办法，今后各地会计师事务所遇有需委托外国会计师事务所就地审计的业务时，在商得当地税务机关和其他有关部门同意后，如果数额不大的性质并非重要，也可转委托担任其国外总管理机构查账的当地会计师事务所进行审查并出具证明，如果数额很小且属日常必需的开支，则可以省略不查，但需在查账报告中说明未查的理由。

第四节 "八五"计划期(1991—1995 年)的 注册会计师法规

在"八五"计划期间,注册会计师制度受到政府更大的重视,为了规范注册会计师执业行为,保障市场经济有序运转,正式颁布《中华人民共和国注册会计师法》,于 1993 年 10 月 31 日标志我国注册会计师事业的发展已经进入了规范化的法制阶段。

一、《会计师事务所业务检查办法(试行)》

1991 年 2 月 27 日,制发的《会计师事务所业务检查办法(试行)》计 14 条。该办法第一条,说明制定本办法的依据和目的。第二条,指明业务检查包括同行检查和内部自查。第三至第五条,指明检查时间、地方协会可成立领导小组负责具体组织工作,做出计划通知各会计师事务所。第六条,明确同行检查应包括的 15 项基本内容。第七、第八条,规定内部自查应作为各会计师事务所的管理制度,保持 6 个月进行一次,并参照上条所列内容。第九条,规定每次业务检查终了,应写出详尽业务检查报告。第十条,明确检查报告应包括的 7 项基本内容。第十一条,指明全国协会,各地方协会对于同行检查的结果,要作为对注册会计师是否同意其年检登记的主要依据;以及违规的处理。第十二条,指明会计师事务所内部自查的结果,应作为评定本事务所注册会计师及助理人员业绩的主要内容之一;对违反有关法规、工作制度、工作纪律、职业道德等重大问题,应及时报告各地方协会,主管财政机关或其他有关部门进行处理。第十三条,规定各地方协会和各会计师事务所可结合本区、所情况制定具体办法。第十四条,说明本办法自 1991 年起试行。

二、《注册会计师查帐验证工作底稿规则(试行)》

1991 年 11 月 28 日,中国注协颁发的《注册会计师查账验证工作底稿规则(试行)》共 7 章 42 条。第一章,总则 3 条,说明制定本规则的依据和执行要求。第二章,一般要求 8 条,包括工作底稿基本内容,基本因素和保证底稿安全,为被检查单位保密。第三章,工作底稿的分类 4 条,各条的内容十分详尽,利于操作。第四章,工作稿的编制 12 条,各条具体阐明工作程序和做法,遵章执行可保证查账验证工作达到高质量。第五章,工作底稿的复核 5 条,强调从编制到复核的具体责任,经办人员必须签署姓名和日期。第六章,工作底稿的管理 6 条,明确规定应当建立健全工作底稿的档案管理和调阅制度,以及保存期限等。第七章,附则 4 条,规定各地方注协和各会计师事务所,可视具体情况,制定补充办法,并从发布之日起试行。

此外,附发有参考格式二十五式。

三、《注册会计师查帐验证报告规则(试行)》

1992 年 3 月,中注协颁发《注册会计师查帐验证报告规则(试行)》计 6 章 37 条。第一章,总则 4 条,主要内容说明制定本规则的根据和目的和作用。第二章,一般要求 8 条,强调注册会计师对经过查验的会计报表提出意见时,应依据查验过程中形成的工作底稿为依据,并对照国家法律、行政法规等,提出负责任的公正、客观、实事求是的意见。对出具的查账报告独立负责,毋需经任何机关、部门或单位审定。对委托要进行重大限制查验范围时,要指出为不合理,如坚持限制并影响查验程序的实施,可以拒绝接受委托。第三章,查账报告的基本类型 5 条,其中第十四、十五、十六各条,分别列有六款、五款和四款。详细说明出具无保留意见、保留意见、反对意见的情况。第四章,查账报告的编制 13 条,各条细致的说明编制查账报告的程序、内容、模式、签章等内容。第五章,查账报告术语 5 条,各条列示了全篇查账报告分段的一些术语范例,为准确撰写查账报告提供了蓝本。第六章,附则 2 条,说明本规则应由会计师事务所监督执行,地方注册会计师协会可补充规定与上报,并说明本规则自发布之日起试行。

同时随本附录列示了各种类型查账报告的 7 个举例。

这项查账验证报告规则,为提高注册会计师执业水平,有重大的教材作用。

四、《中国注册会计师协会章程》

1992 年 5 月 6 日至 8 日,中国注册会计师协会第二次全国代表大会在成都召开,会上全体代表通过了《中国注册会计师协会章程》。《中国注册会计师协会章程》共 9 章 23 条。第一章"总则",包括 3 条内容,首先,说明制定章程是以《中华人民共和国注册会计师条例》第五条的规定为依据;其次,说明协会是由我国注册会计师组成的全国性社会团体,受财政部领导;再次,说明协会的宗旨。第二章"职责",有两条内容,首先,说明协会是政府同注册会计师之间的桥梁;其次,说明协会负有 8 项具体职责。第三章"会员",包括 5 条内容,首先,说明协会会员有个人会员和团体会员及其条件;其次,说明会员的权利和义务;最后,规定会员不履行义务时要劝退或除名。第四章"会员代表大会",包括 4 条,首先,说明全国会员代表大会是协会最高权力机构,代表大会的开会时间以及全国会员代表大会的五项职权;其次,说明理事会为协会的执行机构;再次,规定了理事会的五项职权及理事会的领导成员。第五章"常设办事机构",包括两条,首先,规定了推选秘书长、副秘书长和配备专职人员办理日常工作,以及分设办事部门的程序。第六章"地区注册会计师协会",包括二条,首先,说明省、自治区、直辖市成立地区注册会计师协会的条件和批准程序;其次,说明地区协会与全国协会的关系。第七章"经费",包括2条,首先,说明经费的4项来源;其次,说明办事机构要定期向理事会报告经费收支状况。第八章"终止",说明本会终止需经常务理事会提出,经会员代表大会2/3以上多数通过,原批准机关批准方为有效。第九章"附则",包括2条,首先,说明协会会址设在北京;其次,说明章程报经财政部批准公布起生效。

中国注册会计师协会的宗旨是:引导注册会计师在工作中正确执行国家的法律法规,不断完善注册会计师队伍自身建设,维护合法的职业权益,交流工作经验,沟通业务信息,增进国内外交往,促进注册会计师事务的发展.为建设社会主义服务。因此,协会实为中华人民共和国财政部领导下,具体执行政治与业务并重的管理部门,协会章程也有行政规章的意义。

五、《注册会计师查帐验证计划规则(试行)》

1992年7月,中注协拟定并经理事会讨论修改,印发《注册会计师查账验证计划规则(试行)》,计5章28条。第一章,总则5条,说明制定本规则的依据,目的和主要内容,以及实施步骤、适用范围等。第二章,一般要求8条,指明在制订计划时,应对委托单位做到全面准确的了解,应提请委托人提供的5项资料,以及计划制定后,应传达给所有查验人员,并与有关人员协调,配合取得委托人理解。第三章,查帐计划的编制9条,指明应根据委托书的要求,委托事项的内容和复杂程度等事项,同时编制全面查帐计划,查帐验证程序计划及时间预算,全面查帐计划包括6点内容,查帐验证程序计划包括4点内容,并强调为确保查帐验证质量,注册会计师不得随意省略查帐验证程序。第四章,查帐计划的复核3条,说明经拟定完成的查帐计划,应经委托事项负责人进行全面复核,重大和有特定要求的,应经会计师事务所负责人从4个要点审核,并要求在查帐验证工作结束时,会计师事务所主管人应对执行情况进行检查。第五章,附则2条,规定各地方注册会计师协会、各会计师事务所,可照本规则的基本要求,制定具体实施办法,并抄报中注协备案,并从本规则发布之日起试行。

六、《注册会计师教育要求和培训制度(试行)》

1992年7月1日,中注协制定的此项制度共5项31条,第一项,总则4条,说明制定此制度的依据;注册会计师必须具备的5项较高的专业素质;提高专业素质的途径;培训人员的范围。第二项,教育要求12条,首先指明注册会计师的教育要求,包括资格要求和继续教育要求;申请注册会计师资格必须同时具备 3 个条件;获得资格培训的 5 个要点;脱产培训的时间;继续教育的基本要求;继续教的知识内容;注册会计接受脱产继续教育的累计时间。第三项,培训制度 7 条,首先指明培训工作要定期化、正常化;培训工作由各地方注册会计师协会主持;培训的 4 种形式;培训的 4 项内容;培训教材的选用;组织回授工作,扩大培训效果。第四项,监督与检查 5 条,各地方注册会计师协会、各会计师事务所应按规定进行督促检查;监督检查的 3 点内容;要作为会计师事务所同业检查的内容;各地方注协对发现的问题和不完善之处。应及时指导促使改正。第五项,附则 2 条,指出各地方注协,各会计师事务所负责组织实施;本制度从发布之日起试行。

七、《注册会计师管理建议规则》(试行)

1992 年 7 月 1 日,由中注协印发此项建议书规则,有 4 章 22 条,第一章,总则 5 条,主要是明确编制要求,掌握编制内容,向被查单位提出改进意见,不对外公布。第二章,一般要求,分 11 条,主要是所称内部控制的内容、建议及工作程序等。第三章 3 条,管理建议书结构及内容 4 条,主要是应包括:前言"部分,"正文"部分和"说明段",以及各部分的具体内容。第四章附则 2 条,指明本规则由各省、自治区、直辖市注册会计师协会监督本地区会计师事务所执行,并表明自发布之日起试行。

八、《加快发展会计咨询业的规划纲要和政策要点(草案)》

在中国注册会计师协会第二次代表大会后,财政部即发布此项要点,共有 5 个重点:①行业现状,包括 3 个细目。②发展规划,也有三个细目。③改革方向,也有 3 个细目。④政策措施,有 4 个细目。⑤实施步骤,有 4 个细目。

全文有 1 万多字,每一事项都根据过去情况,提出了可行的具体作法。

当时,全国有会计师事务所(包括分所),1 500 余家,有注册会计师 10 000 名,从业人员 15 000 名,以及 3 家中外合作会计师事务所。本规划发布以后,对会计咨询业的发展,起到了极大的促进作用。使注册会计师的执业范围,更加适应生产社会化、现代化和商品经济发展到一定程度而产生的壮大的需求。

九、《注册会计师考核办法》

1992 年 10 月 5 日,财政部印发《注册会计师考核办法》共 5 项要点:①考核对象。在其 3 个细目中,列出了 3 种不同情况的应考核而未考核的代员。②考核条件。在其 4 个细目中,列出了:可申请参加考核的 3 类人员;不参加考核的

3类人员；不具备考核的2类人员。因故不能参加考核的人员，应上报至全国考试委员会研究、批准，可待下次考核时参加考核。③考核方法。在其6个细目中，指出了申请填考核表，提交证明文件，提交从事主要业务项目体会的简述，事务所作出业绩评定，省级考试委员会审定，报全国考试委员会备案等。④考核费用。由各省考试委员会提出，批财政厅（局）批准。⑤考核工作时间。全国定于1992年12月和1993年5月两次进行。

十、《注册会计师执行股份制试点企业有关业务的暂行规定》

1992年9月17日，两部委制定的此规定共17条。第一条讲述试点企业的范围。第二条指明各试点企业，只能委托经认可执行此业务的会计师事务所。第三条指明部、省级批准的会计师事务所方可受委托。第四条指明对公开发符股票和股票上市的股份有限公司执行业务的会计师事务所，还必须同时其备的5个条件。第五条指明需要执行股票公开发行和股票上市公司业务的事务所，尚须将注册会计师名单向主管的财政机关申请。第六条指明注册会计师对股份制试点企业执行业务工作包括12项内容。第七条申请执行国有资产评估，由国有资产部门进行资格审定和确认。第八条指明经批准可执行定项业务的事务所，因工作发生严重失误等原因，由主管机关报财政部决定收回证书，并向社会公布。第九条指明所有执行此业务的事务所和其人员，并须严格遵守的有关的7个规定、规则和程序。第十条指明股份制企业因发行B股和境外股票上市公司有关查账报告的原则。第十一条指明在注册会计师同委托企业的关系问题。第十二条指明派注册会计师时就确实做到回避，防止发生内幕交易。第十三条指明执行会计师和助理应接受相应培训。第十四条指明会计师事务所要对派出人员的工作结果和提出的报告承担四项责任。第十五条指明各省、自治区、直辖市财政部门，可根据需要，拟定具体实施办法或予以补充。第十六条指明财政部解释。第十七条指明本规定自公布起试行。

当时国家允许股份制试点是重大的经济决策，对会计师事务所执行这项业务的要求很高，必须做到万无一失，事实说明正是因为有当时的严格要求，才有注册会计师事业的发展和壮大。

十一、《中国注册会计师职业道德守则（试行）》

1992年9月30日，中注协制定印发此项守则，共7章40条。第一章总则4条，主要内容制定守则的目的、作用，对全体所内工作人员和所执行的各种业务。第二章基本要求6条，主要内容，要求中国注册会计师应爱国和遵守法律，要恪守独立、客观、公正、廉洁原则，独立原则。第三章业务能力和技术守则11条，指明注册会计师必须具备的专业教育水平和工作能力,要接受继续教育,应避免不能胜任或不能按时完成的任务,助理人员的培训,以及注册会计师在执业时与委托单位间的各项关系。第四章对委托单位的责任3条,指明应与委托单位签订约定书,明确业务范围、要求和双方各自的责任,以及保密事项和按标准收费。第五章对同业的责任4条,指明应树立"以质量求信誉,以信誉求发展"的宗旨,以及跨地区承接业务和变更委托时,前后任间的合作关系。第六章业务承接8条,指明由会计师事务所统一接受委托,双向自愿选择原则,不得降低收费等。第七章附则4条,指明各地方注册会计师协会可作补充规定,并应定期检查,以及解释权和执行日期。

　　中国注册会计师协会制定的道德守则,体现了所有从事注册会计师业务的人员所必须遵守的行为规范。以史为鉴,从我国注册会计师事业开始,就重视了这个重大问题,在北洋政府和民国政府所颁布的会计师法规中,都有相应的条款,在传承和发展方面,《道德守则》更加具有时代性和先进性,促进注册会计师道德原则和规范达到"职业化",又使全体人员的个人道德品质"成熟化"。

十二、《整顿注册会计师业务和会计师事务所的通知》

　　随着企业转换经营机制和政府转换职能的进展,注册会计师的监督与服务作用逐渐得到发挥,注册会计师事业有较大发展,但也存在许多弱点和缺陷。为了提高注册会计师业务质量,更好地发挥注册会计师在建立和完善社会主义市场经济体制中的作用,适应进一步改革开放的要求,促进注册会计师和会计师事务所健康发展,要求各地财政部门应认真分析注册会计师和会计师事务所现状和存在的问题。1993年7月29日财政部发布《整顿注册会计师业务和会计师事务所的通知》,认真进行一次整顿,主要有5个项目和16个细目:①要求各主管财政机关领导,对如何发展好、管理好注册会计师和会计师事务所问题适时进行研究,定期或不定期召开会计师事务所负责人汇报工作,听取意见和要求,传达有关的方针和政策,指导其贯彻执行。②对于注册会计师执行质量,执行倾向和会计师事务所工作状况,组织一次全面检查,其重点和内容为6个细目。③对于检查中发现的问题,要分析查明原因和分清责任,并根据情节轻重和影响大小,按10个细目,作出严肃处理。④整顿的组织、步骤、进度和要求。要根据《会计法》《注册会计师条例》及关于"财政部归口管理注册会计师和会计师事务所"的规定,由财政部和各省、直辖市财政厅(局)组织领导,由中国注册会计师协会和各地方注册会计师协会具体办理,整顿过程分4步进行。⑤必须加强注册会计师建设。各地主管财政机关,要重视、支持注册会计师协会工作,并赋予其应有职责。协会要设立专职的机构,配备足够的专职人员。注册会计师协会应切实担负起对注册会计师和会计师事务所进行日常监督和管理的责任。

十三、《中华人民共和国注册会计师法》

1993 年 10 月 31 日,中华人民共和国第八届全国人民代表大会常务委员会第四次会议,通过了《中华人民共和国注册会计师法》,自 1994 年 1 月 1 日起施行。

本项法律是我国注册会计师事业发展中的一件大事,是我国注册会计师事业走向新的发展阶段的重要里程碑。本法全文共 7 章 46 条。第一章总则 6 条,分别指明制定本法的目的,注册会计的身份和工作内容,会计师事务所的性质,会计师协会的性质,国家各级财政部门依法对注册会计师、会计师事务所和注册会计师协会进行监督、指导,注册会计师和会计师事务所执行业务,必须遵守法律、法规,依法独立,公正执行业务,受法律保护。第二章考试和注册 7 条,指明国家实行注册会计师全国统一考试制度;参加考试人员的学历,职称等;申请注册的条件;5 个不予注册的情况;注册会计师协会应将准予注册人员名单报财政部备案;注册会计师证书的发放;取得注册会计师证书的人员,有 4 个情况之一时由注协撤销注册,收回证书;第三章业务范围和规则 9 条,下面又有 18 个细目。第五章注册会计师协会 6 条,指明注册会计师应当加入注册会计师协会;各级注册会计师章程由会员代表大会制定;中国注协依法拟订注册会计师执业准则、规则,报财政部批准施行;注协应支持注册会计师依法执业,维护其合法权益,向有关部门反映其意见和建议;注册会计师协会对注册会计师进行年检;注册会计师协会依法取得社会团体法人资格。第六章法律责任 4 条,分别指出会计师事务所和会计师违反本法第二十条、第二十一条的规定,视情节轻重的处罚原则;对未经批准承办本法第十四条规的注册会计师业务的单位,由省财政给予处罚;当事人对行政不服的进行申请复议的有关规定。第七章 4 条,指明对审计事务所注册审计师的有关规定;对外国人申请参加中国注册会计师全国统一考试和注册,及外国会计师事务所在中国境内设立常驻代表机构的有关规定;国务院可根据本法制定实施条例;最后指明实施时间,并明确 1986 年 7 月 3 日国务院发布的《中华人民共和国注册会计师条例》同时废止。

在《注册会计师法》正式颁布后,11 月 5 日,财政部张佑才副部长在新闻发布会上作了一次讲话,从两个方面和 5 个要点对本法加以简要介绍。

一、《注册会计师法》颁布

为了保证市场经济的健康发展,为了促进注册会计师事业的发展,必须通过立法明确其法律地位和法律责任,明确其任职资格、技术能力、专业责任、职业道德、工作制度等各项要求。所以朱镕基副总理曾在今年 7 月指出:"我们一定要立法,把会计师事务所变成一个光荣的行业,非常有权威的行业,对它实行严格的法治。"

二、《注册会计师法》的特点

第一,注册会计师的管理体制,在明确肯定由财政部统一管理的前提下,充分赋予了注册会计师协会具体管理的职能,充分强调了财政部门在管理方法上要由较多的直接管理尽快转向"监督、指导"。第二,注册会计师资格的取得,由过去《注册会计师条例》规定的考试、考核两种方式,改为只规定了考试一种方式。第三,关于会计师事务所的设立和责任有较大的改革。《注册会计师法》规定了两种方法:一是"会计师事务所可以由注册会计师合伙设立""合伙人对会计师事务所的债务承担连接带责任"。二是由单位发起设立的负有限责任的会计师事务所。第四,注册会计师的法定业务和执业规则更加明确。注册会计师的业务范围主要包括两个方面:一是审计业务,并明确规定依法执行审计业务出具的报告具有证明效力;二是会计咨询、会计服务业务。第五,《注册会计师法》按照加强法律力度、违反者从严追究的精神,对违反《注册会计师法》有关规定的行为制定了具体的处罚措施。处罚的对象包括注册会计师、会计师事务所和其他违反本法的单位和个人。

十四、《关于中国注册会计师协会、中国注册审计师协会实行联合的有关问题的通知》

1995 年 6 月 19 日,财政部、审计署对两协会实行联合问题通知各省、自治区、直辖市的厅(局),主要内容:根据《中华人民共和国注册会计师法》《中华人民共和国审计法》的有关规定和国务院的有关指示,经财政部、审计署研究决定,两协会实行统一联合,其有关事项公为 7 个要点。①两协会实行联合,称为中国注册会计师协会,依法对社会审计进行行业管理,并依法接受财政部、审计署的监督、指导。②对有关社会审计的法律、法规和重要的规章、规则,由财政部、审计署会同有关部门共同草拟、制定或审批。③两协会现任理事、常务理事为联合后的中国注册会计师协会理事、常务理事。④1993 年 12 月 31 日前,已具有注册审计师条件,省审计机关批准,经审计署认定具有注册会计师的人员,送财政部备案后,由中注协分别发给财政部统一制定注册会计师证书,或发给中国注册会计师协会会员证书。⑤联合后的中国注册会计师协会领导人的选任,由财政部、审计署推荐。其办事机构设在财政部。⑥注册审计师更名为注册会计师后,其所在的工作机构,从其自愿,名称仍可称审计或会计事务所,挂靠单位、财务渠道,人事关系不变,均可执行注册会计师的法定业务,并接受联合后的中国注册会计师协会的行业统一管理。⑦各地两会可按上述精神并结合本地实际情况实行联合。

第五节 "九五"计划时期(1996—2000年)的注册会计师法规

在"九五"计划期内,是我国注册会计师事业进一步走上规范化、制度化、标准化的轨道。因此,国家主管注册会计师事业的部门,制定的相关法规,有3个重要方面:首先,从1996年1月1日起实施《中国注册会计师独立审计准则》;其次,是关于注册会计师行业的清理整顿;再次,是注册会计师事务所、审计事务所与挂靠单位脱钩,进行体制改革。

以上法规均十分重要,故对这一时期的法规,都予以全文刊载,并对脱钩、改制的法规,另外以专章叙述,以利读者更加重视和阅读,并能在新体制下的注册会计师事务所的执业中,随时重温相关法规的要求,加以贯彻实施。

一、《中国注册会计师独立审计准则》

1995年12月25日,财政部通知各省、自治区、直辖市财政厅(局),注册会计师协会:为了规范注册会计师的执业行为,促进注册会计师行业的健康发展,根据《中华人民共和国注册会计师法》的规定,中国注册会计师协会拟定了第一批《中国注册会计师独立审计准则》,包括《中国注册会计师独立审计准则序言》《独立审计基本准则》《独立审计具体准则第1号——会计报表审计》《独立审计具体准则第2号——审计业务约定书》《独立审计具体准则第3号——审计计划》《独立审计具体准则第4号——审计抽样》《独立审计具体准则第5号——审计证据》《独立审计具体准则第6号——审计工作底稿》《独立审计具体准则第7号——审计报告》《独立审计实务公告第1号——验资》,经会签审计署,现批准发布,并请于1996年1月1日起执行。各地应积极组织相关培训,加强宣传,加强监督、检查确保独立审计准则的全面贯彻实施。

财政部原发布的《注册会计师检查验证会计报表规则(试行)》,中国注册会计师协会原发布的《注册会计师验资规则(试行)》《注册会计师查帐验证计划规则(试行)》《注册会计师查帐验证工作底稿规则(试行)》《注册会计师查帐验证报告规则(试行)》同时废止。各地已发布的相关规则、施行办法、规程等注册会计师执业规则,一并废止,以后也不应再自行出台新的执业规则。

附件：

附件

中国注册会计师独立审计准则序言

本序言旨在说明中国注册会计师独立审计准则（以下简称"独立审计准则"）的目标、体系、制定与发布程序，并对其规范内容、约束力使用范围进行解释。

本序言由中国注册会计师协会负责解释

一、独立审计准则的制定依据与目标

1. 独立审计准则依据《中华人民共和国注册会计师法》制定。

2. 制定独立审计准则的目标：

2.1 建立执行独立审计业务的权威性标准，规范注册会计师的执业行为，促使注册会计师恪守独立、客观、公正的基本原则，有效地发挥注册会计师的鉴证和服务作用。

2.2 促使各会计师事务所和注册会计师按照统一的执业准则执行独立审计业务，提高审计工作质量，提高业务素质和执业水平。

2.3 明确注册会计师的执业责任，维护社会公共利益，保护投资者和其他利害关系人的合法权益，促使社会主义市场经济的健康发展。

2.4 建立与国际审计准则相衔接的中国注册会计师执业准则。

二、独立审计准则的体系

1. 独立审计准则是中国注册会计师职业规范体系的重要组成部分。

2. 独立审计准则体系由以下三个层次组成：

2.1 独立审计基本准则。独立审计基本准则是独立审计准则的总纲，是对注册会计师专业胜任能力的基本要求和执业行为的基本规则，是制定独立审计具体准则、实务公告和执业真伪莫辨的基本依据。

2.2 独立审计具体准则与独立审计实务公告

独立审计具体准则是依据独立审计基本准则制定的，是对注册会计师执行一般审计业务、出具审计报告的具体要求规范。

独立审计实务公告是依据独立审计基本准则制定的，是对注册会计师执行特殊行业、特殊目的、特殊性质的审计业务、出具审计报告的具体规范。

2.3　执业规范指南。执业规范指南是依据独立审计基本准则、具体准则与实务公告制定的，为注册会计师执行独立审计具体准则、实务公告提供可操作的指导意见。

三、独立审计准则的约束力

1. 独立审计基本准则、具体准则与实务公告是注册会计师执行独立审计业务、出具审计报告的法定要求，各会计师事务所和注册会计师执行《中华人民共和国注册会计师法》第十四条规定的审计业务，应当遵照执行。

2. 执业规范指南是对注册会计师执行独立审计业务、出具审计报告的具体指导，注册会计师应当参照执行。

四、独立审计准则的适用范围

1. 独立审计准则适用于注册会计师执行独立审计业务的全过程。

2. 注册会计师对被审计单位进行独立审计时，不论该单位是否以营利为目的，也不论其规模大小和法定组织形式如何，只要是以发表审计意见为目的，都应遵循独立审计准则。

3. 在特定情况下，注册会计师可以应用独立审计准则执行其他有关业务。

五、独立审计准则的制定与咨询组织

1. 根据《中华人民共和国注册会计师法》第三十五条规定，注册会计师执业准则由中国注册会计师协会负责拟订，报财政部批准后施行。

2. 中国注册会计师协会成立独立审计准则组，负责独立审计准则的起草工作。独立审计准则组成员由注册会计师协会、会计师事务所、科研院校等方面的专家组成。

3. 财政部成立独立审计准则中方专家咨询组，负责对独立审计准则的制定与发布提供咨询服务。中方专家咨询组成员由政府有关部门、会计师事务所、科研院校等方面的专家组成。

4. 财政部成立独立审计准则外方专家咨询组，负责对独立审计准则的制定与发布提供咨询服务。外方专家咨询组成员由境外会计职业组织、国际会计师事务所等方面的专家组成。

六、独立审计准则的制定、发布与修订程序

1. 选定项目。独立审计准则组提出独立审计准则备选项目，经专家咨询组论证，征求有关方面意见后，由财政部审批立项。

2. 拟订初稿。独立审计准则组根据确定的项目，进行调查研究，起草初稿。中国注册会计师协会征询专家咨询组和有关方面意见并独立审计准则组修订后，向财政部提交征求意见稿。

3. 征求意见。财政部发布征求意见稿，广泛征求各有关部门及各地方注册会计师协会、会计师事务所、科研院校等方面意见。

4. 修改定稿。独立审计准则组根据各方面意见修改征求意见稿，中国注册会计师协会征询专家咨询组及有关方面意见后定稿。

5. 发布。财政部批准发布独立审计准则。

6. 修订。独立审计准则由中国注册会计师协会负责修订，财政部批准发布。

独立审计基本准则

第一章　总　则

第一条　为了规范注册会计师执行独立审计业务,保证执业质量,明确执业责任,根据《中华人民共和国注册会计师法》,制定本准则。

第二条　本准则所称独立审计,是指注册会计师依法接受委托,对被审计单位的会计报表及其相关资料进行独立审查并发表审计意见。

第三条　本准则适用于注册会计师对任何单位会计报表及其相关资料进行的发表审计意见为目的的独立审计。

注册会计师可以参照本准则执行其他有关业务。

第二章　一般准则

第四条　独立审计的目的是对被审计单位会计报表的合法性、公允性及会计处理方法一贯性发表审计意见。

第五条　担任独立审计工作的注册会计师应当具备专门学识与经验,经过适当专业训练,并具有足够的分析、判断能力。

第六条　注册会计师应遵守职业道德规范,恪守独立、客观、公正的原则,并以应有的职业谨慎态度执行业务、发表审计意见。

第七条　注册会计师对审计过程中知悉的商业秘密应当保密同,并不得利用其为自己或他人谋取利益。

第八条　按照独立审计准则的要求出具审计报告,保证审计报告的真实性、合法性是注册会计师的审计责任;建立健全内部控制制度,保护资产的安全、完整,保证会计资料的真实、合法、完整是被审计单位的会计责任。注册会计师的审计责任不能替代、减轻或免除被审计单位的会计责任。

第九条　注册会计师的审计意见应合理地保证会计报表使用人确定已审计报表的可靠程度,但不应被认为是对被审计单位持续经营能力及其经营效率、效果所做出的承诺。

第三章　外勤准则

第十条　注册会计师应当在了解被审计单位基本情况的基础上,由会计师事务所接受委托,签订审计业务约定书。

第十一条　注册会计师执行审计业务,应当编制审计计划,对审计工作做出合理安排。

第十二条　注册会计师应当研究和评价被审计单位的相关内部控制制度,据以确定实质性测试的性质、时间和范围。

注册会计师对在审计过程中发现的内部控制制度的重大缺陷,应当向被审计单位报告,如有需要,可出具管理建议书。

第十三条　注册会计师在进行符合性测试和实质性测试时,一般应采用抽样审计方法。

第十四条　注册会计师可以运用检查、监盘、观察、查询及函证、计算、分析性复核等方法,以获取充分、适当的审计证据。

第十五条　注册会计师应当将审计计划及其实施过程、结果和其他需要加以判断的重要事项,记录于审计工作底稿。

第十六条　注册会计师可以根据需要配备相应的业务助理人员和聘请专家协助工作,但应对其工作结果负责。

第十七条　注册会计师应当对被审计单位的期后事项、或有损失及持续经营能力等重要事项予以关注,必要时,应在审计报告中予以反映。

第十八条　在电子数据处理环境下,注册会计师利用计算机辅助审计技术执行审计程序时,不应改变审计目标与范围。

第十九条　注册会计师在审计过程中应充分考虑审计重要性与审计风险。

第四章　报告准则

第二十条　注册会计师应当在实施必要的审计程序后,以经过核实的审计证据为依据,形成审计意见,出具审计报告。

第二十一条　审计报告应当说明审计范围、会计责任与审计责任、审计依据和已实施的主要审计程序等事项。

第二十二条　审计报告应当说明被审计单位会计报表的编制是否符合国家有关财务会计法规的规定,在所有重大方面是否公允地反映了其财务状况、经营成果和资金变动情况,以及所采用的会计处理方法是否遵循了一贯性原则。

第二十三条　注册会计师可以出具无保留意见、保留意见、否定意见和拒绝表示意见四种意见类型的审计报告。在表示保留意见、否定意见或拒绝表示意见时,应明确说明理由,并在可能的情况下,指出其对会计报表反映的影响程度。

第五章　附则

第二十四条　本准则由中国注册会计师协会负责解释。

第二十五条　本准则自 1996 年 1 月日施行。

独立审计具体准则第 1 号——会计报表审计

第一章　总　则

第一条　为了规范注册会计师执行会计报表审计业务,明确工作要求,保证执行质量,根据《独立审计基本准则》,制定本准则。

第二条　本准则所称会计报表审计,是指注册会计师依法接受委托,按照独立审计准则的要求,对被审计单位的会计报表实施必要的审计,获取充分,适当的审计证据,并对会计报表提出审计意见。

第三条　本准则所称会计报表,是指需经注册会计师审计的年度会计报表,包括资产负债表、损益表(或利润表)、财务状况变动表(或现金流量表)、会计报表附注及相关附表。

第四条　本准则所称被审计单位,是指负责编制和报送会计报表,并接受注册会计师审计的企业和实行企业化管理的事业单位

第五条　注册会计师执行其他会计报表审计业务,除有特定要求者外,应当参照本准则办理。

第二章　审计目的与范围

第六条　会计报表审计的目的是对被审计单位会计报表的以下方面发表审计意见：

（一）会计报表的编制是否符合《企业会计准则》及国家其他有关财务会计法规的规定；

（二）会计报表在所有重大方面是否公允地反映了被审计单位的财务状况、经营成果和资金变动情况；

（三）会计处理方法的选用是否符合一贯性原则。

第七条　注册会计师的审计意见应合理地保证会计报表使用人确定已审计会计报表的可靠程度，但不应被认为是对被审计单位持续经营能力及其经营效率、效果所做出的承诺。

第八条　会计报表审计的范围应当根据独立审计准则和有关法规的规定及审计业务约定书的要求确定。

第九条　审计的范围一般应限于约定的会计报表报告期内的有关事项，但凡与被审计单位的会计报表有关和影响注册会计师做出专业判断的所有方面，均属于会计报表审计的范围。

第十条　由于审计测试及被审计单位内部控制制度的固有限制，可能存在会计报表某些反映失实而未被发现的情况。注册会计师如果发现可能导致会计报表反映严重失实的迹象，应当追加必要的审计程序予以证实或排除。

第三章　审计计划

第十一条　注册会计师在接受委托之前，应当了解被审计单位的基本情况，同委托人就审计约定事项的有关内容进行商谈，并考虑其自身能力及能否保持独立性，初步评价审计风险，确定是否接受委托。

注册会计师承办审计业务，由其所在的会计师事务所统一受理并与委托人签订审计业务约定书。

第十二条　注册会计师应当在充分了解审计约定事项和被审计单位业务情况后，制定审计计划，并根据审计过程中的情况变化，及时修改和补充计划。

第十三条　注册会计师应当在对被审计单位相关内部控制制度进行调查、研究和评价的基础上，确定审计程序和方法。

第四章　审计实施

第十四条　注册会计师应当按照审计计划对会计报表进行审计。

第十五条　注册会计师在实施审计时，一般应采用抽样审计的方法。在必要时，也可以采用详细审计的方法。

第十六条　注册会计师在实施审计过程中，应当采用恰当的方法，包括检查、监盘、观察、查询及函证、计算、分析性复核等，以获取充分、适当的审计证据。

第十七条　首次接受委托涉及的会计报表期初余额，或在需要发表审计意见的当期会计报表中使用了前期会计报表的数据，注册会计师应进行适当的审计。

第十八条　注册会计师应当对会计报表的期初余额、期后事项、或有损失及被审计单位持续经营能力等重要事项予以关注。

第十九条　注册会计师应当对审计工作进行记录，形成审计工作底稿。

第二十条　注册会计师在实施审计时,可根据需要配备相应的业务助理人员。注册会计师应对业务助理人员的工作进行指导、监督、检查,并对其工作结果负责。

注册会计师在审计过程中聘请专家协助工作时,应当考虑能力和独立性,并对其工作结果负责。

第二十一条　注册会计师应当对审计工作底稿进行必要的检查和复核。

第五章　审计报告

第二十二条　注册会计师应当在实施必要的审计程序后,以经过核实的审计证据为依据、分析、评价审计结论,形成审计意见,出具审计报告。

第二十三条　注册会计师应当在审计报告中说明审计范围、会计责任与审计责任、审计依据和已实施的主要审计程序等事项。

第二十四条　注册会计师应当在审计报告中说明被审计单位会计报表的编制是否符合《企业会计准则》及国家其他有关财务会计法规的规定,在所有重大方面是否公允地反映了其财务状况、经营成果和资金变动情况,以及所采用的会计处理方法是否遵循了一贯性原则。

第二十五条　注册会计师应当考虑审计范围是否受到限制,是否存在未调整事项及未充分披露事项等,并根据其对会计报表反映的影响程度,分别出具无保留意见、保留意见、否定意见和拒绝表示意见的审计报告。在表示保留意见、否定意见或拒绝表示意见时,应明确说明理由,并在可能情况下,指出其对会计报表反映的影响程度。

第六章　附　则

第二十六条　本准则由中国注册会计师协会负责解释。

第二十七条　本准则自 1996 年 1 月 1 日起施行。

独立审计具体准则第 2 号——审计业务约定书

第一章　总　则

第一条　为了规范审计业务约定书的签订,明确审计业务约定书内容,根据《独立审计基本准则》,制定本准则。

第二条　本准则所称审计业务约定书,是指会计师事务所与委托人共同签订的,据以确认审计业务的委托与受托关系,明确委托目的、审计范围及双方责任与义务等事项的书面合约。

审计业务约定书具有法定约束力。

第四条　注册会计师执行会计咨询、会计服务业务,可以参照本准则办理。

第二章　一般原则

第五条　会计师事务所在承接审计业务时,应当考虑其自身能力和能否保持独立性,并按照本准则的要求,与委托人签订审计业务约定书。

第六条　在签订审计业务约定书之前,会计师事务所应委派注册会计师了解被审计单位基本情况,初步评价审计风险,并与委托人就约定事项进行商议,达成一致意见。

第七条　注册会计师应了解被审计单位的以下基本情况:

(一)业务性质、经营规模和组织结构;

（二）经营情况及经营风险；

（三）以前年度接受审计的情况；

（四）财务会计机构及工作组织；

（五）其他与签订审计业务约定书相关的事项。

第八条 审计业务约定书应由会计师事务所和委托人双方的法定代表人，或其授权的代表签订，并加盖委托人和会计师事务所的印章。

第九条 会计师事务所或委托人如需修改、补充审计业务约定书，应当以适当的方式获得对方的确认。

第十条 注册会计师应当将审计业务约定书归入审计档案。

第三章　审计业务约定书的内容

第十一条 审计业务约定书应当包括以下基本内容：

（一）签约双方的名称；

（二）委托目的；

（三）审计范围；

（四）会计责任与审计责任；

（五）签约双方的义务；

（六）出具审计报告的时间要求；

（七）审计报告的使用责任；

（八）审计收费；

（九）审计业务约定书的有效期间；

（十）违约责任；

（十一）签约时间；

（十二）签约双方认为应当约定的其他事项。

第十二条 审计业务约定书应当明确会计责任与审计责任。

建立健全内部控制制度，保护资产的安全、完整，保证会计资料的真实、合法、完整是被审计单位的会计责任。

按照独立审计准则的要求出具审计报告，保证审计报告的真实性、合法性是注册会计师的审计责任。

审计责任不能替代、减轻或免除会计责任。

第十三条 审计业务约定书应当明确签约双方的义务。

（一）委托人应当履行的主要业务包括：

1. 及时提供注册会计师所要求的全部资料；

2. 为注册会计师的审计提供必要的条件及合作；

3. 按照约定条件及时足额支付审计费用。

（二）会计师事务所应当履行的主要义务包括：

1. 按照约定时间完成审计业务，出具审计报告；

2. 对在执行业务过程中知悉的商业秘密保密。

第十四条　审计业务约定书应当明确审计收费的计费依据、计费标准及付费方式与时间。

第十五条　审计业务约定书应当明确正确使用审计报告是委托人的责任,由于使用审计报告不当所造成的后果,与注册会计师及其所在会计师事务所无关。

第四章　附　则

第十六条　本准则由中国注册会计师协会负责解释。

第十七条　本准则自 1996 年 1 月 1 日起施行。

独立审计具体准则第 3 号——审计计划

第一章　总　则

第一条　为了规范注册会计师编制审计计划,及时、有效地执行审计业务,根据《独立审计基本准则》,制定本准则。

第二条　本准则所称审计计划,是指注册会计师为了完成年度会计报表审计业务,达到预期的审计目的,在具体执行审计程序之前编制的工作计划。

注册会计师执行其他会计报表审计业务,除有特定要求者外,应当参照本准则办理。

第三条　审计计划包括总体审计计划和具体审计计划。

总体审计计划是对审计的预期范围和实施方式所做的规划,是注册会计师从接受审计委托到出具审计报告整个过程基本工作内容的综合计划。

具体审计计划是依据总体审计计划制定的,对实施总体审计计划所需要的审计程度的性质、时间和范围所做的详细规划与说明。

第二章　一般原则

第四条　审计计划应当贯穿于审计全过程。注册会计师在整个审计过程中,应当按照审计计划执行审计业务。

第五条　在编制审计计划前,注册会计师应当了解被审计单位的以下情况,据以确定可能影响会计报表的重要事项:

(一) 年度会计报表;

(二) 合同、协议、章程、营业执照;

(三) 重要会议记录;

(四) 相关内部控制制度;

(五) 财务会计机构及工作组织;

(六) 厂房、设备及办公场所;

(七) 宏观经济形势及其对所在行业的影响;

(八) 其他与编制审计计划相关的重要情况。

第六条　在编制审计计划前,注册会计师应当查阅上一年度审计档案,关注以下事项,并考虑其对本期审计工作的影响:

(一) 上一年度的审计意见类型;

(二) 上一年度的审计计划及审计总结;

(三) 上一年度的重要审计调整事项;

（四）上一年度的或有损失；

（五）上一年度的管理建议要点；

（六）上一年度的其他有关重要事项。

如首次接受委托,注册会计师应当考虑是否向前任注册会计师查询审计工作底稿。

第七条 在编制审计计划时,注册会计师应当特别考虑以下因素：

（一）委托目的、审计范围及审计责任；

（二）被审计单位的经营规模及其业务复杂程度；

（三）被审计单位以前年度的审计情况；

（四）被审计单位在审计年度内经营环境、内部管理的变化及其对审计的影响；

（五）被审计单位的持续经营能力；

（六）经济形势及行业政策的变化对被审计工作产生的影响；

（七）关联者及其交易；

（八）国家新近颁发的有关法规对审计工作产生的影响；

（九）被审计单位会计政策及其变更；

（十）对专家、内部审计人员及其他审计人员工作的利用；

（十一）审计小组成员的业务能力、审计经历和对被审计单位情况的了解程度。

第八条 在编制审计计划时,注册会计师应当对审计重要性、审计风险进行适当评估。

第九条 注册会计师可以同被审计单位的有关人员就总体审计计划的要点和某些审计程序进行讨论,并使审计程序与被审计单位有关人员的工作协调,但独立编制审计计划仍是注册会计师的责任。

第十条 审计计划应当在具体实施前下达至审计小组的全体成员。

第十一条 注册会计师应当视审计情况的变化及时对审计计划进行修改、补充。审计计划的修改、补充意见,应经会计师事务所的有关业务负责人同意,并记录于审计工作底稿。

第十二条 审计计划是审计工作底稿的一部分。

第三章　审计计划的内容与编制

第十三条 总计审计计划的基本内容应当包括：

（一）被审计单位的基本情况；

（二）审计目的、审计范围及审计策略；

（三）重要会计问题及重点审计领域；

（四）审计工作进度及时间、费用预算；

（五）审计小组组成及人员分工；

（六）审计重要性的确定及审计风险的评估；

（七）对专家、内部审计人员及其他审计人员工作的利用；

（八）其他有关内容。

第十四条 具体审计计划应当包括各具体审计项目的以下基本内容：

（一）审计目标；

（二）审计程序；

（三）执行人及执行日期；

（四）审计工作底稿的索引号；

（五）其他有关内容。

第十五条 具体审计计划的制订，可以通过编制审计程序表完成。

第十六条 审计计划的繁简程度取决于被审计单位的经营规模和预定审计工作的复杂程度。

第四章 审计计划的审核

第十七条 审计计划应当经会计师事务所的有关业务负责人审核和批准。

第十八条 对总体审计计划，应审核以下主要事项：

（一）审计目的、审计范围及重点审计领域的确定是否恰当；

（二）时间预算是否合理；

（三）审计小组成员的选派与分工是否恰当；

（四）对被审计单位的内部控制制度的信赖程度是否恰当；

（五）对审计重要性的确定及审计风险的评估是否恰当；

（六）对专家、内部审计人员及其他审计人员工作的利用是否恰当。

第十九条 对具体审计计划，应审核以下主要事项：

（一）审计程序能否达到审计目标；

（二）审计程序是否适合各审计项目的具体情况；

（三）重点审计领域中各审计项目的审计程序是否恰当；

（四）重点审计程序的制定是否恰当。

第二十条 对审计计划的审核和批准意见应记录于审计工作底稿。

第五章 附 则

第二十一条 本准则由中国注册会计师协会负责解释。

第二十二条 本准则自 1996 年 1 月 1 日起施行。

独立审计具体准则第 4 号——审计抽样

第一章 总 则

第一条 为了规范注册会计师在审计过程中运用审计抽样方法，提高审计效率，保证执业质量，根据《独立审计基本准则》，制定本准则。

第二条 本准则所称审计抽样，是指注册会计师在实施审计程序时，从审计对象总体中选取一定数量的样本进行测试，并根据测试结果，推断总体特征。

第三条 注册会计师在设计与选择样本、评价抽样结果时，应当运用专业判断。

第四条 注册会计师进行详细审计，或从审计对象总体中选择有特殊重要性的全部项目进行审计时，不适用本准则。

第二章 样本的设计

第五条 注册会计师在设计样本时，应考虑以下基本元素：

（一）审计目标；

（二）审计对象总体及抽样单位；

（三）抽样风险和非抽样风险；

（四）可信赖程度；

（五）可容忍误差；

（六）预期总体误差；

（七）分层；

（八）其他因素。

第六条 注册会计师应当根据具体审计目标,考虑其所要获取审计证据的特征及构成误差的条件,确定所采用的审计抽样方法,并据此设计样本。

第七条 审计对象总体是注册会计师为形成审计结论,拟采用抽样方法审计的有关会计或其他资料的全部项目。

注册会计师在确定审计对象总体时,应保证其相关性和完整性。

第八条 抽样单位是构成审计对象总体的单位项目。注册会计师应当根据审计目标及被审计单位实际情况,确定抽样单位。

第九条 注册会计师应当根据不同的要求,运用适当的方法,从审计对象总体中选择若干抽样单位,以组成适量、有效的样本。

第十条 注册会计师在设计样本时,应当保持应有的职业谨慎,并着重考虑因抽样引起的抽样风险及其他因素引起的非抽样风险。

第十一条 抽样风险是注册会计师依据抽样结果得出的结论,与审计对象总体特征不相符合的可能性。抽样风险与样本量成反比,样本量越大,抽样风险越低。

第十二条 注册会计师在进行符合性测试时,应关注以下抽样风险：

（一）依赖不足风险：抽样结果使注册会计师没有充分依赖实际上应予依赖的内部控制的可能性；

（二）依赖过度风险：抽样结果使注册会计师对内部控制的依赖超过了其实际上可予依赖的可能性。

第十三条 注册会计师在进行实质性测试时,应关注以下抽样风险：

（一）误拒风险：抽样结果表明帐户余额存在重大错误而实际上并不存在重大错误的可能性；

（二）误受风险：抽样结果表明帐户余额不存在重大错误而实际上存在重大错误的可能性。

第十四条 信赖不足风险与误拒风险一般会导致注册会计师执行额外的审计程序,降低审计效率；信赖过度风险与误受风险很可能导致注册会计师形成不正确的审计结论,对此应予以特别关注。

第十五条 非抽样风险是注册会计师因采用不恰当的审计程序或方法,误解审计证据等而未能发现重大误差的可能性。注册会计师应当通过适当的计划、指导和监督,有效地降低非抽样风险。

第十六条 可依赖程度通常用预计抽样结果能够代表审计对象总体特征的百分比来表

示。注册会计师对可依赖程度要求越高,需先取的样本量相应越大。

第十七条 可容忍误差是注册会计师认为抽样结果可以达到审计目的,所愿意接受的审计对象总体的最大误差。注册会计师应当在审计计划阶段,根据审计重要性原则,合理确定可容忍误差。可容忍误差越小,需选取的样本量相应越大。

第十八条 在进行符合性测试时,可容忍误差应是注册会计师不改变对内部控制的可依赖程度,所愿意接受的最大误差。

在进行实质性测试时,可容忍误差应是注册会计师能够对某一帐户余额或经济业务分类作出合理评价,所愿意接受的最大金额误差。

第十九条 注册会计师应根据前期审计所发现的误差、被审计单位经营业务和经营环境的变化、内部控制制度的评价及分析性复核的结果等,来确定审计对象总体的预期误差。如果存在预期误差,应当选取较大的样本量。

第二十条 分层是将某一审计对象总体划分为若干具有相似特征的次级总体的过程。注册会计师可以利用分层着重审计可能含有较大错误的项目,并减少样本量。

第三章 样本的选取

第二十一条 注册会计师在选取样本时,应使审计对象总体内所有项目均有被选取的机会,以使样本能够代表总体。

第二十二条 注册会计师可以采用统计抽样或非统计抽样方法选取样本,只要运用得当,均可获得充分、适当的审计证据。

第二十三条 注册会计师可以运用下列方法选取样本:

(一)随机选样。随机选样是指对审计对象总体或次级总体的所有项目,按随机规则选取样本。

(二)系统选样。系统选样是指首先计算选样间隔,确定选样起点,然后按照间隔,顺序选取样本。

(三)随意选样。随意选样是不考虑金额大小、资料取得的程度及个人偏好,以随意的方式选取样本。

第四章 抽样结果的评价

第二十四条 注册会计师对样本实施必要的审计程序后,应按下列步骤评价抽样结果:

(一)分析样本误差;

(二)推断总体误差;

(三)重估抽样风险;

(四)形成审计结论。

第二十五条 注册会计师在分析样本误差时,应当根据预先确定的构成误差的条件,确定某一有问题的项目是否为一项误差。

第二十六条 注册会计师按照既定的审计程序,无法对样本取得审计证据时,应当实施替代审计程序,以获取相应的审计证据。如果没有或无法实施替代审计程序,应将有关样本视为误差。

第二十七条 对于具有共同特征的样本误差项目,注册会计师应将其作为一个整体,实施相应的审计程序,并根据审计结果,进行单独的评价。

第二十八条 注册会计师应根据样本误差,采用适当的方法,推断审计对象总体误差。

第二十九条 在进行符合性测试时,注册会计师如果认为抽样结果无法达到其对所测试的内部控制制度的预期依赖程度,应考虑增加样本量或修改实质性测试程序。

第三十条 如果注册会计师推断的总体误差超过可容忍误差,经重估后的抽样风险不能接受,应增加样本量或执行替代审计程序。

如果注册会计师推断的总体误差接近可容忍误差,应考虑是否增加样本量或执行替代审计程序。

第三十一条 注册会计师应根据抽样结果的评价,确定审计证据是否足以证实某一审计对象总体特征。

第五章 附 则

第三十二条 本准则由中国注册会计师协会负责解释。

第三十三条 本准则自 1996 年 1 月 1 日起施行

独立审计具体准则第 5 号——审计证据

第一章 总 则

第一条 为了规范注册会计师获取审计证据,保证审计证据的充分性与适当性,根据《独立审计基本准则》,制定本准则。

第二条 本准则所称审计证据,是指注册会计师在执行审计业务过程中,为形成审计意见所获取的证据。

第三条 本准则所称审计证据的充分性,是指审计证据的数量足以使得注册会计师形成审计意见。

本准则所称审计证据的适当性,是指审计证据的相关性和可靠性,即审计证据应当与审计目标相关联,并能如实地反映客观事实。

第四条 注册会计师执行会计咨询、会计服务业务,可以参照本准则办理。

第二章 一般原则

第五条 注册会计师执行审计业务,应当在取得充分、适当的审计证据后,形成审计意见,出具审计报告。

注册会计师应当运用专业判断,确定审计证据是否充分、适当。

第六条 审计证据的充分性与适当性密切相关。一般而言,当审计证据的相关与可靠程度较高时,所需审计证据的数量较少;反之,所需审计证据的数量较多。

第七条 注册会计师判断审计证据是否充分、适当,应当考虑下列主要因素:

(一)审计风险;

(二)具体审计项目的重要程度;

(三)注册会计师及其业务助理人员的审计经验;

(四)审计过程中是否发现错误或舞弊;

(五)审计证据的类型与获取途径。

第八条　注册会计师一般应采用抽样方法获取审计证据。无论是进行符合性测试还是进行实质性测试，都应考虑样本的代表性。

第九条　通过符合性测试获取审计证据时，注册会计师应当考虑以下主要事项：

（一）相关内部控制制度是否存在；

（二）相关内部控制制度是否有效；

（三）相关内部控制制度在所审计期间是否一贯得到遵循。

第十条　通过实质性测试获取审计证据时，注册会计师应当考虑以下主要事项：

（一）资产、负债在某一特定时日是否存在；

（二）资产、负债在某一特定时日是否归属被审计单位；

（三）经济业务的发生是否与被审计单位有关；

（四）是否有未入帐的资产、负债或其他交易事项；

（五）资产、负债的计价是否恰当；

（六）收入与费用是否归属当期，并相互配比；

（七）会计记录是否正确；

（八）会计报表项目的分类反映是否适当，并前后一致。

第十一条　审计证据的可靠程度通常可参照下述标准来判断：

（一）书面证据比口头证据可靠；

（二）外部证据比内部证据可靠；

（三）注册会计师自行获得的证据比由被审计单位提供的证据可靠；

（四）内部控制较好时的内部证据比内部控制较差时的内部证据可靠；

（五）不同来源或不同性质的审计证据能相互印证时，审计证据更为可靠。

第十二条　注册会计师获取审计证据时，可以考虑成本效益原则，但对重要审计项目，不应将审计成本的高低或获取审计证据的程度作为减少必要审计程序的理由。

第十三条　注册会计师应当对所获取的审计证据进行分析和评价，以形成相应的审计结论。

第十四条　注册会计师应将所获取的审计证据在审计工作底稿中予以清晰、完整地记录。

第十五条　注册会计师对审计过程中发现的、尚有疑虑的重要事项，应进一步获取审计证据，以证实或消除疑虑；如在实施必要的审计程序后，仍不能获取所需审计证据，或无法实施必要的审计程序，注册会计师应出具保留意见或拒绝表示意见的审计报告。

第三章　取证方法

第十六条　注册会计师可以采用下列方法获取审计证据：

（一）检查；

（二）监盘；

（三）观察；

（四）查询及函证；

（五）计算；

（六）分析性复核。

第十七条 检查是注册会计师对会计记录和其他方面文件可靠程度的审阅与复核。

第十八条 监盘是注册会计师现场监督被审计单位各种实物资产及现金、有价证券等的盘点，并进行适当的抽查。

注册会计师监盘实物资产时，应对其质量及所有权予以关注。

第十九条 观察是注册会计师对被审计单位的经营场所、实物资产和有关业务活动及其内部控制的执行情况等所进行的实地察看。

第二十条 查询是注册会计师对有关人员进行的书面或口头询问。

第二十一条 函证是注册会计师为印证被审计单位会计记录所载事项而向第三者发函询证。

注册会计师如果不能通过函证获取必要的审计证据，应实施替代审计程序。

第二十二条 计算是注册会计师对被审计单位原始凭证及会计记录中的数据所进行的验算或另行计算。

第二十三条 分析性复核是注册会计师对被审计单位重要的比率或趋势进行的分析，包括调查异常变动以及这些重要比率或趋势与预期数额和相关信息的差异。

对于异常变动项目，注册会计师应重新考虑其所采用的审计程序是否恰当。必要时，应当追加适当的审计程序。

第二十四条 注册会计师在获取审计证据，可以同时采用上述方法。

第四章 附 则

第二十五条 本准则由中国注册会计协会负责解释。

第二十六条 本准则自1996年1月1日起施行。

独立审计具体准则第6号——审计工作底稿

第一章 总 则

第一条 为了规范审计工作底稿的编制、复核、使用及管理，根据《独立审计基本准则》，制定本准则。

第二条 本准则所称审计工作底稿，是指注册会计师在审计过程中形成的审计工作记录和获取的资料。

第三条 注册会计师执行会计咨询、会计服务业务，可以参照本准则办理。

第二章 一般原则

第四条 审计工作底稿应如实反映审计计划的制定及其实施情况，包括与形成和发表审计意见有关的所有重要事项，以及注册会计师的专业判断。

第五条 审计工作底稿应当内容完整、格式规范、标识一致、记录清晰、结论明确。

第六条 审计工作底稿的繁简程度与以下基本因素相关：

（一）审计约定事项的性质、目的和要求；

（二）被审计单位的经营规模及审计约定事项的复杂程序；

（三）被审计单位的内部控制制度是否健全、有效；

（四）被审计单位的会计记录是否真实、合法、完整；

（五）是否有必要对业务助理人员的工作进行特别指导、监督和检查；

（六）审计意见类型。

第七条　注册会计师编制的审计工作底稿应包括下列基本内容：

（一）被审计单位名称；

（二）审计项目名称；

（三）审计项目时间点或期间；

（四）审计过程记录；

（五）审计标识及其说明；

（六）审计结论；

（七）索引号及页次；

（八）编制者姓名及编制日期；

（九）复核者姓名及复核日期；

（十）其他应说明事项。

第八条　审计工作底稿中由被审计单位、其他第三者提供或代为编制的资料，注册会计师除应注明资料来源外，还应实施必要的审计程序，形成相应的审计记录。

第三章　编制与复核

第九条　常用审计工作底稿包括：

（一）与被审计单位设立有关的法律性资料，如企业设立批准证书、营业执照、合同、协议、章程等文件或变更文件的复印件；

（二）与被审计单位组织机构及管理层人员结构有关的资料；

（三）重要法律文件、合同、协议和会议记录的摘录或副本；

（四）对被审计单位相关内部控制制度的研究与评价记录；

（五）审计业务约定书；

（六）被审计单位的未审计会计报表及审计差异调整表；

（七）审计计划；

（八）实施具体审计程序的记录和资料；

（九）与被审计单位、其他审计人员、专家和其他人员的会议记录、往来函件；

（十）被审计单位声明书；

（十一）审计报告、管理建议书底稿及副本；

（十二）审计约定事项完成后的工作总结；

（十三）其他与完成审计约定事项有关的资料。

第十条　审计工作底稿中可以使用各种审计标识，但应说明其含义，并保持前后一致。

第十一条　审计工作底稿应有索引编号及顺序编号。

第十二条　相关审计工作底稿之间，应保持清晰的勾稽关系。相互引用时，应交叉注明索引编号。

第十三条　会计师事务所应当建立审计工作底稿复核制度。各复核人在复核审计工作底稿时,应做出必要的复核记录,书面表示复核意见并签名。

第十四条 在复核工作中,各复核人如发现已执行的审计程序和做出的审计记录存在问题,应指示有关人员予以答复、处理,并形成相应的审计记录。

第四章 所有权与保管

第十五条 审计工作底稿的所有权属于接受委托进行审计的会计师事务所。

第十六条 审计工作底稿一般分为综合类工作底稿、业务类工作底稿和备查类工作底稿。

综合类工作底稿是指注册会计师在审计计划和审计报告阶段,为规划、控制和总结整个审计工作,并发表审计意见所形成的审计工作底稿。

业务类工作底稿是指注册会计师在审计实施阶段执行具体审计程序所形成的审计工作底稿。

备查类工作底稿是指注册会计师在审计过程中形成的、对审计工作仅具有备查作用的审计工作底稿。

第十七条 注册会计师应当对审计工作底稿进行分类整理,形成审计档案。

第十八条 审计档案分为永久性档案和当期档案。

永久性档案是指那些记录内容相对稳定,具有长期使用价值,并对以后审计工作具有重要影响和直接作用的审计档案。

当期档案是指那些记录内容经常变化,只供当期审计使用和下期审计参考的审计档案。

第十九条 会计师事务所应建立审计档案保管制度,以确保审计档案的安全、完整。

第二十条 审计档案的保管年限如下:

(一)当期档案自审计报告签发之日起至少保存十年;

(二)永久性档案应长期保存;

(三)不再继续审计的被审计单位,永久性档案的保管年限与最近一年当期档案的保管年限相同。

第二十一条 对于保管期限届满的审计档案,会计师事务所可以决定将其销毁。销毁时,应当按照规定履行必要的手续。

第五章 保密与查阅

第二十二条 会计师事务所应当建立审计工作底稿保密制度,对审计工作底稿中涉及的商业秘密保密。但由于下列情况需要查阅审计工作底稿的,不属于泄密:

(一)法院、检察院及其他部门依法查阅,并按规定办理了必要手续;

(二)注册会计师协会对执业情况进行检查。

第二十三条 因审计工作需要,并经委托人同意,在下列情况下,不同会计师事务所的注册会计师可以要求查阅审计工作底稿:

(一)被审计单位要换会计师事务所;

(二)审计合并会计报表;

(三)联合审计;

(四)拥有审计工作底稿的会计师事务所应当对要求查阅者提供适当的协助,并根据审计工作底稿的内容及性质,决定是否允许要求查阅者阅览其审计工作底稿,及复印或摘录有关内容。

第二十四条　查阅者因误用审计工作底稿而造成的后果,与拥有审计工作底稿的会计师事务所无关。

第六章　附　则

第二十五条　本准则由中国注册会计师协会负责解释。

第二十六条　本准则自 1996 年 1 月 1 日起施行。

独立审计具体准则第 7 号——审计报告

第一章　总　则

第一条　为了规范注册会计师编制和出具审计报告,根据《独立审计基本准则》,制定本准则。

第二条　本准则所称审计报告,是指注册会计师根据独立审计准则的要求,在实施了必要的审计程序后出具的,用于对被审计单位年度会计报表发表审计意见的书面文件。

第三条　本准则所称被审计单位,是指负责编制和报送会计报表,并接受注册会计师审计的企业和实行企业化管理的事业单位。

第四条　注册会计师执行其他会计报表审计业务,编制和出具审计报告,除有特定要求者外,应当参照本准则办理。

第二章　一般原则

第五条　注册会计师应当在实施了必要的审计程序后,对会计报表实施总体性复核,并按照本准则的要求,以经过核实的审计证据为依据,形成审计意见,出具审计报告。

第六条　注册会计师应对其出具的审计报告的真实性、合法性负责。

审计报告的真实性是指审计报告应如实反映注册会计师的审计范围、审计依据、已实施的审计程序和应发表的审计意见。

审计报告的合法性是指审计报告的编制和出具必须符合《中华人民共和国注册会计师法》和独立审计准则的规定。

第七条　注册会计师对审计过程中发现的需要调整的审计差异,应提请被审计单位加以调整。如果被审计单位不接受调整建议,注册会计师应当根据需要调整事项的重要程度,确定是否在审计报告中予以反映,以及如何反映。

第八条　对于截止至审计报告日被审计单位仍未调整或披露的期后事项,注册会计师应当提请被审计单位予以调整。如果被审计单位不接受建议,注册会计师应根据其类型和重要程度,确定是否在审计报告中反映,以及如何反映。

第九条　对于截止至审计报告日被审计单位仍未披露的或有损失,注册会计师应当提请被审计单位予以披露。如果被审计单位不接受建议,注册会计师应当根据其重要程度确定是否在审计报告中反映。

第十条　注册会计师出具的审计报告,应当由注册会计师和会计师事务所签章后,径送委托人,无需经其他单位审定。

注册会计师在出具审计报告时,应同时附送已审计的会计报表。

第十一条 注册会计师应当要求委托人按照审计业务约定书的要求使用审计报告。委托人或其他第三者因使用审计报告不当所造成的后果,与注册会计师及其所在的会计师事务所无关。

第三章 审计报告的内容与格式

第十二条 审计报告应当包括下列基本内容:

(一)标题;

(二)收件人;

(三)范围段;

(四)意见段;

(五)签章和会计师事务所地址;

(六)报告日期。

注册会计师可以根据需要,在范围段与意见段之间,增加说明段。

第十三条 审计报告的标题应统一规范为"审计报告"。

第十四条 审计报告的收件人是指审计业务的委托人。审计报告应当载明收件人的全称。

第十五条 审计报告的范围段应说明以下内容:

(一)已审计会计报表的名称、反映的日期或期间;

(二)会计责任与审计责任;

(三)审计依据,即"中国注册会计师独立审计准则";

(四)已实施的主要审计程序。

第十六条 审计报告的意见段应说明以下内容:

(一)会计报表的编制是否符合《企业会计准则》及国家其他有关财务会计法规的规定;

(二)会计报表在所有重大方面是否公允地反映了被审计单位资产负债表日的财务状况和所审计期间的经营成果、资金变动情况;

(三)会计处理方法的选用是否符合一贯性原则。

第十七条 当注册会计师出具保留意见、否定意见或拒绝表示意见的审计报告时,应在范围段与意见段之间增加说明段,清楚地说明所持意见的理由,并在可能情况下,指出其对会计报表反映的影响程度。

当注册会计师出具无保留意见审计报告时,如果认为必要,可以在意见段之后,增加对重要事项的说明。

第十八条 审计报告应由注册会计师签名、盖章,加盖会计师事务所公章,并标明会计师事务所的地址。

第十九条 审计报告日期是指注册会计师完成外勤审计工作的日期。审计报告日期一般不应早于被审计单位当局确认和签署会计报表的日期。

第四章 审计意见的类型与审计报告的编制

第二十条 注册会计师应当根据审计结论,出具下列审计意见之一的审计报告:

（一）无保留意见；

（二）保留意见；

（三）否定意见；

（四）拒绝表示意见。

第二十一条 注册会计师经过审计后，认为被审计单位会计报表的编制同时符合下述情况时，应出具无保留意见的审计报告：

（一）会计报表的编制符合《企业会计准则》及国家其他有关财务会计法规的规定；

（二）会计报表在所有重大方面公允地反映了被审计单位的财务状况、经营成果和资金变动情况；

（三）会计处理方法的选用符合一贯性原则；

（四）注册会计师已按照独立审计准则的要求，实施了必要的审计程序，在审计过程中未受阻碍和限制；

（五）不存在应调整而被审计单位未予调整的重要事项。

注册会计师在编制无保留意见报告时，应以"我们认为"作为意见段的开头，并使用"在所有重大方面公允地反映了"等专业术语。

第二十二条 注册会计师经过审计后，认为被审计单位会计报表的反映就其整体而言是公允的，但还存在下述情况之一时，应出具保留意见的审计报告：

（一）个别重要财务会计事项的处理或个别重要会计报表项目的编制不符合《企业会计准则》及国家其他有关财务会计法规的规定，被审计单位拒绝进行调整；

（二）因审计范围受到重要的局部限制，无法按照独立审计准则的要求取得应有的审计证据；

（三）个别重要会计处理方法的选用不符合一贯性原则。

注册会计师在编制保留意见报告时，应于意见段之前另设说明段，以说明所持保留意见的理由，并在意见段中使用"除存在上述问题造成的影响以外"或"除上述情况待定以外"等专业术语。

第二十三条 注册会计师经过审计后，认为被审计单位会计报表存在下述情况之一时，应出具否定意见的审计报告：

（一）会计处理方法的选用严重违反《企业会计准则》及国家其他有关财务会计法规的规定，被审计单位拒绝进行调整；

（二）会计报表严重歪曲了被审计单位的财务状况、经营成果和资金变动情况，被审计单位拒绝进行调整。

注册会计师在编制否定意见报告时，应于意见段之前另设说明段，说明所持否定意见的理由，并在意见段中使用"由于上述问题造成的重大影响"、"由于受到前段所述事项的影响"等专业术语。

第二十四条 注册会计师在审计过程中，由于审计范围受到委托人、被审计单位或客观环境的严重限制，不能获取必要的审计证据，以致无法对会计报表整体反映发表审计意见时，应当出具拒绝表示意见的审计报告。

注册会计师在编制拒绝表示意见报告时,应于意见段之前另设说明段,以说明所持拒绝表示意见的理由,并在意见段中使用"由于审计范围受到严重限制"、"由于无法实施必要的审计程序"、"由于无法获取必要的审计证据"、"我们无法对上述会计报表整体反映发表意见"等专业术语。

第二十五条 注册会计师明知应当出具保留意见和否定意见的审计报告时,不得以拒绝表示意见的审计报告代替。

第五章 附 则

第二十六条 本准则由中国注册会计师协会负责解释。

第二十七条 本准则自 1996 年 1 月 1 日起施行。

独立审计实务公告第 1 号——验资

第一章 总 则

第一条 为了规范注册会计师执行验资业务,明确工作要求,保证执业质量,根据《独立审计基本准则》,制定本公告。

第二条 本公告所称验资,是指注册会计师依法接受委托,按照本公告的要求,对被审验单位的实收资本(股本)及其相关的资产、负债的真实性、合法性进行的审验。

本公告所称被审验单位,是指在中华人民共和国境内新设立的,依法应当进行验资的企业和实行企业化管理的事业单位。

第三条 注册会计师执行其他验资业务,除有特定要求者外,应当参照本公告办理。

第二章 一般原则

第四条 注册会计师执行验资业务,应当恪守独立、客观、公正的原则,并对验资报告的真实性、合法性负责。

验资报告的真实性是指验资报告应如实反映注册会计师的验资范围、验资依据、已实施的主要验资程序和应发表的验资意见。

验资报告的合法性是指验资报告的编制和出具必须符合《中华人民共和国注册会计师法》和本公告的规定。

第五条 对于尚未建立会计帐目的被审验单位,注册会计师应在审验以前,提请其建立必要的会计帐目。

第六条 注册会计师遇到下列情况之一时,应当明确告知被审验单位予以纠正。被审计单位坚持不改的,注册会计师应拒绝出具验资报告。

(一)被审验单位不能提供真实、合法、完整的验资资料的;

(二)被审验单位对应当进行审验的项目不提供合作,甚至阻挠审验的;

(三)被审验单位坚持要求注册会计师作不实或不当证明的。

第七条 执行验资业务的注册会计师,可根据需要配备相应的业务助理人员。注册会计师应对业务助理人员的工作进行指导、监督、检查,并对其工作结果负责。

注册会计师在验资过程中聘请专家协助工作时,应考虑其能力和独立性,并对其工作结果负责。

第三章 验资内容与要求

第八条 注册会计师应在了解被审验单位基本情况,考虑其自身能力和能否保持独立性,并初步评价验资风险后,确定是否接受委托。如接受委托,会计师事务所应与委托人签订验资业务约定书。

第九条 注册会计师执行验资业务,应当编制验资计划,对验资工作做出合理安排。

第十条 注册会计师验资的范围包括实收资本(股本),形成实收资本(股本)的货币资金、实物资产和无形资产,以及相关的负债等。

第十一条 对于投资者投入的资本,注册会计师应按其不同的出资方式,分别采用下列方法验证:

(一)以货币资金投入的,应在被审验单位开户银行出具的收款凭证及银行对帐单等的基础上审验投入资本。对于股份有限公司向社会公开募集的股本,还应审验承销机构的承销协议和募股清单。

(二)以房屋、建筑物、机器设备和材料等实物资产投入的,注册会计师应清点实物,验证其财产权归属。实物的作价应按照国家有关规定,分别在资产评估确认或价值鉴定或各投资者协商一致并经批准的价格基础上审验。

第十二条 在验资过程中,注册会计师应对投资主体、出资方式、出资比例、出资期限、投资币种等重要事项予以关注。

第十三条 注册会计师应当对被审验单位的实收资本(股本)及相关资产、负债的会计记录进行审核,发现误差,应提请被审验单位调整。如被审验单位拒绝进行调整,注册会计师应当根据需要调整事项的性质和重要程度,确定是否在验资报告中予以反映。

第十四条 注册会计师对于验资业务的执行过程,应做出相应记录,形成验资工作底稿。

第四章 验资报告

第十五条 注册会计师应当在实施了必要的验资程序,取得充分、适当的验资证据,分析、评价验资结论后,形成验资意见,出具验资报告。

根据有关法律,验资报告具有证明效力。

第十六条 验资报告包括以下基本内容:

(一)标题。标题统一规范为"验资报告";

(二)收件人。收件人为验资业务的委托人;

(三)范围段。范围段应当说明验资范围、被审计单位责任与验资责任、验资依据、已实施的主要验资程序等;

(四)意见段。意见段应当明确说明注册会计师的验资意见;

(五)签章和会计师事务所地址。验资报告应由注册会计师签名盖章,并加盖会计师事务所公章;

(六)报告日期。验资报告日期是指注册会计师完成外勤验审工作的日期;

(七)附件。验资报告附件包括"投入资本(股本)明细表"、"验资事项说明"以及注册会计师认为必要的其他附件。

第十七条 注册会计师在范围段中应明确说明,提供真实、合法、完整的验资资料,保护资产的安全、完整是被审验单位的责任；按照本公告要求，出具真实、合法的验资报告是注册会计师的责任。

第十八条 在发表验资意见时，注册会计师应明确说明截止至验资报告日确认的被审验单位实收资本（股本）及相关资产、负债的数额。

第十九条 注册会计师与被审验单位在实收资本（股本）及相关的资产、负债的确认方面存在异议，且无法协商一致时，或在注册会计师认为必要时，应当在意见段之后增列说明段，清晰地反映有关事项，并说明理由。

第二十条 验资报告应当径送委托人，无需经其他单位审定。委托人或其他第三者因使用验资报告不当所造成的后果，与注册会计师及其所在的会计师事务所无关。

第五章 附 则

第二十一条 本公告由中国注册会计师协会负责解释。

第二十二条 本公告自 1996 年 1 月 1 日起施行。

二、中国注册会计师协会《关于清理整顿注册会计师行业的通知》

1997 年 7 月 28 日，召开了一次全国注册会计师协会秘书长工作会议，中心议题是研究如何认真负责地贯彻落实朱副总理关于"做扎实工作，整顿会计师行业"的指示，部署全行业的清理整顿工作。清理整顿的目的，是为了促进、巩固联合，是为了注册会计师事业的发展和提高，也是为了保护自己。这次会议后，中国注册会计师协会发布了《关于清理整顿注册会计师行业的通知》，全文如下：

为了促使我国注册会计师行业规范发展，提高注册会计师执业质量和职业道德水平、促进经济体制改革深入进行，保障社会主义市场经济秩序正常运行，维护国家、企业、公众利益和注册会计师合法权益，根据《中华人民共和国会计师法》（以下简称《注册会计师法》）和国务院要求，结合我国注册会计师行业发展的实际情况，决定从现在起至 1998 年年底，在全国范围内开展注册会计师行业清理整顿工作。现将有关事项通知如下：

一、清理整顿的对象和目的

（一）清理整顿的对象：注册会计师和会计师事务所、审计事务所（以下简称事务所）。

（二）清理整顿的目的：依据《注册会计师法》的要求，通过清理，促使注册会计师合格、事务所达标；按照有关法律、法规、准则、规则的要求，对违法、违规行为进行处罚，对违反执业准则、规则的行为进行治理，对合法、合规、执业质量高、职业道德和社会信誉好的注册会计师、事务所进行表彰，从而保证注册会计师行业规范运作和健康发展，为注册会计师行业在 21 世纪腾飞打下坚实的基础。

二、清理整顿的内容和重点

（一）依据《注册会计师法》和注册管理的有关规定，对注册会计师队伍进行整顿。

重点包括 6 个方面：

1. 清理兼职人员。凡党政机关、公检法、企事业单位、社会团体的现职人员，一律不得兼任注册会计师，也不得兼任事务所的领导干部。凡已兼任的，1997 年年底前辞去一职。没有辞去单位现职的注册会计师，撤销注册，收回注册会计师证书。

2. 清理跨所执业注册会计师。1997 年年底前仍在两个以上事务所执业的注册会计师，撤销注册，收回会计师证书。

3. 清理挂名注册会计师。1997 年未在事务所执业的，撤销注册，收回注册会计师证书。

4. 清理超龄注册会计师。1997 年年底年满 70 周岁的，自查阶段结束后，撤销注册，收回注册会计师证书。个别在全国享有较高声誉、身体健康的专家，需要继续保留注册会计师资格的，由省级注册会计师协会（以下简称省级注协、或地方注协）报请中国注册会计师协会（以下简称中注协）审批。

5. 清理长期未接受后续教育的注册会计师。凡未按要求完成后续教育任务的，应予补课；1998 年年底前，未接受规定的经省级注协确认的审计准则培训的，撤销注册，收回注册会计师证书。

6. 清理违反《注册会计师法》《中国注册会计师执业规范》以及其他规定，应予撤销注册，收回注册会计师证书的其他人员。

以上撤销注册并收回注册会计师证书的人员，属于自查自纠，并符合《中国注册会计师协会非执业会员管理暂行办法》规定条件的，可转为非执业会员。凡属弄虚作假被查出的，严肃处理。

（二）依据《注册会计师法》和事务所审批管理的规定，对事务所是否符合办所条件进行清理整顿。

重点包括八个方面：

1. 是否有 10 名职龄以内的专职工作人员，其中至少有 5 名符合国家规定的 60 岁职龄以内的注册会计师。

根据当前行业实际，可区别以下不同情况进行清理整顿：

在省会城市、国务院确定的沿海开放城市、计划单列城市设立的事务所、必须达到要求，1997 年年底仍未达到的，予以撤销。

在地级城市设立的事务所，必须达到 5 名注册会计师，其中暂允许包括至多 3 名 70 岁以下的超职龄注册会计师，1998 年年底前，必须达到 5 名职龄内的注册会计师，达不到的，予以撤销。

在县和边远地区、少数民族地区设立的事务所，没有注册会计师的，予以撤销;不足 5 名的,1998 年年底前,采取事务所合并、招聘注册会计师等办法,达到 5 名注册会计师;仍达不到的,或者撤销,或作为本地区中心城市具备设立分所条件的事务所的分支机构,不再保持独立所的地位,不再独立出具审计业务报告;中心城市事务所的分支机构,不再保持独立所的地位,不再独立出具审计业务报告;中心城市事务所对其发展应负责辅导、指导、并对其经营承担连带责任。

2. 是否有 30 万元注册资金。凡不足的,1997 年年底前补足,未补足的,予以撤销。

3. 是否有固定办公场所。无固定办公场的,1997 年年底前予以撤销。

4. 是否滥设分支机构。目前以各种名称、各种形式成立的事务所分支机构,在两会联合前,未经省级财政、审计部门批准、由事务所擅自设立的;在两会联合后,未经省级注协办理的,均予以取缔。分支机构具有法人资格,但达不到独立事务所规定条件的,1997 年年底前应达到独立所的条件,达不到的,应变更法人登记,否则,予以撤销。不具有独立法人资格的分支机构,至少应有 2 名职龄内的注册会计师,达不到的,1997 年年底前应予撤销。总所对分支机构仅仅收取管理费,在接受业务、出具报告、专业指导等方面,总所与分支机构均无约束关系的,撤销分支机构。由上级主管或其他部门强制性并入的分支机构,应尊重事务所的意见,决定是否解除相互间所属关系,已解除关系的分支机构,具备独立所条件的予以独立,不具备独立所条件的予以撤销。同一事务所在同城设立具有法人资格的分支机构予以撤销;同一事务所在同城设立不同挂靠单位的分支机构,应改变挂靠关系,成为由总所负连带责任的分支机构。

5. 事务所挂靠单位是否符合规定。凡挂靠企业(包括全国性公司、商业性金融机构)的事务所,应在 1997 年年底前改变挂靠单位,或者脱钩改制。企业参股的事务所,1997 年年底前应将企业投入的份额清理核实后如数退还、逾期未改的,予以撤销。

6. 合伙事务所是否达到法定要求和审批管理的规定。1997 年年底前达不到法定要求和审批管理规定的,予以撤销。

7. 具有从事证券相关业务资格的事务所是否符合规定条件。1997 年年底前达不到必备条件的,暂停执业证券相关业务资格;1998 年年底前,与挂靠单位脱钩;1997 年年底前,按中办发〔1993〕17 号文件,包括人事、财务、业务、名称四个方面全面脱钩的规定,提交方案。到期未脱钩的,取消执行证券相关业务资格。

8. 事务所领导班子是否符合要求。事务所实行主任会计负责制。在清理时,各事务所应如实报告有关领导成员情况,对非专业人员担任主要负责人的,应进行调整。事务所的主要负责人是否由注册会计师担任,将在清理整顿后期作为事务所划分等级的重要条件之一。

（三）依据独立审计准则、质量控制准则等规定对事务所1996年、1997年执业质量进行清理整顿。

清理整顿的重点是：事务所是否建立了完整的审计和报告和工作底稿的逐级复核制度，承接业务是否按法定要求签订业务约定书，办理业务是否按要求编制了审计计划，是否缺少重要的审计程序，发表的审计意见是否缺少重要的审计证据支持，出具的审计报告从格式到内容是否符合准则规定，是否按规定编制工作底稿，是否建立了审计档案管理制度，是否出过虚假报告，利用其他注册会计师的工作是否符合有关要求，从事验资业务是否符合执业规范的要求等。对于违规行为，凡在清理整顿期间主动整改的，以教育为主。凡违反《注册会计师法》第二十条、第二十一条有关规定的，按《注册会计师法》规定，追究注册会计师和事务所的法律责任。

（四）依据《注册会计师法》和职业道德准则及有关法律、法规规定，对注册会计师和事务所1996年、1997年职业道德情况进行清理整顿。

清理整顿的重点是：事务所违反规定实行个人业务承包和收入分成，实行回扣、佣金或以其他任何形式支付或变相支付业务介绍费，依靠行政部门的权力承揽业务、或由行政部门发文指定承揽业务的，限期整改，逾期未改的，严肃处理；执行业务没有合法的业务约定书，接受中间商委托的业务，事务所卖牌子的，撤销事务所，注册会计师卖签字的，吊销注册会计师证书；采取广告宣传方式争揽业务的，予以警告或者通报；持有客户股票、债券或与客户存在其他经济利益关系的，限期整改，造成严重后果的，依法处理。

（五）依据注册会计师行业管理制度的有关规定，对事务所的财务收支管理和会计账目进行清理整顿。

清理整顿的重点是：事务所是否设立会计账目，是否有完整的会计记录；是否存在隐瞒收入，不合理开支，不留积累，不提取风险基金，事业发展基金等违反国家财务制度的问题。存在问题的，限期整改，逾期不改的，严肃处理、情节严重的，撤销事务所。

检查1996年、1997年事务所是否向挂靠单位提供回报（如上交管理费、利润分成、福利费补贴、赞助等），是否向政府有关部门无偿提供各种名目的费用，以及向在事务所兼职、挂职的政府工作人员提供报酬。

检查1996年、1997年中注协会员缴纳会费情况。根据全国特别代表大会的要求，"1996年的会费，由联合后的中注协统一收取。原来按上年收入1‰计算会费的，继续按1‰上缴；原来按定额上缴的，继续按定额上缴。自1997年起，无论会计师事务所还是审计事务所，均按上年收入的1‰的统一标准，由省级注协汇总后，统一向中注协缴纳"。缴纳会费，是每个会员应尽的义务，逾期未缴的，不换发新的注册会计师证书，或事务所批准证书。

（六）依据《注册会计师法》及财政部、国家税务机关的有关规定，对境外会计公司常驻代表处和涉外事所进行财务税收检查，并对其设立及执业是否符合规定进行检查。

对境外会计公司常驻代表处，重点检查其是否违法从事审计业务，如违法从事审计业务，除责令其停止违法活动，没收违法所得，处以一倍以上五倍以下罚款外，还应报经财政部批准，一律予以撤销，并在一定期间禁止进入中国会计市场。对中外合作事务所，重点检查是否遵守财政部 1996 年发布的《中外合作会计师事务所暂行办法》的有关规定，如有违反，依据《注册会计师法》的相关条款进行处罚。对未经批准、擅自设立、或者变相设立的分支机构应予取缔。对于未经批准擅自入境非法从事法定审计业务的人员，责成合作所限期撤离。对于未经法定手续批准擅自与境外会计公司签订"联系所""成员所"的中国事务所，一律暂停执业。

三、清理整顿的方法和步骤

（一）基本方法是：自查、检查、抽查相结合；边整边改相结合；基础建设、发展提高相结构；教育帮助、严肃处理相结合；表彰先进、惩治违纪相结合。

各级注协要加强领导，周密计划，细致安排，严格组织，严肃检查，扎实工作，不讲情面，不走过场。注意调查研究，着重抓好典型，依法开展各项工作。

（二）全国清理整顿工作分为四个阶段进行：

第一阶段，事务所自查。1997 年 8 至 12 月，各事务所应组织学习、进行动员。通过学习、动员，明确清理整顿的必要性、重要性和紧迫性，从而提高参加清理整顿工作的自觉性。在此基础上，各事务所应按照中注协的统一要求和省级注协的具体安排，对照有关法律、法规、行业管理制度及清理整顿的要求，进行自查。找出自身存在的问题，提出整改措施。中注协将拟订、公布检查提纲，下发检查表格，各地区、各事务所可根据本地区、本事务所的实际情况，补充自查、检查的重点项目。鼓励在自查时，主动整改。1997 年 12 月底前，各事务所应向省级注协填报统一规定的各种自查报表，写出书面自查报告。

第二阶段，省级注协检查。1998 年 1 至 4 月，各省级注协组织对本地区的注册会计师和事务所进行全面检查。除对任职资格、办所条件、执业质量等清理整顿内容逐一进行检查外，重点检查事务所自查中是否存在隐瞒、虚报、回避的问题及有举报的问题。

第三阶段，中注协抽查。1998 年 5 至 6 月，中注协组织 6 个检查组，对各地清理整顿情况进行检查验收，同时对重点地区、重点所和重点事件进行抽查。凡验收未通过的地区和事务所，应进行补课；经补课后仍达不到规定标准的，不换发新的注册会计师和新的事务所批准证书。

第四阶段,总结验收,建制发证。各地协会,在上述 3 个阶段完成后,应进行总结,并在总结的基础上,有针对性地建章建制,把行业建设纳入规范化、法制化的轨道。同时表彰优秀注册会计师和质量信得过的事务所,树立一批好的典型。

通过清理整顿验收后,1998 年第四季度,全行业换发新的注册会计师证书和新的事务所批准证书,未获得新证书的注册会计师和事务所,一律不得执业。

在全行业清理整顿的基础上,制定包括以人才资源,内部控制,职业道德为主要内容的考核指标体系。在 1998 年第 4 季度,按考核成绩划分事务所的等级,按等级明确事务所的执业范围,按规定范围进行执业,并由省级注协在报纸上予以公布。

对检查中发现的问题,经过核实后,依照《注册会计师法》及有关法律、法规、规章的规定,逐个进行处理。总的原则是:对于不符合规定要求的,通过处理促使其符合规定要求;对于有法不依,明知故犯、违反职业道德、违法违规的,依法进行处罚;对于严重违法、违规、违纪行为,从重、公开处罚。具体处理时,本着自查自纠从宽、被查处理从严的原则掌握。

四、清理整顿的组织领导和工作要求

(一) 加强领导

这次清理整顿工作政策性强,涉及面广,任务艰巨,各级注协应在统一思想认识、统一工作部署。统一检查标准的基础上,切实履行应尽的职责。

中注协成立清理整顿工作办公室,负责清理整顿工作中的上下联系,各方协调、传递信息、调查研究。各地注协要把常设办事机构的主要力量组织起来,并可从事务所适当抽调一部分思想好、作风正、专业水平高的骨干力量,组成清理、整顿的工作班子,以保证工作的顺利进行。

所有中外合格事务所、国际会计公司成员所、常设代表处,中注协直接管理的京外事务所和京内直管所的外地分支机构的清理整顿工作,由所在各地的省级注协及深圳市注协组织强有力的工作班子,统一组织进行。

中注协直接管理的其他在京事务所,清理整顿的各项工作由中注协负责。

(二) 广泛宣传

首先,要在本行业内进行广泛深入的宣传,明确担任注册会计师,设立事务所的基本条件,承担的主要任务和执业的基本要求,在社会经济生活中的地位和作用,增加清理整顿的自觉性。

其次,要充分利用一切传媒,在社会上广泛进行宣传。通过宣传,不仅要让社会各界了解这次清理整顿的重大意义,而且要动员社会各界对注册会计师行业的工作质量实行监督,形成制止注册会计师造假的社会风气。

中注协将编写宣传提纲,各地注协可根据宣传提纲,结合本地区的实际情况补充有关资料进行各种形式的宣传。

（三）加强注协自身建设

各级注协应在统一法律规范、统一执业标准、统一监督管理的基础上，切实履行对注册会计师、事务所的服务、监督、管理、协调的职能，担负起这次清理整顿的重任。在清理整顿工作中，要依法加强对注册会计师行业的统一管理，完善内部组织机构，秘书长、副秘书长要做到专职、尽职、加强内部统一管理，确保常设办事机构的正常运转；在财政、审计机关的支持下，深入、扎实地搞好清理整顿工作。

对于久拖至今仍未联合的 4 个省、区，应当根据财政部、审计署通知的要求，尽快发出联合文件。对于联合中的枝节问题，应尽快解决；对不符合财政部、审计署文件要求的，应从大局出发，互谅互让、按全国统一规定办。已经合并办公的协会常设办事机构，应该同心同德，不应将常设办事机构人员分割为部分利益的代表。常设办事机构应该对人员、工作实行统一管理。

针对上述情况，各地的清理整顿工作，可分别按以下 3 种情况进行：

1. 目前尚未发出联合文件的 4 个省、区，一方面应加快联合的步伐；另一方面，按统一布置抓好清理整顿工作。注册会计师协会、注册审计师协会应各自组织注册会计师、事务所进行学习、动员，按全国统一要求，布置进行自查，检查和最后阶段的处理工作由联合后的注协统一组织实施。

2. 已经发出联合文件，未合并办公的地区，立即组织一个联合小组，对清理整顿工作进行统一布置，不应再分头布置。通过清理整顿，促进合并办公。

3. 已经合并办公的地区，应把清理整顿作为联合后的首要任务来抓。组织足够的力量，做扎实工作，促进行业管理上一个新的台阶。

（四）与日常工作相结合

清理整顿应与日常的行业管理，如注册会计师年龄、事务所质量检查、财务检查等工作结合进行。凡 1997 年对 1996 年度的任职资格、办所条件及执业质量、财务情况等进行的检查，均为有效。但要按照清理整顿的要求，对照检查，缺什么补什么，认真履行各种填报手续。1998 年对 1997 年度的日常工作检查，应与清理整顿工作结合同时进行，不再另行布置。其他工作，照常进行，抓紧抓实。

（五）加大事务所体制改革的力度

清理整顿工作应与事务所的体制改革相结合。事务所改制的核心，是解决独立性的问题，事务所体制是否合理的标准是能否在体制上保证执业的独立、客观、公正。要注意研究问题的关键所在，通过加大改革力度，加速事务所内部体制改革，强化内部控制，理顺分配机制，严格执业要求，尽快形成自我约束、自我发展的机制。

与我国的经济体制相适应，事务所改制将是多种所有制、多种经营方式、多层次的结构。鼓励发展合伙事务所；加快现有有挂靠单位事务所的脱钩进程，所有挂靠执法机关的事务所应加快脱钩速度；组建集团事务所应当适应经济发展规律,按执业需要进行组合,淡化行政色彩,禁止行政干预,反对行业垄断、地区封锁,组建集团事务所必须上水平、上档次、上规模;中外合作事务所在三年内必须完成向国际成员所的过渡,已经批准为国际成员所的事务所,应在 1997 年内完全与挂靠单位脱钩、没有脱钩的,取消国际成员所资格。逐步实行国务院决定的"五开放",创造良好的执业环境。

三、财政部关于印发《违反注册会计师法处罚暂行办法》的通知

1998 年 1 月 14 日,财政部为了加强注册会计师行业的监督管理,促进注册会计师事业的健康发展,制定了本暂行办法共 40 条,要求全行业遵照执行。具体内容如下:

第一条　为加强注册会计师行业的监督管理,促进注册会计师事业的健康发展,维护社会公共利益和当事人的合法权益,根据《中华人民共和国注册会计师法》和《中华人民共和国行政处罚法》,制定本办法。

第二条　注册会计师和会计师事务所、审计事务所(以下简称"事务所")在执业中违反注册会计师行业管理的法律、法规和规章应予行政处罚的,适用本办法。

第三条　省级以上人民政府财政部门负责对注册会计师和事务所的处罚工作,省级以上注册会计师协会具体处理日常工作。

第四条　对注册会计师的处罚种类包括:

(一)警告;

(二)没收违法所得;

(三)罚款;

(四)暂停执行部分或全部业务,暂停执业的最长期限为 12 个月;

(五)吊销有关执业许可证;

(六)吊销注册会计师证书。

第五条　对事务所的处罚种类包括:

(一)警告;

(二)没收违法所得;

(三)罚款;

(四)暂停执行部分或全部业务,暂停执业的最长期限为 12 个月;

(五)吊销有关执业许可证;

(六)撤销事务所。

第六条　注册会计师受到刑事处罚,予以吊销有关执业许可证和注册会计师证书。

第七条　注册会计师与客户通同作弊,故意出具虚假报告,予以暂停执业;给利害关系人造成重大经济损失或产生恶劣社会影响的,吊销有关执业许可证或注册会计师证书。

第八条　注册会计师因过失出具虚假报告,予以警告;给利害关系人造成重大经济损失或产生恶劣社会影响的,予以暂停执业,直至吊销有关执业许可证或注册会计师证书。

第九条 注册会计师不按照中国注册会计师独立审计准则、职业道德准则、质量控制准则和职业后续教育准则的要求执业,予以警告;情节严重的,予以暂停执业。

第十条 注册会计师允许他人借用本人的名义申办事务所,或同时在两个或两个以上的事务所申报年检或执业,责令改正,并予以暂停执业;情节严重的,吊销注册会计师证书。

第十一条 注册会计师允许他人以本人名义执行注册会计师业务,责令改正,并予以暂停执业。

第十二条 注册会计师泄露客户的商业秘密,予以警告;造成严重后果的,予以暂停执业,直至吊销注册会计师证书。

第十三条 注册会计师与客户存在利害关系应当回避而未予回避,责令改正,并予以警告。

第十四条 注册会计师向客户索取、收受业务约定书约定以外的酬金或者其他财物,或者利用执行业务之便,谋取其他不正当利益,责令改正,予以警告;情节严重的,予以暂停执业,直至吊销注册会计师证书。

第十五条 注册会计师拒绝、阻挠财政部门和注册会计师协会的检查、调查,予以警告;情节严重的,予以暂停执业。

第十六条 事务所与客户通同作弊,故意出具虚假报告,予以暂停执业;给利害关系人造成重大经济损失或产生恶劣社会影响的,撤销事务所。

第十七条 事务所因过失出具虚假报告,予以警告;给利害关系人造成重大经济损失或产生恶劣社会影响的,予以暂停执业直至吊销有关执业许可证或撤销事务所。

第十八条 事务所内部质量管理混乱,不按照中国注册会计师独立审计准则、职业道德准则、质量控制准则和职业后续教育准则的要求执业,予以警告;情节严重的,予以暂停执业。

第十九条 事务所通过下列任何一种方式招揽业务,责令改正,并予以警告;情节严重的,予以暂停执业。

(一)对其能力进行广告宣传;

(二)向有关单位和个人分成、支付回扣、佣金或介绍费等;

(三)对客户或其他单位和个人进行胁迫、欺诈、利诱;

(四)降价收费。

第二十条 事务所允许其他单位和个人以本所名义承办注册会议师业务,或允许本所注册会计师同时在其他事务所执行业务,予以警告;情节严重,予以暂停执业。

第二十一条 事务所与客户存在利害关系,应当回避而未予回避,予以警告。

第二十二条 事务所泄露客户的商业秘密,予以警告;造成严重后果的,予以暂停执业。

第二十三条 事务所未经批准设立分支机构,予以警告;并责令撤销其分支机构。

事务所对其分支机构不加管理或管理不严,予以警告;情节严重的,撤销其分支机构。

第二十四条 事务所达不到法定的办所条件,予以警告;并责令其在最长 12 个月的限期内达到条件;逾期仍达不到规定条件,予以暂停执业;暂停执业期满仍达不到规定条件,撤销事务所。

第二十五条 事务所达不到有关执业许可证规定的条件,予以警告,并责令其在最长 12

个月的限期内达到条件；逾期仍达不到规定条件，予以暂停执业；暂停执业期满仍达不到规定条件，吊销有关执业许可证。

第二十六条　事务所拒绝、阻挠财政部门和注册会计师协会的检查、调查，予以警告；情节严重的，予以暂停执业。

第二十七条　注册会计师和事务所有本办法所列的违法行为，除按规定给予其他处罚外，有违法所得的，没收其违法所得，可并处违法一倍以上五倍以下的罚款；没有违法所得的，可并处不超过 10 000 元的罚款。

第二十八条　对注册会计师和事务所违法行为负有责任的事务所负责人，应参照本办法的有关规定予以处罚；对其他有责任的从业人员，应责成事务所或建议有关单位给予处分。

第二十九条　注册会计师或事务所有下列情况之一，应当从重处罚。

（一）同时具有两种或两种以上应予处罚的行为；

（二）在两年内发生两次或两次以上同一性质的应予处罚的行为；

（三）对投诉人、举报人、证人等有关人员打击报复；

（四）违法行为发生后订立攻守同盟或隐匿、销毁证据材料，阻挠检查、调查；

（五）其他应予从事处罚的情形。

第三十条　注册会计师或事务所有下列情形之一，可以从轻、减轻或免除处罚。

（一）主动改正违法行为或主动消除、减轻违法行为危害后果；

（二）主动向有关部门报告其违法行为；

（三）受他人胁迫有违法行为；

（四）主动配合查处违法行为；

（五）其他应予以从轻、减轻或免除处罚的情形。

第三十一条　注册会计师和事务所的违法行为构成犯罪的，应当移交司法机关，依法追究刑事责任。

第三十二条　省级以上人民政府财政部门负责管辖在本地区注册、设立的注册会计师、事务所的处罚。

第三十三条　省级人民政府财政部门对管辖发生争议的，由双方协商解决；经协商无法解决的，可报请财政部指定管辖。

第三十四条　财产部在必要时可直接办理省级人民政府财政部门管辖范围的有关案件。

第三十五条　注册会计师协会有权对注册会计师和事务所进行检查、调查、必要时可会同有关部门对其他有关单位和个人进行检查、调查。

第三十六条　注册会计师协会对注册会计师和事务所提出处罚意见，报经省级以上人民政府财政部门批准后，由财政部门作出处罚决定。

第三十七条　省级以上人民政府财政部门作出暂停执业、吊销有关执业许可证或注册会计师证书、撤销事务所和较大数额的罚款的处罚决定之前，应当告知注册会计师或事务所有要求举行听证的权利；注册会计师和事务所要求听证的，省级以上人民政府财政部门应当组织听证。

听证工作应当按照《中华人民共和国行政处罚法》的有关规定执行。

第三十八条 注册会计师和事务所对处罚决定不服的,可申请行政复议,也可直接向人民法院提起行政诉讼。

有关行政复议工作应当按照国家法律、法规和财政部的有关规定进行。

第三十九条 本办法由财政部负责解释。

第四十条 本办法自发布之日起执行。

四、财政部发出《关于清理整顿涉外会计机构的通知》

1997年9月19日,财政部向北京市、上海市、天津市、辽宁省、福建省、深圳市财政厅(局)国税局、地税局、发布《关于清理整顿涉外会计机构》的通知,全文如下:

根据《中华人民共和国注册会计师法》(以下简称《注册会计师法》)、税法和国务院要求,结合我国注师行业发展的实际情况,决定从现在起至1998年年底,在全国范围内开展注册会计师行业清理整顿工作。涉外会计师事务所及国际和外国会计公司在中国境内设立的常驻代表处,均属于清理整顿对象,由于涉外会计机构的特殊性和清理整顿同时进行财务、税收检查,经商国家税务总局同意,现将有关事项通知如下。

一、清理整顿的目的

依据《注册会计师法》的要求,通过清理整顿,促使中外合作会计师事务所(以下简称合作所)、国际会计公司中国成员所(含联系所,以下简称成员所)、国际和外国会计公司常驻代表处(以下简称代表处)的设立、运作符合法律、法规规定;依据中国税法以及中国政府有关事务所的规定;依据中国有关证券市场管理法律、法规规定,通过清理整顿使其符合法律、法规的规定:依据中国政府和中国注册会计师协会(以下简称中注协)对注册会计师进行管理的有关规定,清查境外会计师在中国境内执业的状况,从而促使其在中国法律、法规允许的范围内更好地开展业务;依据有关中注协行业管理的规定,通过清理整顿,促使其合规运转。

二、清理整顿的内容和重点

(一)依据《注册会计师法》和财政部《境外会计师事务所常驻代表机构管理暂行办法》及有关规定,对代表处进行清理整顿。

重点包括6个方面:

1. 代表处常驻人员是否经合法批准,未经批准或擅自委任的常驻人员,予以撤销。

2. 代表处是否非法从事法定审计业务。1996年、1997年内代表处非法从事法定审计业务的,按《注册会计师法》第四十条的规定,由省级及深圳市财政机关责令其停止违法活动,没收违法所得,并处以违法所得一倍以上五倍以下罚款。在 1996 年对合作所财务税收检查以后,代表处再次违法执业的,除进行上述处罚外,情节严重的,经财政部批准,撤销代表处,并在 5 年内禁止在中国设立新的代表处。

3. 代表处是否聘用了中国注册会计师。凡在 1996 年、1997 年聘用了中国注册会计师的,该代表处的中国注册会计师的执业资格予以取消。

4. 代表处是否违反了中国税法的有关规定。检查代表处 1996 年、1997 年纳税情况。凡违反中国税法有关规定的,依法进行处理。

5. 代表处是否按规定向中注协提交了 1996 年业务活动报告。凡未提交业务报告的,限期补交。

6. 代表处是否与其相关的合作所、成员所在业务、财务上分别独立运作。凡 1996 年、1997 年混合运作的,在 1997 年年底前必须分开,否则代表处及相关的合作所和成员所停业整顿。

(二) 依据《注册会计师法》和财政部《中外合作会计师事务所管理暂行办法》及有关规定,对合作所进行清理整顿。

重点包括 10 个方面:

1. 是否在中国境内以合作双方原事务所名义单独从事法定审计业务。违反者,对有关责任方给予警告,限期改正。

2. 是否按规定由合作所统一执行业务,检查 1996 年、1997 年中国企业境内上市外资股(B 股)的审计报告,是否由中国注册会计师签发;所有在中国境内从事的审计业务,是否均由合作所统一承缆、统一收取费用、统一进行核算、统一保管档案、统一安排人员。违反者,给予警告处分。

3. 是否按规定执行上市公司的相关业务。与其他事务所合作审计,本所出报告,本所承办的工作量是否达到 60%,凡未达到的,属卖招牌行为,予以罚款。其工作质量是否符合执行证券业务的有关规定,凡违反的,限期纠正。

4. 是否按规定向中注协提交 1996 年、承接上市公司审计项目一览表,凡在 1997 年年底前未提交的,给予警告。

5. 是否按规定向中注协提交了 1996 年、1997 年合作所注册会计师人员名单,并及时报告人员变动情况,凡 1997 年年底前未提交人员名单和报告人员变动的,给予警告。

6. 是否按规定聘请外方人员。凡未经中外双方业务负责人同意、并报中注协备案聘用的外方人员,在 1997 年年底应予撤离。

7. 是否完成后续教育计划。合作所应按规定向中注协报告每年培训情况,凡 1996 年、1997 年未达到中注协培训制度要求的注册会计师,应予补课。

8. 是否按规定进行财务管理、会计核算和缴纳税款。检查合作所 1996 年、

1997年财务管理、会计核算和纳税情况。凡无完整会计记录的,限期改正;凡未按规定进行会计核算的,限期改正;凡未经本所以外的中国注册会计师审计的年度会计报表,应聘请中国注册会计师进行审计;凡在中国境内从事业务的一切财务收支,未记、漏记、故意隐瞒不记的,属偷税行为,按税收征管法进行处理。

9. 是否按规定设立分支机构。凡非法设立的分支机构,予以取缔,并按有关规定进行处理。

10. 是否按章程、协议、合同规定正常运转。检查董事会是否正常运转,中、外方总经理是否到位。

(三) 依据《注册会计师法》和财政部《关于允许国际会计师事务所在中国境内发展多个成员所的通知》及有关规定,对成员所进行清理整顿。

重点包括4个方面:

1. 是否按规定批准设立。所有成员所,均应经财政部门批准方为合法。凡未经批准,擅自设立的,1997年年底前予以取缔。

2. 是否完成了事务所的体制改革。按规定,成为成员所的会计师事务所必须完成体制改革(对联系所无此要求)。1998年年底前没有完成体制改革的,取消成员所资格。

3. 是否按规定聘请外籍人员。凡聘请的外籍人员,必须报经中注协批准,未经批准的,在1997年年底前应予撤离。

4. 其他有关事项,按《关于清理整顿注册会计师行业的通知》(中注协会协字〔1997〕183号)的要求进行。

三、清理整顿的方法和步骤

(一) 基本方法是:自查、检查、抽查相结合;边整边相结合;教育帮助、严肃处理相结合;表彰先进、惩治违纪相结合。

所有的合作所、成员所、代表所,均按属地原则,委托当地注协会同当地财政、税务部门组织清理整顿。受委托的注册会计师协会、财政、税务部门,要加强领导、周密计划、细致安排、严格组织,严肃检查,扎实工作,不走过场。

(二) 全部清理整顿工作分四个阶段进行:

第一阶段,合作所、成员所、代表处自查。自文到之日起,至1997年12月底,各合作所、成员所、代表处应组织学习。通过学习,明确清理整顿的必要性、重要性和紧迫性,从而提高参加清理整顿工作的自觉性。在此基础上,按财政部,中注协统一要求,进行自查。填写各种自查表格。在1997年12月底前,报送所在地注册会计师协会。

第二阶段,所在地注协检查。1998年1月至4月,有关地方注协组织检查组,按本通知所附"外国会计公司中国机构分布表"的列示,对本地的合作所、成员所和代表处进行全面检查,重点检查各事务所自查中是否存在隐瞒、虚报、回避的问题及有举报的问题。

第三阶段,中注协抽查。1998 年 5 月至 6 月,中注协组织检查组,对各地清理整顿情况进行检查验收,同时有重点地进行抽查。

第四阶段,总结验收。在上述 3 个阶段完成后,各地注协应进行总结,并在总结的基础上,有针对性地建章建制,把行业管理纳入法制化,规范化的轨道。对模范遵纪守法的合作所、成员所和代表处中的好典型,应进行表彰。

第十一章

会计师事务所与挂靠单位脱钩及体制改革的法规

进入"九五"计划时期,在经历了 15 个年头的发展以后,中国注册会计师事业正向大发展、大提高、大踏步的方向迈进。截至 1995 年年末,在会计师事务所执业的会计师为 26 000 人,经过 1993 年 12 月 31 日以前考核和历届考试合格的、具有注册会计师资格的约 22 000 人;同时,在审计事务所执业,即将转为注册会计师的约 30 000 人,具有审计师资格的约 30 000 人。两部分人员加起来是108 000人。按照财政部给国务院上报的规划,打算在 2000 年,中国执业的注册会计师,由 1995 年的 56 000 人,发展到 100 000 名,执业人员较 1995 年增加近50 000名。要达到这个目标,不是一件轻而易举的事情,需要采取一些非常措施,包括法制建设、培训任务、业务监督、专业建设、体制改革、非执业会员、对外开放、协会建设等。因此,在这一时期国家主管部门针对注册会计师事务所,关于脱钩和体制改革的相应法规,是最切身的大事,也是进入新世纪并经过改制后,在新型会计师事业中,需要继续贯彻遵循的法制建设的基础,必须深刻理解,常温常新。

第一节　会计师事务所、审计事务所脱钩改制的法规

一、《关于注册会计师执行证券,期货相关业务实行许可证管理的暂行规定》

1997 年 12 月 31 日,两部会以财会协字〔1997〕52 号文发布的管理暂行规定,共六章二十七条,全文如下。

第一章　总　则

第一条　为了充分发挥注册会计师在证券、期货市场中的中介作用,保护投资者和社会公众的合法利益,维护证券、期货市场的规范发展,根据《中华人民共和国注册会计师法》及有关证券、期货法律、法规的规定,制定本规定。

第二条　财政部和中国证券监督管理委员会(以下简称中国证监会)对注册会计师以及会计师事务所、审计事务所(以下简称事务所)执行证券、期货相关业务实行许可证管理制度。

注册会计师、事务所执行证券、期货相关业务,必须取得证券、期货相关业务许可证(以下简称"许可证")。

第三条　本规定所称证券、期货相关业务,是指证券、期货相关机构的会计报表审计、净资产验证、实收资本(股本)的审验及盈利预测审核等业务。

本规定所称证券、期货相关机构,是指公开发行股票与上市交易的公司,证券、期货专营、兼营机构和证券、期货交易场所等。

本规定所称证券,包括股票以及可转换债券、投资基金等具有股票性质、功能的证券。

本规定所称期货,包括商品期货、金融期货等。

第四条　注册会计师、事务所依法执行证券、期货相关业务时,不受行政区域、行业限制,任何单位和个人不得干预。

证券、期货相关机构有权自主选择具有许可证的事务所。

第二章　申请许可证的条件

第五条　注册会计师申请许可证,应当符合下列条件:

(一)所在事务所已取得许可证或者符合本规定第六条的条件;

(二)具有证券、期货相关业务资格考试合格证书;

(三)有执行独立审计业务三年以上的经历;

(四)年龄不超过60岁;

(五)以往三年内没有违反法律、法规和执业准则、规则的行为并年检合格。

注册会计师证券、期货相关业务资格考试办法,由财政部另行制定。

第六条　事务所申请许可证,应当符合下列条件:

(一)已经与挂靠单位脱钩;

(二)依法成立三年以上,内部质量控制健全,并在以往三年内没有违反法律、法规和执业准则、规则的行为;

(三)具有8名以上取得证券、期货相关业务资格考试合格证书或者已经取得许可证的注册会计师(不含分支机构注册会计师);

(四)专职从业人员不少于40人(不含分支机构人员),其中60岁以内人员不少于30人;

(五)注册资本、风险基金及事业发展基金总额在300万元以上。

由注册会计师发起设立的事务所,有6名取得证券、期货相关业务许可证并已经执行证券、期货相关业务三年以上的注册会计师,可以不适用前款规定。

第三章　许可证的申请与审批

第七条　符合本规定第五条、第六条要求的注册会计师、事务所申请执行证券、期货相关业务,应当在规定的受理申请时间内向财政部、中国证监会提交申请。

第八条　注册会计师申请执行证券、期货相关业务,应当按照规定填写《注册会计师证券、期货相关业务许可证申请表》。

第九条 事务所执行证券、期货相关业务,应当提交下列资料:

(一)事务所执行证券、期相关业务的申请报告及《事务所证券、期货相关业务许可证申请表》;

(二)注册会计师填写的《注册会计师证券期货相关业务许可证申请表》或者许可证复印件;

(三)事务所填写的《事务所注册会计师一览表》《事务所业务助理人员一览表》及《事务所聘用的其他专家和技术人员的情况表》;

(四)最近三年的年度会计报表,事业发展基金,风险基金的计提及使用情况说明;

(五)财政部、中国证监会要求提供的其他资料。

符合本规定第六条第二款规定的事务所,应当提供有许可证的注册会计师承办的首次公开发行股票公司前三年会计报表审计及上市公司年度审计的有关报告复印件及业务简历。

第十条 注册会计师、事务所的申报材料,由省级注册会计师协会审查并提出意见后,同时报中国注册会计师协会、中国证监会有关部门。

中国注册会计师协会、中国证监会有关部门对注册会计师、事务所的申报材料进行审核,并对申报的注册会计师、事务所的执业质量进行抽查。

第十一条 经审核合格的注册会计师、事务所,由财政部会同中国证监会批准并予以公告,并由中国注册会计师协会办理颁发许可证事宜。

第四章 许可证的管理

第十二条 取得许可证的注册会计师转入其他具有许可证的事务所,应当办理许可证的变更手续。

注册会计师变更许可证,应由本人提出书面申请,通过其转入的事务所向省级注册会计师协会申报。省级注册会计师协会审查后报中国注册会计师协会、中国证监会有关部门审核,经财政部、中国证监会批准后,换发许可证。

第十三条 取得许可证的注册会计师离开事务所从事其他工作或者转入未取得许可证的事务所时,原所在事务所应当将其许可证收回上交省级注册会计师协会并转送中国注册会计师协会,中国注册会计师协会应当及时报告财政部、中国证监会。

有前款所列情形的注册会计师在许可证上交三年内重新进入具有许可证或者符合申报条件的事务所时,可以申请恢复许可证;超过三年的,应当按照本规定重新申请。

第十四条 取得许可证的事务所变更名称时,应当及时通过省级注册会计师协会向财政部、中国证监会报告。变更名称的事务所符合本规定第六条要求的,财政部、中国证监会应当及时办理许可证的变更手续。

取得许可证的事务所发生合并、分立行为时,应当及时通过省级注册会计师协会向财政部、中国证监会报告。财政部、中国证监会根据具体情况保留、收回或者变更原许可证。

第十五条 取得许可证的事务所,应当向中国注册会计师协会和中国证监会有关部门提交执行证券、期货相关业务的年度总结。年度总结应当包括以下内容:

(一)上年度所服务的证券、期货相关机构的名称、业务类型及签字的注册会计师;

（二）取得许可证的注册会计师参加证券、期货相关业务的培训情况；

（三）取得许可证的注册会计师及事务所其他人员的变动情况；

（四）注册资本、事业发展基金、风险基金的变动情况；

（五）财政部和中国证监会要求报告的其他事项。

第十六条　事务所的许可证除被暂停或者注销外，长期有效。

第十七条　注册会计师的许可证实行年度注册制度。

省级注册会计师协会应于每年 7 月集中向中国注册会计师协会申报注册会计师许可证的年度注册。

超过 65 周岁或者未通过注册会计师年检，以及离开具有许可证的事务所人员，不得申报年度注册。

第十八条　中国注册会计师协会负责注册会计师许可证年度注册，对合格人员换发许可证。

第十九条　事务所有许可证的注册会计师不足规定人数，暂停执行证券、期货相关业务，年度注册时暂停换发该事务所注册会计师的许可证。暂停期最长不超过一年。逾期仍未达到规定人数，注销该事务所的许可证。

第二十条　中国注册会计师协会应在年度注册工作结束后一个月内，将有关情况向财政部、中国证监会报告。

财政部、中国证监会对取得许可证的注册会计师、事务所执行证券、期货相关业务的情况定期或不定期的进行检查。

第二十一条　注册会计师、事务所执行证券、期货相关业务时，不得违反有关规定，降低执业质量，低价争揽业务。

第五章　罚　则

第二十二条　注册会计具有下列情形之一时，视情节轻重依法单处或者并处警告、罚款、暂停执行证券、期化相关业务、吊销许可证或者永久不得执行证券、期货相关业务的处罚；

（一）违反《中华人民共和国注册会计师法》、《中华人民共和国公司法》、证券、期货相关法规以及执业准则、规则的；

（二）未取得许可证或者暂停执行证券、期货相关业务期间，擅自执行证券、期货相关业务的。

第二十三条　事务所具有下列情形之一时，视情节轻重依法单处或者并处警告、没收非法所得、罚款、暂停执行证券、期货相关业务、吊销许可证的处罚；

（一）违反《中华人民共和国注册会计师法》、《中华人民共和国公司法》、证券、期货相关法规以及执业准则、规则的；

（二）以欺骗或者其他不正当手体段获得许可证的；

（三）未取得许可证或暂停执行证券、期货相关业务期间，擅自执行证券、期货相关业务的；

（四）违反有关规定，降低执业质量、低价争揽业务的；

（五）未报送本规定第十五条所要求的年度总结的。

第六章 附 则

第二十四条 本规定所称"以上"均包括本数。

第二十五条 境外会计公司(会计师事务所)在中国境内临时执业时,必须遵守财政部(93)财会协字第 119 号文件和财政部、中国证监会(94)财会协字第 12 号文件、财政部(94)财会协字第 81 号文件的有关规定。

第二十六条 本规定由财政部会同中国证监会负责解释。

第二十七条 本规定自发布之日起施行。财政部、中国证监会 1996 年 2 月 15 日发布的《会计师事务所、注册会计师从事证券相关业务许可证管理暂行办法》(财会协字〔1996〕11号)同时废止。

二、关于执行证券期货相关业务的会计师事务所与挂靠单位脱钩的通知

1998 年 4 月 7 日,财政部以财会协字〔1998〕22 号文发布通知,全文如下:

根据中共中央、国务院(1997)中发 19 号文件对社会中介机构的规定,按照〔1993〕中办发 17 号文件关于党政机关应与所办经济实体实行"四脱钩"的基本原则,结合国务院领导对注册会计师行业清理整顿的具体要求,现对执行证券、期货相关业务的会计师事务所(以下简称事务所)与挂靠单位脱钩的有关事项通知如下:

一、脱钩标准

所有执行证券、期货相关业务的事务所,必须按要求在人员、财务、业务、名称四个方面,按规定与挂靠单位实行彻底脱钩。脱钩标准及具体要求为:

(一)人员脱钩

1. 事务所职龄内的在职人员,不再列入国家编制,不再是挂靠单位的在册人员,其人事关系应转至人才交流中心,或报经有关部门批准后,由省级注册会计师协会代为保管人事档案,提供人事服务,由事务所自行管理人事工作。

2. 已办理离退休手续由事务所返聘的人员,其人事档案由挂靠单位继续保管,事务所按国家聘请离退休人员有关规定进行管理。

3. 新增人员,经省级注册会计师协会同意后,由事务所按国家招聘人员的有关规定,自主向社会招聘,不再列入国家编制。

4. 事务所实行主任会计师负责制,主任会计师为事务所法人代表。脱钩以后,挂靠单位不再任命和管理事务所负责人。脱钩初始,可由挂靠单位提名、事务所人员民主协商或者招标确定主任会计师,今后按事务所合法章程规定产生主任会计师。事务所负责人不符合上述规定的,在这次清理整顿中予以调整。

(二)财务脱钩

1. 以 1997 年 12 月 31 日或 1998 年 6 月 30 日为基准日,按照国家有关规定

对事务所进行清产核资。本着"谁投资、谁所有"的原则,正确处理国家、集体、个人利益,确保国有资产不流失,兼顾挂靠单位资本投入与注册会计师智力劳动形成事务所资产积累的特点,按照国家有关规定界定产权。产权界定后,采取租赁、出售、改组、联合、兼并、承包经营等方式,妥善处理事务所的存量资产。脱钩完成后,事务所按《注册会计师法》规定,采取合伙及有限责任两种方式,实行自主经营、自担风险、自我约束、自我发展,真正成为独立的社会中介机构。

2. 脱钩过程中,国有事务所上缴挂靠单位的一切资金、资产,均属国有资产,不得归入挂靠单位的"小金库",不得变相成为挂靠单位小集体的财物,不得在挂靠单位私分,不得以任何形式流失,均应纳入国家预算外资金进行严格管理,违者按国家财经纪律有关规定严肃处理,构成犯罪行为的送司法机构惩处。

(三)职能脱钩

1. 按照《注册会计师法》的规定,脱钩后,事务所不再是挂靠单位的下属机构,不得行使挂靠单位的一切行政权力,禁止以挂靠单位的名义执业或招揽业务,禁止依靠行政权力占领市场。

2. 挂靠单位不得将行政权力通过事务所转化为有偿服务,禁止为事务所指定客户,禁止干预事务所的执业行为,禁止挂靠单位在职人员到事务所兼职,禁止挂靠单位向事务所收取回扣或变相收取"业务介绍费"及各种报酬,违者依法严肃处理。

(四)名称脱钩

1. 事务所的名称不应保留有原挂靠单位名称的痕迹。

2. 事务所的名称不允许冠以地名、单位、部门等称谓。

二、程序和要求

(一)所有执行证券、期货业务的会计事务所,必须在 1998 年 12 月 31 日前,完成脱钩的全部工作。

(二)1998 年 5 月 31 日前,事务所应根据本文要求、结合本所具体情况,修改原拟脱钩方案,送省级注册会计师协会审查,报省级财政部门批准,送中国注册会计师协会备案。

(三)各级财政部门应加强对事务所脱钩工作的领导,注册会计师协会应与有关部门配合,积极组织脱钩工作规范、有序进行。

(四)各级所按规定完成脱钩工作后,由省级注册会计师协会验收,省级财政部门审查,中国注册会计师协会认定合格后,始为有效。

(五)按上述要求完成脱钩的事务所,在专业人员、执业素质没有较大变化、并符合其他条件,其执行证券、期货相关业务的资格可以继承,但应向有关部门办理脱钩后的变更登记手续。

（六）财政部授权中国注册会计师协会在清理整顿第三阶段,检查事务所的脱钩进度及质量。凡在第三阶段尚未脱钩或脱钩不符合上述规定要求的事务所,暂停执行证券、期货相关业务;凡在第四阶段未按规定完成脱钩的事务所,取消执行证券、期货业务资格暂停执业及取消执业资格的事务所名单将在报纸上公布,所有新申请执行证券、期货相关业务资格的事务所,未按本文要求进行脱钩者,申请不予受理。

三、财政部发布《关于会计师（审计）事务所终止的若干事项的通知》

1998 年 4 月 16 日,财政部以财会协字〔1998〕23 号文,发布通知如下:

根据《中华人民共和国注册会计师法》和其他有关法律、行政法规的规定,现就会计师（审计）事务所（以下简称事务所）终止的有关事项,通知如下:

一、事务所终止,是指:

1. 有违反法律、法规行为,被依法撤销;

2. 不符合法定设立条件,被注销原批准;

3. 事务所合并或体制改革,事务所申请撤销。

事务所的撤销或者注销原批准,由省级以上注册会计师协会负责办理,省级以上财政部门批准。

二、事务所终止,应在全国性报刊上发布公告,并成立包括出资人、该所部分注册会计师以及有关利益方在内的清算组,依照有关法律法规,在三个月之内对其债权债务进行清算。

清算期间,事务所及其注册会计师应停止业务活动。

三、净收益（净损失）归出资人,原事务所的法律责任由出资人承担,属于个人的责任由有关当事人承担。

四、有挂靠单位的事务所原有档案,由挂靠单位负责保存。

由注册会计师发起设立的事务所原有档案,由发起人负责保存。

五、事务所终止后,该所注册会计师交回注册会计师证书,待清算工作结束后,可办理相关手续,加入其他事务所或转为非执业会员。

六、因合并被终止的事务所,合并后的事务所承担原事务所一切债务、风险并保存档案等。

七、事务所终止后应当到当地工商行政管理部门办理注销手续。

八、因改制发生变更的事务所,参照上述规定,在改制方案或有关协议中予以明确。

四、中国注册会计师协会发布《关于会计师事务所、审计事务所脱钩改制若干问题的通知》

1998 年 10 月 9 日，中国注册会计师协会，以会协字〔1998〕344 号文，发布了有关脱钩改制若干问题的通知，全文如下：

根据《中华人民共和国注册会计师法》和有关规定，现对事务所脱钩改制的有关问题明确如下：

一、事务所脱钩改制的政策依据

根据《中华人民共和国注册会计师法》第五条关于"国务院财政部门和省、自治区、直辖市人民政府财政部门，依法对注册会计师、会计师事务所和注册会计师协会进行监督、指导"的规定和国务院确定的财政部"三定"方案，事务所的脱钩改制工作的依据包括：《中华人民共和国注册会计师法》，财政部财会协字〔93〕110 号文件，财政部财会协字〔1998〕22 号文件，财政部财会协字〔1998〕23 号文件，财政部财会协字〔55〕号文件，财政部财办字〔1998〕45 号文件，财政部、中国证监会联合发布的财会协字〔1997〕52 号文件，以及中注协制定的有关文件。

二、事务所出资主体

事务所脱钩改制，应由事务所符合规定条件人员出资，原挂靠单位和事务所以外的任何单位和个人均不得出资。

已取得注册评估师资格或事务所其他业务类似执业资格，在事务所专职从事资产评估工作等业务的人员，可以成为出资人。

三、事务所名称

脱钩改制后的事务所名称应严格执行财会协字〔1998〕22 号文件规定，不能以行业名称或仅以地名作为事务所名称。未按规定更名，不予认定。

四、脱钩改制的程序和认定

事务所脱钩改制程序按财会协字〔1998〕22 号文件规定进行。

具有证券业务资格的事务所的脱钩改制完成工作由中注协认定。各所在完成脱钩改制工作后，省级注协应当将改制后事务所章程、合伙人协议、资产处置协议、财政部门批准文件、工商登记文件以及证书，报中注协。

其他事务所的脱钩改制完成认定工作，由省级注协办理，并报中注协备案，中注协认为不符合有关规定的，自收到备案报告之日起三十日内通知省级注协。

五、脱钩改制进度

事务所脱钩改制进度按财会协字〔1998〕45 号文件执行。

六、脱钩改制后，有各种执业资格的事务所，需要办理变更手续的，应及时办理，在办理过程中，资格可以脱钩改制后事务所名义暂时使用

七、财会协字〔1998〕23 号文件第六条仅指因合并被终止的事务所,不包括改制等其他情况

八、财政部《关于会计师事务所改制中产权界定与资产处置问题的通知》

1998 年 12 月 9 日,财政部以财管字〔1998〕127 号文,发布《改制中财产权界定与资产处置问题的通知》,全文如下:

各省、自治区、直辖市财政厅(局)、国有资产管理局(办公室):

为使会计师事务所(以下简称事务所)在脱钩改制中,能够产权清晰,责任明确,既保持必要的财产条件,又确保国有资产不流失,现将事务所脱钩改制中的产权界定和资产处置的有关问题通知如下:

一、事务所脱钩改制前,应由挂靠单位负责做好事务所的资产清查、财务审计、产权界定和资产处置等项工作。通过资产清查、财务审计,要查清事务所全部资产的状况,清理债权债务,处理财务收支中违反法规的问题。

二、界定事务所的国有资产,应本着"谁投资,谁拥有产权"的原则,按照国家有关国有资产产权界定的规定进行。

凡由全民单位开办或挂靠全民单位开办并注册为全民所有制性质的事务所,如开办资本金是由全民单位投资或用全民单位名义借款(包括由全民单位担保借款)投资的,其所有者权益界定为国家所有。

对挂靠全民单位、注册为集体所有制性质的事务所,如只有全民单位投资,没有非全民性质的合法投资,其所有者权益界定为国家所有;如全民单位没有投资,又没有为其承担过民事经济责任的,不认定其中有国家所有成份。

全民单位与非全民单位或个人共同出资开办的事务所,按投资比例划分产权。

三、对事务所中的国有资产和挂靠单位过去无偿提供给事务所使用的国有资产,经挂靠单位与事务所协商,可以挂靠单位一次性收回;也可以视情况全部或部分以长期借款、租用或融资租赁形式租借给改制后的事务所继续使用,挂靠单位通过收取租金或分期还本付息方式逐年收回国有资产。其中,办公用房等不动产的租金参照当地同类不动产平均租金水平确定;借款利息参照银行同期贷款利率确定;融资租赁费标准一般应能够补偿融资租赁财产价值。

四、事务所内部负债性的各种基金按以下办法处理:

对事务所结余的职业风险基金的处置,要与承担过去事务所风险责任相结合,其留取由挂靠单位与事务所协商确定,由占有方对改制前事务所的职业风险承担责任。

未实行房改的事务所,结余的职工住房基金留给改制后的事务所,专项用于

解决改制前事务所职工住房的遗留问题；但事务所职工已完成房改、没有住房遗留问题并仍有结余的，应将结余部分上交挂靠单位。

事务所结余的后续教育基金、职工福利基金、职工奖励基金等对内负债性基金，留给改制后的事务所，其处置办法由改制后的事务所与改制前事务所的全体职工协商确定。

挂靠单位应监督事务所按国家有关规定计提上述对内负债性的各项基金，对错提的应该予以纠正。

五、脱钩改制中要解决好原有人员的安置问题。原有人员的安置费用由事务所负责。

第二节　会计师事务所、审计事务所体制改革的法规

一、《关于明确合伙会计师事务所审批权限的通知》

1997 年 11 月 3 日，财政部以财会协字〔1997〕46 号文，通知各省、自治区、直辖市财政厅（局）、深圳市财政局，全文如下。

根据《中华人民共和国注册会计师法》第二十五条的规定，按照党的十五大精神，以及各地意见，修改《合伙会计师事务所设立及审批试行办法》（〔93〕财会协字第 110 号）第十三条之规定，自文到之日起，改为：设立合伙会计师事务所按属地原则，由省级注册会计师协会审核符合规定条件后，由省级财政厅、局（含深圳市财政局）批准，报中国注册会计师协会备案。在备案复审过程中，发现审批不当的，自收到备案报告之日起，30 日内报告财政部主管部长，由财政部主管部长决定是否通知原审批机关重新审查。30 日之后，地方没有接到财政部通知者，视同同意。各种形式的有限责任会计师事务所的设立及审批，均按《有限责任会计师事务所设立及审批暂行办法》（〔93〕财会协字第 121 号）文件规定，由省级注册会计师协会审核，报省级财政机关批准，送中国注册会计师协会备案。

二、《有限责任会计师事务所审批办法》

1998 年 7 月 3 日，财政部以财会协字〔1998〕55 号文，发布该项审批办法，全文共 18 条，全文如下。

第一条　根据《中华人民共和国注册会计师法》及其他有关法律、行政法规的规定，制定本办法。

第二条　有限责任会计师事务所（以下简称事务所）是由注册会计师出资发起设立、承办

注册会计师业务并负有限责任的社会中介机构。

第三条 设立事务所,由财政部或省、自治区、直辖市财政厅(局)批准。

第四条 事务所以其全部资产对其债务承担责任。

事务所的出资人承担责任以其出资额为限。

第五条 设立事务所应当具备以下条件:

(一)有五名以上符合本办法第六条规定条件的发起人;

(二)有十名以上国家规定的职龄以内的专职从业人员,其中包括五名以上中国注册会计师;

(三)注册资本为人民币三十万元以上;

(四)有固定的办公场所;

(五)审批机关规定的其他条件。

省、自治区、直辖市财政厅(局)可以根据本地区具体情况,对从业人员、注册会计师的人数和注册资本的数额,作出不低于前款第二、三项规定条件的具体规定。

第六条 申请设立事务所的发起人应当具备以下条件:

(一)取得中国注册会计师证书,并且具有三年以上在事务所从事独立审计业务的经验和良好的职业道德记录;

(二)为事务所出资人;

(三)不在其他单位从事获取工资等劳动报酬的工作;

(四)年龄在国家规定的职龄以内;

(五)审批机关规定的其他条件。

第七条 申请设立事务所的出资人应当具备以下条件:

(一)取得中国注册会计师证书;

(二)在事务所执业,并不在其他单位从事获取工资等劳动报酬的工作;

(三)审批机关规定的其他条件。

第八条 事务所实行主任会计师负责制,主任会计师为事务所的法定代表人。

主任会计师由发起人担任,有关推选程序和具体条件,由事务所章程规定。

第九条 事务所名称不得冠以行业、部门等容易引起误解的名称,不得使用中国以及仅以地区称谓作为事务所的名称。

第十条 设立事务所,应当由发起人向事务所所在地省、自治区、直辖市注册会计师协会递交申请报告并附送下列资料:

(一)事务所章程(草案);

(二)发起人简历、注册会计师证书原件和复印件、身份证原件和复印件以及原所在事务所出具的工作鉴定;

(三)出资人简历,注册会计师证书原件和复印件,身份证原件和复印件以及原所在事务所出具的工作鉴定;

(四)出资人协议书;

(五)拟任主任会计师人选的有关资料;

（六）出资证明；

（七）其他注册会计师身份证原件和复印件、注册会计师证书原件和复印件以及原所在事务所出具的工作鉴定；

（八）其他从业人员基本情况及身份证复印件；

（九）事务所内部管理制度（草案）；

（十）办公场所的产权或使用权的有效证明；

（十一）审批机关要求的其他材料。

事务所章程（草案）、出资人协议书应当经过公证。

第十一条　事务所章程（草案）应当载明下列事项：

（一）事务所名称和地址；

（二）业务经营范围；

（三）注册资本；

（四）发起人、出资人的姓名；

（五）出资人的权利和义务；

（六）出资人出资的方式、时间和出资额；

（七）出资人变动出资的条件及方式；

（八）法定代表人；

（九）内部机构的设置及产生办法、职权、议事规则；

（十）事务所解散与清算办法；

（十一）其他需要规定的事项。

第十二条　出资人协议书应当载明下列事项：

（一）出资人的权利；

（二）出资人应承担的责任；

（三）出资方式、时间及金额；

（四）变动出资的条件及方式；

（五）审批机关要求的及出资人认为需要载明的其他事项。

第十三条　事务所内部管理制度（草案）应当包括以下制度：

（一）人事管理制度；

（二）财务管理制度；

（三）执业质量控制制度；

（四）业务档案管理制度；

（五）审批机关要求的及事务所认为需要制定的其他管理制度。

第十四条　事务所的审批按下列程序办理：

（一）由发起人向省、自治区、直辖市注册会计师协会报送申请报告及有关材料。

（二）省、自治区、直辖市注册会计师协会应当在接到申请报告之日起三十日内审查完毕，提出批准或不批准的意见，报告省、自治区、直辖市财政厅（局）长，由省、自治区、直辖市财政厅（局）长决定批准或不批准。决定批准或不批准后十五日内通知申请人。

（三）省、自治区、直辖市财政厅（局）批准的事务所，应送中国注册会计师协会报财政部备案，中国注册会计师协会在复审中发现审批不当的，应当自收到备案报告之日起三十日内报告财政部主管部长，由财政部主管部长决定是否应当通知原审批机关重新审查。

第十五条 经批准的事务所，应当自接到批复文件二十日内到所在地省、自治区、直辖市注册会计师协会领取财政部统一印制的《会计师事务所执业证书》，并依照规定办理有关登记手续。

第十六条 事务所应当独立核算，依法纳税，执行财政部制定的有关有限责任会计师事务所的财会制度。

第十七条 本办法所称"以上"、"以内"均包括本数。

第十八条 本办法自发布之日起执行。1993年12月31日财政部印发的《有限责任会计师事务所设立及审批暂行办法》（〔93〕财会协字第121号）同时废止。

三、《会计师（审计）事务所实行联合组建集团所的若干规定（试行）的通知》

1998年7月6日，财政部以财会协字〔1998〕57号文，根据《中华人民共和国注册会计师法》及有关法律、法规，制定《会计师（审计）事务所实行联合、组建集团所的若干规定（试行）的通知》，着全体会计师（审计）事务所遵照执行，全文分5个要点，12个具体内容，全文如下：

根据《中华人民共和国注册会计师法》及国家有关法律、法规的规定，现对会计师（审计）事务所（以下简称会计师事务所）实行联合、组建集团所作如下规定：

一、事务所实行联合、组建集团所，是社会主义市场经济深入发展的需要，是注册会计师行业进一步发展的需要，符合国际惯例，符合我国实际，应当大力提倡。

二、事务所组建集团所，可采取紧密型与松散型两种方式。

（一）紧密型集团所由注册会计师根据《中华人民共和国会计师法》及有关法律、法规，自愿发起组成，并符合下列条件：

1. 实行联合的各事务所已经完成脱钩改制，由注册会计师发起设立。

2. 集团所内部各成员所之间，根据达成的协议，在统一事务所名称、统一执业标准、统一质量监管、统一业务培训的基础上，实行统一财务管理、统一人事调配。集团所参照国际会计公司的经验，结合中国实际情况，对成员所实施统一经营管理。

3. 集团所与成员所之间有投资关系，根据章程和有关协议，可统一由集团所对外承担民事责任。

4. 集团所不在各所之外单独设立管理机构，由被确定为集团核心所的成员所负责日常管理业务；核心所可由各成员所投资并出人组建，也可以确定为集团所设立地区某一较大规模的成员所。其具体组织办法,由集团所章程规定。

紧密型集团所可以集团所名义执行业务,并可按有关规定获得执行证券、期货相关业务及评估等执业资格。

组建紧密型集团所,应当经省级和省级以上政府财政机关批准。核心所是一级法人,集团所其他成员所为二级法人,分别承担相应的法律责任。

紧密型集团所实行人事统一调度,核心所和成员所的负责人及注册会计师经批准后可互相兼任。

紧密型集团所可以发展联系所。

审批紧密型集团所,按有限责任会计师事务所设立审批的有关规定办理。属于省内组建的,由省级注册会计师协会办理,省级政府财政厅(局)批准,报中国注册会计师协会备案。省级政府财政厅(局)批准的集团所,由省级注册会计师协会实施行业监管;属于跨省组建的,由中国注册会计师协会办理,财政部批准,并由中国注册会计师协会实施行业监管,其成员所在接受集团所管理的同时,仍应接受当地省级注册会计师协会的行业监管。省级协会监管与集团所管理产生矛盾时,由中国注册会计师协会协调。

(二)松散型集团所是指若干会计师事务所自愿联合,在执行业务过程中,相互存在某种协作关系的联合体。

1. 集团所联合的各成员所,尚未完成脱钩改制,仍为各自的挂靠单位所有。

2. 不以集团所名义执行业务,集团所不承担法律责任。

3. 集团所在各所之外,设立管理机构。管理机构履行协调、指导责任,不对各所实行统一经营管理。

4. 实行统一事务所名称、统一执业标准、统一质量监管,统一业务培训,但未实现统一财务管理、统一人事调配。

5. 集团所各成员所,利益不共享、风险不共担,仍然是各自独立的利益主体。

组成松散型集团所,不需要经过省级政府财政机关审批和办理工商登记,组成后报省级注册会计师协会备案。

松散型集团所在组建以后,应当积极创造条件,向紧密型过渡。

三、事务所实行联合、组建集团所,可以吸收国外、香港特别行政区及澳门、台湾地区的会计师事务所参加。其组织形式,可以是松散型,也可以是紧密型。但均应按涉外会计师事务所审批、管理的有关规定进行审批和管理。

四、集团所统一名称为:

1. 集团所称"××会计师事务所集团",也可不冠以"集团"字样。

2. 集团所内部各所,成员所称为"××集团××会计师事务所",核心所称为"××集团会计师事务所"。

3. 联合国外及香港特别行政区、澳门、台湾地区会计师事务所的集团所,可称为"××(集团所名称)国际会计师事务所",其成员所可称为"××国际——××会计师事务所"。

五、本规定发布前已批准设立的会计师事务所(集团),不符合紧密型条件的,按松散型管理。符合本规定由松散型发展为紧密型的,应按本规定重新办理批准手续。

六、本规定自发布之日起试行。

四、《进一步加快会计师事务所及审计事务所体制改革的通知》

1998年8月25日,财政部以财办字〔1998〕45号文件,通知各省、自治区、直辖市财政厅局,要求加速会计师行业体制改革的进展,全文如下。

各省、自治区、直辖市财政厅(局):

为了适应社会主义市场经济的需求,认真落实中共中央、国务院(1997)中发19号文件对中介机构的规定,结合国务院领导对注册会计师行业清理整顿的具体要求,现就进一步加快事务所体制改革的有关事项通知如下:

一、凡是执行证券、期货相关业务的事务所,必须按照财政部财会协字〔1998〕22号文件要求,在1998年12月31日前,完成脱钩改制的全部工作;

二、挂靠国务院部委及中央有关单位,由中国注册会计师协会直接管理的事务所,应在1998年年底,至迟在1999年一季度前完成脱钩改制工作;

三、其他事务所应在今年做好脱钩改制的各项准备,1999年6月1日前提出方案,1999年12月31日前完成脱钩改制工作;

四、事务所脱钩改制的工作按财政部财会协字〔1998〕22号文件和财政部财会协字〔1998〕55号文件规定的原则办理的;

五、事务所在规定的期限内未完成脱钩改制工作的,停止执行注册会计师业务。

各级财政部门,要从健全和完善社会主义市场经济体系的高度认识会计师事务所脱钩改制的重大意义和紧迫性,要积极支持事务所的脱钩改制工作,尤其是挂靠在财政部门的事务所的脱钩改制工作,要加大力度,加快步伐,抓紧抓实,彻底脱钩,要严格按照财政部财会协字〔1998〕22号文件和本文规定完成脱钩改制工作。

五、《关于会计师事务所和审计事务所体制改革中登记注册有关问题的通知》

1999年2月8日,财政部联合国家工商行政管理局,以财协字〔1998〕26号文,向各省、自治区、直辖市财政厅局,工商行政管理局,发布上述通知,全文如下。

各省、自治区、直辖市财政厅(局)、工商行政管理局:

根据中共中央、国务院中发〔1997〕19 号文件对社会中介机构的规定,按照中办发〔1993〕17 号文件关于党政机关应与所办经济实体实行"四脱钩"的基本原则,现对会计师事务所、审计事务所(以下简称事务所)体制改革中登记注册的有关问题通知如下:

一、所有有主办单位或挂靠单位的事务所,必须按照财政部规定的期限和要求,在人员、财务、业务、名称四个方面与主办单位或挂靠单位实行彻底脱钩。其中执行证券、期货相关业务的事务所,必须按要求完成脱钩的全部工作。

二、实行脱钩的事务所,应当按照《中华人民共和国注册会计师法》、《合伙会计师事务所设立及审批试行办法》〔(93)财会协字第 110 号〕和《有限责任会计师事务所审批办法》(财会协字〔1998〕55 号)的规定,改制成为由注册会计师发起设立的合伙会计师事务所或有限责任会计师事务所。

三、事务所脱钩改制方案由财政部,省、自治区、直辖市财政厅(局)审批,具体审查工作由中国注册会计师协会和省、自治区、直辖市注册会计师协会办理。

四、事务所收到脱钩方案批准文件后,应当在规定的期限内,持批准文件到工商行政管理机关办理登记。有国有资产的事务所在脱钩改制办理登记时,除应出具批准文件外,还应当出具财政部门或其授权单位对国有资产处置的确认文件。

五、工商行政管理机关对改建为有限责任会计师事务所的,依照《公司登记管理条例》的规定办理;对改建为合伙会计师事务所的,依照《合伙企业登记管理办法》的规定办理。申请登记的事务所应按有关规定提交有关文件、证件。经事务所申请,也可以将原事务所注销登记后,重新依法设立。

北洋军阀政府颁布的《会计师暂行章程》

第一条 凡中华人民,年满三十岁以上之男子,备具左列各条件者,得依本章程呈请为会计师。

(一)在本国或外国大学商科或商业专门学校三年以上毕业,得有文凭者。(二)在资本五十万元以上之银行或公司任会计主要职员五年以上者。

第二条 有左列各项情事之一者不得为会计师。

(一)受禁治产及准禁治产之宣告者。(二)受褫夺公权之处分者。(三)因损害公私财产受褫职或除名之处分者。(四)曾受破产之宣告者尚未复权者。(五)曾受五等以上之徒刑者。

第三条 凡依本章程呈请为会计师者。应具呈请书声明行使职务之区域,并添附左列各文件呈由农商部核准。

(一)学校毕业文凭。(二)证明第一条第二款资格文件。

第四条 会计师呈请时,应先附缴证书费五十元由农商部核准给予证书。

第五条 凡经核准之会计师开始行使其职务时,应向农商部呈请登录列入会计师总名簿。

前项明簿应载明左列各事项

(一)姓名年岁籍贯住址。(二)会计师证书号数。(三)行使职务区域及事务所所在地。(四)核准之年月日。

第六条 会计师受有委托时,得办理关于会计之组织查核整理证明鉴定及和解各项事务。

第七条 会计师因受委托办理前条各项事件,得向委托人约定受取相当之报酬及旅费。

第八条 会计师对于查核帐目事项,非经委托者之许可,不得宣布。

第九条 会计师于有关本人或其亲属利害关系之事项,不得执行业务。

第十条 会计师如有不正行为,其他对于委托人违背或废弛第六条第八条职务上之义务,及违背第九条之规定者,由农商部撤销会计师证书,或停止其业务。

第十一条 本章程自公布之施行。

南京国民政府颁布的《国民政府财政部会计师注册章程》

十六年(1927)年八月二十二日公布十月十九日奉命修改

第一章 职 务

第一条 会计师受当事人或其他关系人法院或公务机关之委托办理关于会计之组织管理稽核调查整理清算证明鉴定清理公断及和解各项事务会计师得充任检查人清算人清理员破产管理人遗嘱执行人及其他各种信托人会计师得代办纳税事务注册手续并代订关于会计及商事各种文件

第二章 资 格

第二条 会计师受国民政府财政部之监督

第三条 会计师应具备左列各资格

一、中华民国人民年满二十五岁者

二、合格于会计师试验者或合格于第六条之免试审查者

第四条 会计师试验由财政部设立之会计师考试委员会行之会计师考试委员由财政部长聘任监察院一人司法部长官司一人大学会计学教授二人富有学术经验之会计师三人连同当然委员财政部会计司司长会计司第一科科长二人共同组织之开会时以会计司司长为主席

第五条 受会计试验者应具备左列各条件

一、在国内外大学或专门学校商科或经济科以会计学为主要课程肄业三年以上得有毕业文凭者或在国立或经教育部或财政部认可之公立私立大学或专门学校教授主要会计科目继续三年以上者

二、在会计师事务所充任会计事务师二年以上得有办理善良之证书者或在财政部所认为合格之企业机关官厅公署或公务机关充任会计事务员三年以上得有办理善良之证书者

第六条 具有左列各条件之一者得经财政部之审查免除试验

一、充任会计师后经其请求或有第十五条第十六条之情事撤销其证书者

二、在国外颁有会计师证书但须注明该国之试验及审查其程度与本章程之规定相等者为限

三、在南京国民政府成立前领有会计师证书曾经呈请财政部复验合格复验章程另定之

四、具备下列各条者

甲 在国内外大学或专门学校商科或经济科毕业曾读满会计学科目二十学分以上成绩优良者

乙 在财政部所认为合格之同业机关官厅公署或公务机关充任会计主要职员七年以上得有成绩证明书者

第七条 有左列各项情事之一者不得为会计师

一 受禁治产或准禁治产之宣告者

二　因损害公私财产受褫职或除名之处分者

三　受破产之宣告尚未复权者

四　受褫夺公权之处分者但国事犯已复权者不在此限

五　受五等以上之徒刑但国事犯已复权者不在此限

六　反革命行为者

七　吸食鸦片者

八　依本章程受除名处分未满五年者

第八条　凡依本章程呈请受会计师试验或审查者应具呈请书附以证明第五条或第六条各款之文件呈由财政部核准

第九条　关于会计师试验及审查之规则另定之

受会计师试验者应缴试验及审查费洋二十元

受免试审查者应缴审查费十元

第三章　证　书

第十条　凡合格于会计师试验者或合格于免试审查者由财政部长发给证书。

第十一条　请领证书者应具呈请书附缴证书费一百元呈请财政部核准发给。

第十二条　非依本章程领有证书者不得为会计师并不得用会计师之名义或其他语言文字符号等表示其为会计师

第四章　名　簿

第十三条　依本章程核准之会计师应具呈请书声明下列各款呈请财政部登录于会计师总名簿方得开始行使职权其遇有职务区域事务所所在地变更时或任用及辞退会计事务员时亦同前项名簿应载明左列各款事宜

一　姓名年龄籍贯住址

二　会计师证书号数

三　行使职务区域及事务所所在地

四　会计事务员之人数姓名及略历

五　核准年月日

六　登记年月日

七　惩戒

第五章　权利义务

第十四条　会计师受托办理职务时向委托人约定受取相当之报酬及费用。

第十五条　会计师执行职务时不得兼任官吏或其他有俸给之公职但充国会地方议会议员或执行官厅特令之职务或充学校教授者不在此限

第十六条　会计师执行职务时不得兼营商业但与职务无碍并得会计师公会之允许者不在此限

第十七条　会计师对左列事项不得以会计师名义行使其职务

一　本人兼任官吏公职律师公证人时其所兼职务上应办理之会计事务

二　本人兼任董事无限责任股东商业使用人时其所兼职务上应办理之会计事项

第十八条　会计师非有正当事由不得谢绝委托

第十九条　会计师执行职务时不得发生左列情事

一　不得与非会计师共同行使职务或使非会计师用本人名义行使职务但使其他会计事务员代理各个事务时不在此限

二　不得受债权人专任索债之委托

三　不得收买职务上所管理之动产或不动产

四　不得宣布办理职务上所得之秘密但已经委托人许可者不在此限

五　不得因玩忽职务对于受托事件失其相当管理之义务

第六章　公　会

第二十条　会计师集合二十人以上得设立会计师公会并得联合各公会设立全计师公会联合会,但一省区至多仅得设立二公会,会计师非加入公会不得行使职务。

第二十一条　会计师公会置左列职员

一　执行委员五人至十三人

二　监察委员二人至五人

第二十二条　执行委员为办理事务便利起见得推出常务委员若干人主持事务开会时由各常务委员轮值主席

第二十三条　会计师公会应设定会章呈报财政部核准

第二十四条　会计师公会会章应规定左列各事项

一　会员之入会与出会手续

二　职员之选举方法及其职务

三　会员会及职员会之会议方法

四　宗旨事业

五　维持会计师德义之方法

六　其他处置会务之必要方法

第二十五条　会计师有违反本章程及会计师公会会章之行为者付惩戒

第二十六条　惩戒由财政部审查后行之,但会计师公会得依其决议呈请之

第二十七条　惩戒分左列四种

一　训诫

二　千元以下罚金

三　三年以下之停职

四　除名撤销证书

第二十八条　本章程自公布日施行

南京国民政府颁布的《会计师条例》

民国二十四年(公元 1935 年)五月四日国民政府修正公布

第一条 会计师受公务机关之命令或当事人之委托办理关于会计之组织管理稽核调查整理清算证明及鉴定各项事务

会计师得充任检查员清算人破产管财人遗嘱执行人或其他信托人

第二条 会计师受实业部之监督但省或直辖于行政院之市之实业行政官署依本条例之规定于不抵触实业部范围内亦得行使监督权

第三条 在会计师考试未举行前凡中华民国人民具有左列资格经实业部审查合格者得为会计师

一 在国立或国内经教育部立案在国外经教育部认可之公私立大学独立学院或专科学校之商科或经济科毕业者

二 曾在专科以上学校教授会计主要科目二年以上或在各级政府或其所属机关或在有实收资本十万元以上之公司任会计主要职员二年以上或在会计师事务所助理重要会计事务二年以上者

前项资格审查规则由实业部定之

第四条 有左列各款情事之一者不得为会计师

一 受禁治产之宣告者

二 因损害公私财产被褫职或解雇者

三 受破产之宣告尚未复权者

四 受褫夺公权之处分尚未复权者

五 有反革命行为判决有案者

六 吸食鸦片或其代用品者

七 受除名撤销证书之惩戒者

第五条 审查合格者由实业部发给会计师证书

前项证书费五十元印花税一元于呈请时附缴审核不合格者发还之

第六条 实业部置会计师登记簿于核给证书时登记左列事项

一 姓名年龄籍贯住所

二 资格

三 证书号数

四 发给年月日

第七条 省或直辖于行政院之市之实业行政官署置会计师登录簿登载左列事项

一 前条各款所载事项

二 事务所

三　助理员之人数姓名略历

四　开始业务年月日

五　加入之公会

六　登录事项之变更

七　停止执行业务之原因年限

八　曾否受惩戒

第八条　会计师开始执行业务前应具声明书连同证书呈由所在地实业行政官署验明登录于会计师登录簿

第九条　会计师遇有第十一条情事时应向所在地实业行政官署自行申请撤销登录但其事由消灭时得再请登录

第十条　省或直辖于行政院之市之实业行政官署于会计师登录时应呈报实业部并通知该省市各法院备案撤销登录时亦同

第十一条　会计师不得兼任公务员或工商业之经理人员或董事理事

第十二条　会计师对于其有利害关系之事件不得执行业务

第十三条　会计师不得利用会计师地位在工商业上为不正当之竞争

第十四条　会计师受委托办理事件时得与委托人约定受取相当公费其公费章程由实业部定之

公务机关命令会计师办理事件时应酌给费用

第一项之委托与第二项之命令会计师非有正当理由不得拒绝

第十五条　会计师于登录后不得有左列各款情事

一　与非会计师共同行使业务或使非会计师用本人名义行使业务但使有证书助理员代理时不在此限

二　受债权人专任索债之委托

三　为会计师业务外之不保证人

四　于合法约定报酬及实际费用外为额外之需索或与委托人订立成功报酬之契约

五　收买业务上所管理之动产或不动产

六　未得公务机关命令或委托人许可宣布业务上所得之秘密

七　对于受命委托事件有不正当之行为或违背废弛其业务上应尽之义务

第十六条　会计师非加入所在省市之会计师公会不得在该省或市内执行业务所在省市未设有公会者应加入附近省市之会计师公会

凡领有会计师证书者会计师公会不得拒绝其加入

第十七条　会计师公会置左列职员

一　理事三人至十五人

二　监事一人至五人

第十八条　会计师公会应公同订立章程呈由所在地实业行政官署转呈实业部核准

第十九条　会计师公会章程应规定左列各款事项

一　会员之入会出会

二　职员选举方法职务任期

三　会员会及职员会之会议方法

四　维持会计师信用之方法

五　会费

六　其他处理会务之要项

第二十条　会计师公会成立后应将其职员之姓名住所呈报所在地实业行政官署备案有变更时亦同

第二十一条　会计师公会应将会务及会员业务概况向所在地实业行政官署每半年呈报一次

第二十二条　会计师有违反本条例及会计师公会章程之行为者得由会计师公会决议或由关系人举发向所在地实业行政官署声请交付惩戒

实业行政长官接受前项声请后应呈报实业部交会计师惩戒委员会

会计师惩戒委员会之组织由实业部定之

第二十三条　惩戒分左列三种

一　申戒

二　六个月以上三年以下之停止业务

三　除名撤销证书

第二十四条　会计师之惩戒依左列之规定

一　违反第十五条第一款、第二款、第三款或第四款之规定者应予申戒或停止业务

二　违反第十一条、第十二条或第十五条第五款、第六款或第七款之规定者应予停止业务或除名

三　于执行会计师职务后发现有第四条各款情事之一或第十三条之情事者应予除名

第二十五条　本条例自公布日施行

《中华人民共和国注册会计师条例》

国务院于 1986 年 7 月 3 日发布

第一章 总 则

第一条 为了加强对注册会计师的管理,发挥注册会计师在社会经济活动中的作用,根据《中华人民共和国会计法》第五条、第二十条的规定,制定本条例。

第二条 注册会计师是经国家批准执行会计查帐验证业务和会计咨询业务的人员。注册会计师依法独立执行业务,受国家法律保护。

第三条 注册会计师的工作机构为会计师事务所,注册会计师必须加入会计师事务所,才能接受委托,办理法律、行政法规规定由注册会计师执行的业务。

第四条 注册会计师和会计师事务所的管理机关,在全国为财政部,在各地区为省、自治区、直辖市财政厅(局)。

第五条 为维护合法的职业权益,交流工作经验,增进国内外交往,注册会计师可以组织成立注册会计师协会。

第二章 考试和注册

第六条 凡热爱中华人民共和国,拥护社会主义制度,具有大专或者相当于大专学历,并从事三年以上会计、审计工作的中国公民,可以申请参加注册会计师考试。担任过高级会计师的人员,担任过会计学教授、副教授、研究员、副研究员并有会计工作实践经验的人员,以及具有大专或者相当于大专学历,或者大专同等学力,从事财务会计工作二十年以上,确有会计业务专长的人员,申请担任注册会计师,经考核合格,可以免予考试。

第七条 注册会计师的考试、考核,应当在财政部批准组成的全国考试委员会统一领导、组织和监督下进行,由省级财政厅(局)批准组成的考试委员会负责具体实施。具体考试、考核办法,由财政部另行制定。

第八条 经注册会计师考试、考核合格的,由其申请加入的会计师事务所报财政部或者省级财政厅(局)批准注册。省级财政厅(局)批准的注册会计师,应当报财政部备案;财政部发现审批不当的,应当通知批准的财政厅(局)重新审查。经批准注册的注册会计师,由财政部统一制发注册会计师证书。

第九条 注册会计师退出所属会计师事务所,该所应当报请主管的财政机关批准,缴还其注册会计师证书;要求再次执行注册会计师业务的,应当按照规定重新申请注册。

第十条 国家机关现职工作人员,不得担任注册会计师。

第三章 业务范围

第十一条 注册会计师办理下列会计查帐验证业务:一、审查会计账目、会计报表和其他财务资料,出具查帐报告书;二、验证企业的投入资本,出具验资报告书;三、参与办理企业解散、破产的清算事项;四、参与调解经济纠纷,协助鉴别经济案件证据;五、其他会计查账验证事项。

  第十二条 注册会计师办理下列会计咨询业务：一、设计财务会计制度,担任会计顾问,提供会计、财务、税务和经济管理咨询；二、代理纳税申报；三、代办申请注册登记,协助拟订合同、章程和其他经济文件；四、培训财务会计人员；五、其他会计咨询业务。

  第十三条 国家机关,企业、事业单位和个人,均可委托注册会计师办理本条例第十一条、第二十条所列各项业务。委托人委托注册会计师办理业务,根据业务需要,有权查阅有关财务会计资料和文件,查看业务现场和设施,向有关单位和个人进行调查与核实。其他委托人委托注册会计师办理业务,需要查阅资料、文件才进行调查的,按照依照签订的委托书的约定办理。

第四章 工作规则

  第十五条 注册会计师执行业务,应当遵守国家法律、行政法规,以有关协议、合同、章程为依据。

  第十六条 注册会计师应当恪守公正、客观、实事求是的原则,对所出具报告书内容的正确性、合法性负责。

  第十七条 注册会计师与委托人或者其他当事人有利害关系的,应当向会计师事务所申明,实行回避。委托人或者其他当事人有权要求回避。

  第十八条 注册会计师对在执行业务中取得和了解的资料、情况,应当严格保守秘密。

  第十九条 注册会计师在执行业务中,发现有弄虚作假、营私舞弊等违反国家法律、行政法规行为的,应当在出具的报告书中明确指出；委托人示意作不实或者不当证明的,应当予以拒绝。

  第二十条 注册会计师违反工作规则造成不良后果的,会计师事务所应当如实上报,由主管的财政机关根据情况分别给予下列处分：一、警告；二、罚款；三暂停执行业务；四、吊销注册会计师证书。注册会计师触犯刑律,构成犯罪的,由司法机关依法惩处。

  第二十一条 注册会计师确实不称职的,原批准注册的财政机关应当撤销注册,收回注册会计师证书,并报财政部备案。

第五章 会计师事务所

  第二十二条 会计师事务所是国家批准的依法独立承办注册会计师业务的事业单位。会计师事务所应当自收自支、独立核算、依法纳税。

  第二十三条 成立会计师事务所,应当按照规定报财政部或者省级财政厅(局)审查批准。省级财政厅(局)批准成立的会计师事务所,应当按照规定向当地工商行政部管理机关办理登记,领取执照后,始得开业。

  第二十四条 注册会计师办理业务,必须由会计师事务所统一接受委托。注册会计师出具报告书,应当由本人签署并经会计师事务所加盖公章。会计师事务所可以跨越行政区域承办业务。

  第二十五条 注册会计师承办业务,应当由会计师事务所统一收费。收费标准,由省级财政厅(局)会同同级有关部门制定,报财政部备案。

  第二十六条 财政部和省级财政厅(局)对会计师事务所负责业务监督。会计师事务所应当定期向主管的财政机关报告业务开展、经济收支和人员变动等情况。

第二十七条 会计师事务所违反本条例规定,主管的财政机关可以根据情节轻重,给予警告、罚款、停业整顿、责令解散等处分。

第二十八条 注册会计师在查帐中,对于委托人发生在国外的财务收支,可由会计师事务所转托在中国设有常驻代表机构的外国会计师事务所就地审查和出具证明。

第六章 附 则

第二十九条 本条例由财政部负责解释;实施办法由财政部制定。

第三十条 本条例自一九八六年十月一日起施行。

《中华人民共和国注册会计师法》

1993 年 10 月 31 日第八届全国人民代表大会常务
委员会第四次会议通过

第一章 总 则

第一条 为了发挥注册会计师在社会经济活动中的鉴证和服务作用,加强对注册会计师的管理,维护社会公共利益和投资者的合法权益,促进社会主义市场经济的健康发展,制定本法。

第二条 注册会计师是依法取得注册会计师证书并接受委托从事审计和会计咨询、会计服务业务的执业人员。

第三条 会计师事务所是依法设立并承办注册会计师业务的机构。

注册会计师执行业务,应当加入会计师事务所。

第四条 注册会计师协会是由注册会计师组成的社会团体。中国注册会计师协会是注册会计师的全国组织,省、自治区、直辖市注册会计师协会是注册会计师的地方组织。

第五条 国务院财政部门和省、自治区、直辖市人民政府财政部门,依法对注册会计师、会计师事务所和注册会计师协会进行监督、指导。

第六条 注册会计师和会计师事务所执行业务,必须遵守法律、行政法规。

注册会计师和会计师事务所依法独立、公正执行业务,受法律保护。

第二章 考试和注册

第七条 国家实行注册会计师全国统一考试制度。注册会计师全国统一考试办法,由国务院财政部门制定,由中国注册会计师协会组织实施。

第八条 具有高等专科以上学校毕业的学历、或者具有会计或者相关专业中级以上技术职称的中国公民,可以申请参加注册会计师全国统一考试;具有会计或者相关专业高级技术职称的人员,可以免予部分科目的考试。

第九条 参加注册会计师全国统一考试成绩合格,并从事审计业务工作二年以上的,可以向省、自治区、直辖市注册会计师协会申请注册。

除有本法第十条所列情形外,受理申请的注册会计师协会应当准予注册。

第十条 有下列情形之一的,受理申请的注册会计师协会不予注册。

(一)不具有完全民事行为能力的;

(二)因受刑事处罚,自刑罚执行完毕之日起至申请注册之日止不满五年的;

(三)因在财务、会计、审计、企业管理或者其他经济管理工作中犯有严重错误受行政处罚、撤职以上处分,自处罚、处分决定之日起至申请注册之日止不满五年的;

(四)受吊销注册会计师证书的处罚,自处罚决定之日起至申请注册之日止不满五年的;

(五)国务院财政部门规定的其他不予注册的情形的。

第十一条 注册会计师协会应当将准予注册的人员名单报国务院财政部门备案。国务院财政部门发现注册会计师协会的注册不符合本法规定的,应当通知有关的注册会计师协会撤销注册。

注册会计师协会依照本法第十条的规定不予注册的,应当自决定之日起十五日内书面通知申请人。申请人有异议的,可以自收到通知之日起十五日内向国务院财政部门或者省、自治区、直辖市人民政府财政部门申请复议。

第十二条 准予注册的申请人,由注册会计师协会发给国务院财政部门统一制定的注册会计师证书。

第十三条 已取得注册会计师证书的人员,除本法第十一条第一款规定的情形外,注册后有下列情形之一的,由准予注册的注册会计师协会撤销注册,收回注册会计师证书:

(一)完全丧失民事行为能力的;

(二)受刑事处罚的;

(三)因在财务、会计、审计、企业管理或者其他经济管理工作中犯有严重错误受行政处罚、撤职以上处分的;

(四)自行停止执行注册会计师业务满一年的。

被撤销注册的当事人有异议的,可以自接到撤销注册、收回注册会计师证书的通知之日起十五日内向国务院财政部门或者省、自治区、直辖市人民政府财政部门申请复议。

依照第一款规定被撤销注册的人员可以重新申请注册,但必须符合本法第九条、第十条的规定。

第三章 业务范围和规则

第十四条 注册会计师承办下列审计业务:

(一)审查企业会计报表,出具审计报告;

(二)验证企业资本,出具审计报告;

(三)办理企业合并、分立、清算事宜中的审计业务,出具有关的报告;

(四)法律、行政法规规定的其他审计业务。

注册会计师依法执行审计业务出具的报告,具有证明效力。

第十五条 注册会计师可以承办会计咨询、会计服务业务。

第十六条 注册会计师承办业务,由其所在的会计师事务所统一受理并与委托人签订委托合同。

会计师事务所对本所注册会计师依照前款规定承办的业务,承担民事责任。

第十七条 注册会计师执行业务,可以根据需要查阅委托人的有关会计资料和文件,查看委托人的业务现场和设施,要求委托人提供其他必要的协助。

第十八条 注册会计师与委托人有利害关系的,应当回避;委托人有权要求其回避。

第十九条 注册会计师对在执行业务中知悉的商业秘密,负有保密义务。

第二十条 注册会计师执行审计业务,遇有下列情形之一的,应当拒绝出具有关报告:

(一)委托人示意其作不实或者不当证明的;

(二)委托人故意不提供有关会计资料和文件的;

(三)因委托人有其他不合理要求,致使注册会计师出具的报告不能对财务会计的重要事项作出正确表述的。

第二十一条 注册会计师执行审计业务,必须按照执业准则、规则确定的工作程序出具报告。

注册会计师执行审计业务出具报告时,不得有下列行为:

(一)明知委托人对重要事项的财务会计处理与国家有关规定相抵触,而不予指明;

(二)明知委托人的财务会计处理会直接损害报告使用人或者其他利害关系人产生重大误解,而不予指明;

(三)明知委托人的财务会计处理会导致报告使用人或者其他利害关系人产生重大误解,而不予指明;

(四)明知委托人的会计报表的重要事项有其他不实的内容,而不予指明。

对委托人有前款所列行为,注册会计师按照执业准则、规则应当知道的,适用前款规定。

第二十二条 注册会计师不得有下列行为:

(一)在执行审计业务期间,在法律、行政法规规定不得买卖被审计单位的股票、债券或者不得购买被审计单位或者个人的其他财产的期限内,买卖被审计单位的股票、债券或者购买被审计单位或者个人所拥有的其他财产;

(二)索取、收受委托合同约定以外的酬金或者其他财物,或者利用执行业务之便,谋取其他不正当的利益;

(三)接受委托催收债款;

(四)允许他人以本人名义执行业务;

(五)同时在两个或者两个以上的会计师事务所执行业务;

(六)对其能力进行广告宣传以招揽业务;

(七)违反法律、行政法规的其他行为。

第四章 会计师事务所

第二十三条 会计师事务所可以由注册会计师合伙设立。

合伙设立的会计师事务所的债务,由合伙人按照出资比例或者协议的约定,以各自的财产承担责任。合伙人对会计师事务所的债务承担连带责任。

第二十四条 会计师事务所符合下列条件的,可以是负有限责任的法人:

(一)不少于三十万元的注册资本;

(二)有一定数量的专职从业人员,其中至少有五名注册会计师;

(三)国务院财政部门规定的业务范围和其他条件。

负有限责任的会计师事务所以其全部资产对其债务承担责任。

第二十五条 设立会计师事务所,由国务院财政部门或者省、自治区、直辖市人民政府财政部门批准。

申请设立会计师事务所,申请者应当向审批机关报送下列文件:

(一)申请书;

(二)会计师事务所的名称、组织机构和业务场所;

(三)会计师事务所章程,有合伙协议的并应报送合伙协议;

（四）注册会计师名单、简历及有关证明文件；

（五）会计师事务所主要负责人、合伙人的姓名、简历及有关证明文件；

（六）负有限责任的会计师事务所的出资证明；

（七）审批机关要求的其他文件。

第二十六条　审批机关应当自收到申请文件之日起三十日内决定批准或者不批准。

省、自治区、直辖市人民政府财政部门批准的会计师事务所，应当报国务院财政部门备案。国务院财政部门发现批准不当的，应当自收到备案报告之日起三十日内通知原审批机关重新审查。

第二十七条　会计师事务所设立分支机构，须经分支机构所在地的省、自治区、直辖市人民政府财政部门批准。

第二十八条　会计师事务所依法纳税。

会计师事务所按照国务院财政部门的规定建立职业风险基金，办理职业保险。

第二十九条　会计师事务所受理业务，不受行政区域、行业的限制；但是、法律、行政法规另有规定的除外。

第三十条　委托人委托会计师事务所办理业务，任何单位和个人不得干预。

第三十一条　本法第十八第至第二十一条的规定，适用于会计师事务所。

第三十二条　会计师事务所不得有本法第二十三条第（一）项至第（四）项、第（六）项、第（七）项所列的行为。

第五章　注册会计师协会

第三十三条　注册会计师应当加入注册会计师协会。

第三十四条　中国注册会计师协会的章程由全国会员代表大会制定，并报国务院财政部门备案；省、自治区、直辖市注册会计师协会的章程由省、自治区、直辖市会员代表大会制定，并报省、自治区、直辖市人民政府财政部门备案。

第三十五条　中国注册会计师协会依法拟订注册会计师执业准则、规则，报国务院财政部门批准后施行。

第三十六条　注册会计师协会应当支持注册会计师依法执行业务，维护其合法权益，向有关方面反映其意见和建议。

第三十七条　注册会计师协会应当对注册会计师的任职资格和执业情况进行年度检查。

第三十八条　注册会计师协会依法取得社会团体法人资格。

第六章　法律责任

第三十九条　会计师事务所违反本法第二十条、第二十一条规定的，由省级以上人民政府财政部门给予警告，没收违法所得，可以并处违法所得一倍以上五倍以下的罚款；情节严重的，并可以由省级以上人民政府财政部门暂停其经营业务或者予以撤销。

注册会计师违反本法第二十条、第二十一条规定的，由省级以上人民政府财政部门给予警告；情节严重的，可以由省级以上人民政府财政部门暂停其执行业务或者吊销注册会计师证书。

会计师事务所、注册会计师违反本法第二十条、第二十一条的规定，故意出具虚假的审计报告、验资报告、构成犯罪的,依法追究刑事责任。

第四十条 对未经批准承办本法第十四条规定的注册会计师业务的单位,由省级以上人民政府财政部门责令其停止违法活动,没收违法所得,可以并处违法所得一倍以上五倍以下的罚款。

第四十一条 当事人对行政处罚决定不服的,可以在接到处罚通知之日起十五日内向作出处罚决定的机关向上一级机关申请复议;当事人可以在接到处罚决定通知之日起十五日内直接向人民法院起诉。

复议机关应当在接到复议申请之日起六十日内作出复议决定。当事人对复议决定不服的,可以在接到复议决定之日起十五日内向人民法院起诉。

当事人逾期不申请复议,也不向人民法院起诉,又不履行处罚决定的,作出处罚决定的机关可以申请人民法院强制执行。

第四十二条 会计师事务所违反本法规定,给委托人、其他利害关系人造成损失的,应当依法承担赔偿责任。

第七章 附　则

第四十三条 在审计事务所工作的注册审计师,经认定其具有注册会计师资格的,可以执行本法规定的业务,其资格认定和对其监督、指导、管理的办法由国务院另行规定。

第四十四条 外国人申请参加中国注册会计师全国统一考试和注册,按照互惠原则办理。外国会计师事务所在中国境内设立常驻代表机构,须报国务院财政部门批准。外国会计师事务所与中国的会计师事务所共同举办中外合作会计师事务所,须经国务院对外经济贸易主管部门或者国务院授权的部门和省级人民政府审查同意后报国务院财政部门批准。

除前款规定的情形外,外国会计师事务所需要在中国境内临时办理有关业务的,须经有关的省、自治区、直辖市人民政府财政部门批准。

第四十五条 国务院可以根据本法制定实施条例。

第四十六条 本法自 1994 年 1 月 1 日起施行。1986 年 7 月 3 日国务院发布的《中华人民共和国注册会计师条例》同时废止。

后　记

　　著者在九秩衰年完成的拙作，虽然收录了许多有关中国注册会计师事业发展的史料，但总感到桑榆太晚，只是一片枫林霜叶，不是阳春山花，不足以供观赏。俟后，荣幸获得西南财经大学老专家毛伯林教授惠予作序，并在内江职业技术学院离退休管理处主管的推荐下，获得学院党政领导的重视和鼓励，并给予了鼎力支持，方得有信心正式付印出版，拟提供给众多执业注册会计师，以及广大关心注册会计师事业的会计人员，作为工作方面的参考资料。对此，谨表衷心感谢。

　　同时，在本书编写过程中，四川玖鼎会计师事务所廖茂瑶注册会计师，提供了大量的有关资料；在付印过程中，内江职业技术学院信息电子工程系的余能同志，多方奔走联系并校勘，对此，同样表示诚挚的谢意。

　　立信会计出版社陆盛强总编和孙勇编辑为本书的出版付出了辛勤劳动，在此表示真诚的感谢。

著　者

2016 年 12 月 1 日